Ora por *Vivir sin mentiras*

"Este es el libro que he estado esperando y uno de los más importantes que los seguidores de Cristo leerán. Será un clásico".

—Christine Caine, fundadora de A21 y Propel Women.

"Si sientes que tu alma está destrozada y agotada, *Vivir sin mentiras* es el libro que necesitas leer. ¡Ya! Es brillante, profundo, bíblico y te equipa con lo necesario para enfrentar al enemigo y luchar".

—Jennie Allen, autora de *Sal de tu cabeza*, de la lista de los más vendidos del *New York Times*; fundadora y visionaria de IF:Gathering.

"John Mark Comer posee la extraña y notable habilidad de aplicar la sabiduría ancestral a preguntas contemporáneas (...). Se dice que el viaje más largo va desde la cabeza al corazón, pero este libro rompe la regla".

—Pete Greig, fundador de 24-7 Prayer International, pastor general de Emmaus Rd, y autor de *Cómo orar:* guía sencilla para gente normal.

"En una época que parece llena de contradicciones y confusión, John Mark hace el trabajo magistral de exponer lo que es cierto, en qué consiste lo verdadero, y por qué es tan importante que conozcamos la verdad. Este es el libro para nuestros días".

—Annie F. Downs, autora de *Eso suena divertido*, de la lista de los más vendidos del *New York Times*.

"John Mark Comer es un inspirado comunicador que habla con honestidad, sabiduría y conocimiento sobre los desafíos de nuestra época".

—Nicky Gumbel, vicario de Holy Trinity Brompton y pionero de Alpha.

"Todos los días lidiamos con múltiples tentaciones que nos alejan del camino de Jesús. En este convincente trabajo, John Mark nos da una visión de la belleza de Jesús en una cultura de mentiras".

—Jon Tyson, pastor de la Iglesia de la ciudad de Nueva York y autor de *The Intentional Father*.

"Como pocas personas pueden hacer en nuestros días, Comer toma lo desconocido y malinterpretado, y simplifica la historia para que veamos el papel activo que debemos representar, no solo para sobrevivir, sino para progresar".

—Gabe Lyons, presidente de Q Ideas y co-autor de *Good Faith*.

"Este libro fue enviado por Dios. Expone la falsedad, nuestra enemiga espiritual y la adversaria que afecta nuestras sociedades a nivel global. En un mundo donde todos tratan de vivir su propia 'verdad', este libro revela y desafía las abundantes mentiras que se han vuelto comunes, normales y aceptadas en nuestras conversaciones y decisiones cotidianas. Todos deberíamos leerlo".

—Albert Tate, pastor principal de Fellowship Church.

"Lo que me encanta de John Mark es que mantiene a Jesús y a sus palabras estrechamente unidos. Nuestra cultura tiene la tendencia de aceptar a Jesús (o las ideas sobre Él) pero no sus palabras. Autores como John Mark me dan esperanza para la iglesia del futuro".

—Nathan Finochio, fundador de TheosU.

"En una época en la que la decepción parece que se instaló como una densa niebla sobre la tierra, *Vivir sin mentiras* nos ofrece un espacio para ver cómo nos han decepcionado, aprender cómo nos decepcionamos a nosotros mismos, y alejarnos de aquellos que nos decepcionan. A medida que la niebla se despeja, se abre paso la radiante luz de Cristo que nos ofrece un camino angosto pero verdadero. Una guía esencial de discernimiento en nuestra controversial época".

—Mark Sayers, líder principal de Red Church en Melbourne, Australia, y autor de varios libros, entre ellos *Strange Days* y *Reappearing Church.*

VIVIR
SIN
MENTIRAS

VIVIR
SIN
MENTIRAS

Reconoce y resiste
a los tres enemigos
que sabotean tu paz

JOHN
MARK
COMER

ORIGEN

Penguin
Random House
Grupo Editorial

Título original: *Live No Lies*
Primera edición: junio de 2022

© 2021, John Mark Comer
© 2022, Penguin Random House Grupo Editorial USA, LLC
8950 SW 74th Court, Suite 2010
Miami, FL 33156

Traducción: Analía Pisani
Diseño de cubierta: Adaptación de PRHGE de la cubierta original de Ryan Wesley

Impreso en Estados Unidos / *Printed in USA*

ISBN: 978-1-64473-498-8

ORIGEN es una marca registrada de Penguin Random House Grupo Editorial

22 23 24 25   10 9 8 7 6 5 4 3 2 1

ÍNDICE

Durante este peregrinaje terrenal, nuestra vida no puede estar libre de tentaciones, porque ninguno de nosotros se conoce a sí mismo si no es a través de la experiencia de la tentación; tampoco podemos ser coronados si no hemos vencido, ni podemos ser victoriosos si no hemos combatido, ni podemos luchar nuestras batallas si carecemos de enemigo y de tentaciones por vencer.

—San Agustín, 418 a. C.

De todos los engaños del mundo, de la carne y del demonio: líbranos, buen Señor.

—El Libro de oración común, 1549 a. C.

Como experimento de psicología, instintos básicos y efecto de la propaganda, ¡no se podría superar!

—Emmet Riordan a Orson Welles, 30 de octubre de 1938

La guerra contra la mentira

Quizá no conozcas esta historia, pero realmente sucedió.

En su totalidad.

Momentos luego del atardecer del 30 de octubre de 1938, los extraterrestres invadieron Estados Unidos; los precursores de una avanzada civilización marciana vinieron a esclavizar la tierra de los libres.

La primera ola aterrizó en un desprevenido pueblo agrícola llamado Grovers Mill, no muy lejos de la universidad de Princeton en Nueva Jersey, a solo unos kilómetros de Manhattan. El profesor Richard Pierson estaba viendo desde el observatorio de Princeton; había detectado erupciones de llamas azuladas en la superficie de Marte justo una hora antes, y asumiendo que se trataba de una extraña lluvia de meteoritos, corrió a la escena a investigar. Pero al llegar, en lugar de residuos de roca espacial, encontró un inmenso cilindro de metal en campo abierto, todavía humeando por el ingreso a la atmósfera; emitía peculiares sonidos como de algo que generaba fricción desde adentro. Cuando los periodistas, los primeros en llegar a la escena, estaban examinando el lugar de la colisión, el cilindro comenzó a abrirse y se desplegó una aterradora y monstruosa violencia extraterrestre.

El periodista de campo Carl Philips transmitió este escalofriante informe en vivo a través de las ondas radiales de CBS:

Damas y caballeros, esto es lo más aterrador que jamás haya presenciado. A través de ese hueco negro puedo ver dos discos luminosos. ¿Son sus ojos? Podría ser un rostro...

Pero ese rostro, damas y caballeros, es indescriptible. Me cuesta mucho obligarme a seguir viéndolo. Los ojos son negros y brillan como los de una serpiente. De la boca con forma de V y sin labios que parecen temblorosos y palpitantes, gotea algo viscoso como saliva...

¿Qué es eso? Salen llamaradas del [extraterrestre], que avanza como dando saltos hacia los hombres que también van a su encuentro. ¡Las llamas lo alcanzan! ¡Dios mío, el fuego los consume!

Ahora todo el campo se está incendiando. Los bosques...

Los graneros... Los tanques de combustible de los automóviles...

El fuego devora todo. ¡Viene hacia acá![1]

En este punto, la voz de Philips se corta abruptamente, seguida del *bshbshbsh* de la estática de la radio.

Cinco largos segundos después, se reanudó el informe y anunció el mayor temor de los estadounidenses: ¡los extraterrestres habían aterrizado en la costa Este! Llamaron a la Guardia

Nacional y sonaron las alarmas para advertir a las personas que evacuaran Manhattan. El Secretario del Interior rogó a todos los estadounidenses que se unieran en la lucha por "preservar la supremacía humana".[2]

Llegaron rumores de más aterrizajes extraterrestres —Chicago y luego San Luis.

Las calles eran un caos. Los ciudadanos huían aterrorizados. Las personas se refugiaron en las iglesias. Las embarazadas comenzaban labor de parto anticipadamente. Algunos se suicidaron. Estalló la violencia y los saqueos en las calles. Siendo Estados Unidos, los hombres tomaron sus armas y se alistaron para la batalla final.

Una mujer fuera de sí entró corriendo a la reunión de oración en una iglesia de Indianápolis y gritó: "¡Nueva York ha sido destruida! ¡Parece que llegó el fin del mundo! Es mejor que vayan a sus hogares para morir allí".[3]

La vida, tal como la conocíamos, se había terminado.

Aunque a los amigos de las teorías conspirativas les encantaría que este relato fuera cierto ("¡El alunizaje realmente sucedió en Islandia! ¡Los integrantes de la familia real son lagartijas! ¡La tierra es plana!"),[4] esta historia es mentira.

Lo sé; lo sé, es impactante.

No hubo invasión extraterrestre. Pero todo lo demás sí sucedió.

No fue una mentira completa; fue más bien como una ficción que salió mal.

Esta es la historia detrás de la verdad...

El final de la década de 1930 fue una época turbulenta en Estados Unidos. No solo era que los científicos especularan sobre la existencia de vida en Marte,[5] sino que, más cerca de casa, las personas vivían un brote psicótico de ansiedad. Estados Unidos estaba al borde de la guerra con Alemania. La economía todavía se recuperaba de la Gran Depresión y la escasez de alimentos era una creciente amenaza. Solo unas semanas antes, los residentes del nordeste habían soportado el Gran Huracán de Nueva Inglaterra de 1938, la tormenta más devastadora que jamás haya azotado esa región, que dejó más de setecientos muertos, y unas sesenta y tres mil personas sin hogar.[6] Sumémosle al cóctel que la tormenta sucedió cuando ya estaba oscuro, la noche previa a Halloween, cuando todos tienen un polvorín de emociones solo a la espera de una chispa.

En ese contexto, llegó Orson Welles, con sus treinta y tres años, actor y director de *The Mercury Theatre on the Air,* un nuevo programa radial de CBS. La radio todavía era una novedad, una manifestación artística innovadora, se encontraba en su era dorada, en el momento justo para la experimentación y explotación creativa. Ese fue el primer medio de comunicación en borrar las líneas entre la realidad y la ficción, entre las noticias y el entretenimiento. Y Welles era un prodigio. Su *Mercury Theatre* solo tenía diecisiete semanas en el aire y ya era el niño mimado de los críticos. Pero como sucede con gran parte del arte independiente, no lograba reunir gran audiencia. Welles todavía no tenía patrocinador y su franja horaria competía con el programa más popular *The Chase and Sanborn Hour.*

Welles sabía que debía hacer algo drástico para evitar el fracaso de *Mercury Theatre*, y compró los derechos de la novela de H. G. Wells, *La guerra de los mundos*. Hizo que su guionista la simplificara para que pasara de ser una obra literaria crítica del colonialismo occidental a una historia de ciencia ficción de una hora, diseñada para entretener.[7] Luego, cambió el lugar de la narración de la Inglaterra victoriana a la Nueva Jersey actual.

Hasta donde podemos decir, Welles tenía cero intenciones malévolas.[8] Esta es la teoría más probable para explicar cómo todo se salió de control: la mayoría de los estadounidenses no estaban escuchando el programa de Welles cuando comenzó; escuchaban *The Chase and Sanborn Hour*. El episodio de esa semana de *Chase and Sanborn* comenzaba con una corta comedia que terminaba a las 8:15 p.m. Entonces, más o menos a las 8:16, muchísimas personas giraron el dial solo para ser sacudidas por una noticia que sonaba muy realista y alertaba sobre un caos en la costa Este. Como parte de la ficción, se incluía un comunicado de emergencia de un actor cuya voz imitaba al presidente Franklin D. Roosevelt casi a la perfección.[9] Debido a los disturbios en Europa, las personas estaban habituadas a que los programas radiales fueran interrumpidos con malas noticias de último momento. Muchos oyentes tardíos interpretaron que se trataba de una invasión alemana con algún tipo de armamento de avanzada. El horror del uso de gas tóxico de Alemania en la Primera Guerra Mundial todavía estaba fresco en la memoria de la gente.

Como podrás imaginar, todos enloquecieron.

No hay forma de conocer a ciencia cierta cuál fue el grado de histeria. La mañana siguiente, el *New York Times* publicó una historia de primera plana que la describía como "una ola de histeria masiva".[10] El titular del *New York Daily News* decía: "Falso boletín de 'guerra' radial extiende el terror en Estados Unidos". Dicho titular estaba impreso con la misma letra que normalmente se reserva para el anuncio de una guerra.[11] Adolfo Hitler incluso ponderó la tragedia y citó el supuesto pánico como "evidencia de la decadencia y condición corrupta de la democracia".[12]

Welles temió que su carrera hubiera acabado. En cambio, toda la publicidad le trajo su contrato soñado en Hollywood. Tal como dice la popular frase: "Toda publicidad es buena publicidad". Tres años después, Welles escribió, dirigió y actuó en *El ciudadano Kane*, una película que los críticos consideran como la mejor que jamás se haya filmado.

¿Por qué te cuento esta descabellada historia?

Porque creo que es una metáfora que captura la tesis de este breve libro. Sé que tu tiempo es precioso, así que vayamos al punto.

Estamos en guerra.

No contra los extraterrestres de Marte, sino contra un enemigo mucho más peligroso: la mentira. Pero, a diferencia de *La guerra de los mundos*, nuestro enemigo no es invento de una hiperactiva imaginación. Esto no es broma. Nuestro enemigo es real.

Un manifiesto del exilio

Está bien, espera un momento. Después de empezar con tantas metáforas militares, debes estar esperando un discurso violento sobre el deterioro de la civilización occidental y la inminente amenaza del apocalipsis secular. Podrías pensar que haré el llamado a las armas para la guerra "nosotros contra ellos"; y que te motivaré a iniciar una guerra cultural…

Respira profundo.

No se trata de eso.

Nuestra nación está más dividida de lo que jamás haya estado desde la Guerra Civil, y lo último que necesitamos es más combustible para el incendio. Lo único que quiero es nombrar cómo se siente la experiencia de seguir a Jesús en nuestro momento cultural, y simplemente no encuentro mejor metáfora que: *se siente como una guerra en la que el premio es ganar el alma.*

Sentimos que este constante conflicto no está solo "allá afuera" en la cultura o en nuestras fuentes de noticias digitales, sino dentro de la estructura de nuestra mente y nuestro cuerpo. Es como una especie de forcejeo interno que nos desgasta emocionalmente y nos agota espiritualmente; un desgarro en el tejido de la paz del alma.

En el papel, todo está bien: vivo en un bellísimo hogar, en una gran ciudad con el mejor café del mundo. Tengo empleo como pastor. Soy libre de enseñar sobre el camino de Jesús, al menos por ahora. ¡Caray! Mis hijos y yo incluso podemos llevar al perro a pasear hasta el parque y detenernos en el camino a tomar un helado.

¿Por qué me siento tan cansado? ¿Desgastado? ¿No en el cuerpo sino en el alma?

¿Por qué me siento tan magullado y herido?

¿Por qué parece que cada día fuera una batalla solo para permanecer fiel y seguir a Cristo?

Te propongo una idea: quizá porque lo es.

Nuestra generación no se siente muy cómoda con las metáforas que relacionan lo militar con la fe. Preferimos pensar que seguir a Jesús es un viaje o un estilo de vida más que una guerra. Pero nuestros ancestros espirituales no compartían nuestra reticencia hacia las imágenes bélicas. Eran mucho más hábiles para nombrar la realidad del conflicto espiritual de hoy. Durante siglos, los maestros del camino de Jesús usaron un paradigma que se perdió en la era moderna; el de "los tres enemigos del alma".

El mundo.

La carne.

Y el diablo.[1]

Ellos veían a los tres enemigos del alma como invasores provenientes del infierno y una especie de trinidad que se opone a Dios.

Aunque la frase exacta *el mundo, la carne y el diablo* no la usan Jesús ni los autores del Nuevo Testamento, sí usan dichas palabras y categorías.[2] Si leíste al apóstol Pablo, sabes que solía comparar el seguir a Jesús con una guerra.[3] Una de las frases más famosas de Pablo es "Pelea la buena batalla de la fe."[4] Él les pidió a los efesios que se pusieran "toda la armadura de Dios para que puedan hacer frente a las artimañas del diablo"[5] y oró para que su pastor, Timoteo, peleara "la buena batalla".[6] Fue cuidadoso al destacar que "nuestra lucha no es contra seres humanos, sino contra poderes, contra autoridades, contra potestades que dominan este mundo de tinieblas, contra fuerzas espirituales malignas en las regiones celestiales"[7] y que "las armas con que luchamos no son del mundo", sin embargo declaró que tenemos "el poder divino para derribar fortalezas".[8]

Este era un lenguaje bastante contradictorio para una Iglesia que crecía a partir de la vida y las enseñanzas de un rabino intensamente pacífico; uno que hablaba de poner la otra mejilla que eligió morir por sus enemigos en amor, antes que matarlos en batalla.

Aun así, los autores del Nuevo Testamento y los padres y las madres de la Iglesia primitiva, que hasta el siglo IV, eran casi totalmente pacifistas,[9] usaban estas imágenes de guerra para describir la dinámica interna del alma. Y, por más que nos suene desactualizada, mi propuesta es que ellos nombraban el desafío de la experiencia humana de cierta manera que a menudo nos resistimos a usar en la era secular.

Honestamente, muchos de nosotros, hasta en la Iglesia, hemos dejado atrás estas ideas como si fueran reliquias del mundo premoderno.

Nos reímos del diablo como si fuera un mito premoderno, parecido al martillo de Thor o a Santa Claus.

Nos rascamos la cabeza con la terminología del Nuevo Testamento sobre *la carne* en una cultura sensual donde las personas equiparan sentirse bien con estar bien.

Y cuando escuchamos *el mundo*, visualizamos a un predicador en un parque que a través de un megáfono escupe advertencias contra los peligros de AC/DC y clama conversión frente el rapto inminente.

Ya sea consciente o inconscientemente, somos rápidos para descartar todas estas categorías. Pero nos preguntamos por qué sentimos en el pecho una opresión que va y viene, y que sabotea nuestra paz. Nos desconcierta el caos que vemos en las noticias. ¿Por qué el mundo es tan desastroso? ¿Por qué yo también lo soy?

Mi intención con este libro es reinterpretar en esta era moderna el antiguo paradigma de los tres enemigos del alma. Aunque es fácil burlarse de lo que podríamos considerar anticuadas ideas, yo creo que el mundo, la carne y el diablo están bien vivos y vigentes; además, con la ayuda de nuestro escepticismo están haciendo estragos en nuestra alma y sociedad.

Pero lo diré en voz alta y con claridad: Nuestra guerra en contra de los tres enemigos del alma no se pelea con armas y municiones. Para nada es contra otras personas. Es una guerra contra la mentira. Y el problema no es tanto que digamos mentiras, sino que las vivamos, que dejemos entrar a nuestro cuerpo falsas narrativas sobre la realidad que causan estragos en nuestra alma.

Esta es mi teoría operativa: como seguidores de Jesús, estamos en guerra contra el mundo, la carne y el diablo, y la estratagema de esos tres enemigos es:

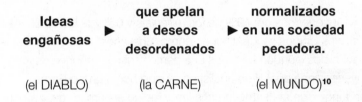

Ideas engañosas	▶	**que apelan a deseos desordenados**	▶	**normalizados en una sociedad pecadora.**
(el DIABLO)		(la CARNE)		(el MUNDO)[10]

Hace dos milenios y medio, en *El arte de la guerra*, el sabio militar chino Sun Tzu escribió este astuto consejo: "Conoce a tu enemigo".[11] Ese es el objetivo de este libro: desenmascarar el rostro de nuestros enemigos y desarrollar una estrategia para contraatacar. *Vive la résistance*.

A quienes ya están buscando la factura para devolver este libro, por favor, los invito a esperar un poco para su dictamen. Concédanme unas páginas más para convencerlos.

Seguramente estamos de acuerdo en que nuestro mundo no está precisamente en su apogeo. Los últimos años en mi país se han caracterizado por el malestar social, los agravios a través de internet y la generalizada desilusión respecto al *statu quo*. El sufrimiento del 2020 dio vida a uno de los movimientos de protesta más grandes de la historia de Estados Unidos. Y aunque nos gustaría culparlos a "ellos" —ya sean los liberales o los conservadores, Antifa o los Proud Boys, o quien sea que nos inspire odio o temor— todos sabemos que algo hay sobre esos temas en lo profundo de "nosotros", dentro de nuestra alma.

La guerra está desatando su furia, sin embargo muchos nos sentimos como soldados aturdidos, perdidos y confundidos en el caos del campo de batalla. Nuestra generación está viviendo tres movimientos tectónicos de la cultura occidental.[12]

El primero es pasar de la mayoría a la minoría.

Aunque más del 49% de los *millenials* y 65% de los adultos en Estados Unidos se identifiquen como "cristianos" en las encuestas nacionales (aunque tenemos una hemorragia de millones de jóvenes cada año),[13] un análisis profundo por el grupo Barna, un tanque de pensamiento cristiano, redujo el número de jóvenes adultos "discípulos resilientes" a un 10%.[14]

Sí, 10%.

Y eso es en todo el país. En ciudades seculares como Portland, donde vivo, es probable que el número sea mucho menor.

Aunque la iglesia no sea una minoría étnica (y es importante que lo aclare), somos lo que los sociólogos denominan una *minoría cognitiva*. Eso significa que, como seguidores de Jesús, nuestra visión del mundo, nuestro sistema, nuestras prácticas de valores, y nuestras normas sociales cada vez están más en desacuerdo con las de nuestra cultura anfitriona.

Enfrentamos una constante presión de la Izquierda y de la Derecha para ser asimilados y seguir a la multitud.

Segundo, nuestro lugar en la cultura está cambiando *de un lugar de honor a un lugar de vergüenza*.

Si caminas por el centro de cualquier ciudad importante de Estados Unidos y miras los edificios, verás que en ellos está tallado el lenguaje de las Escrituras. La visión cristiana penetró tanto en el imaginario de nuestra nación, que literalmente está cincelada en las piedras de la arquitectura de esos tiempos.

Y aunque muchos líderes del pensamiento secular también le dieron forma a nuestro país, los seguidores de Jesús estaban en el corazón de la formación de la cultura. Muchos líderes de gobierno eran cristianos, muchas universidades de la *Ivy League* comenzaron como centros de capacitación para pastores, y muchos intelectuales, científicos y artistas creían en Jesús. Los pastores gozaban de prestigio. La Iglesia tenía un lugar de honor dentro de la cultura en general.

Esas épocas quedaron atrás. En este momento son una memoria lejana, por decirlo de alguna manera.

La mayoría de las personas hoy en día no quieren vincularse públicamente con la fe. Se considera que la Iglesia es parte del problema, no la solución. Es más, con el radical giro moral en torno a la sexualidad humana, el género, y la vida de los nonatos, para muchas personas ahora estamos en un terreno de inferioridad moral. La visión de Jesús de la sexualidad humana, dominante por muchos años, se percibe como inmoral por un amplio segmento poblacional.

Con ese alarmante cambio, ya no somos los agradables ciudadanos de clase media que usan su mejor atuendo los domingos; somos los James Dean, la contracultura de la década de 1960, el segmento de los *straight edge* de la década de 1980.

Tercero, el movimiento tectónico que va de la tolerancia generalizada a una hostilidad en aumento.

Un creciente número de nuestros amigos y vecinos seculares ya no solo piensan que somos extraños (porque evitamos el sexo antes del matrimonio, donamos un porcentaje de nuestros ingresos y nos abstenemos de quedar cautivos de un partido o una ideología política), sino que nos consideran peligrosos. Una amenaza a la secular visión alternativa del progreso humano.

Teniendo en cuenta lo que expresa el autor de Hebreos: "En la lucha que ustedes libran contra el pecado, todavía no han tenido que resistir hasta derramar su sangre", [15] parece que sentimos miedo de decir que enfrentamos una persecución. Pero vivimos y soportamos el peso de cierto tipo de persecución cultural y socioemocional. Es desgastante. El estigma. La calumnia. La herida en nuestro corazón.

Con el riesgo de mezclar metáforas, la figura literaria usada por los autores de las Escrituras para este tipo de experiencia cultural es la del exilio.

El apóstol Pedro comienza su primera carta del Nuevo Testamento diciendo: "A los elegidos, extranjeros dispersos…" y termina con "Saludos de parte de la comunidad que está en Babilonia".

El escritor Walter Brueggemann definió *exilio* como "la experiencia de saber que uno es extranjero, y probablemente en un entorno hostil donde los valores predominantes van en contra de los propios".[16] Wendy Everett y Peter Wagstaff agregaron que esta "sensación de exilio o alienación podría producirse en el individuo que es marginado, abandonado a la deriva, por la incapacidad o renuencia a conformarse con la tiranía de la opinión de la mayoría".[17]

El autor Paul Tabori definió exilio como "ser un desterrado dentro del propio país".[18] Eso significa que puedes ser ciudadano de Estados Unidos, del Reino Unido o de Alemania, aun así sentir que eres extranjero.

El grupo Barna denominó a nuestra actualidad cultural como "Babilonia digital".[19] En un mundo predigital, para experimentar la disonancia cognitiva del exilio, tenías que asistir a una universidad lejana o vivir en el centro urbano de una ciudad secular como Portland o Los Ángeles (o Londres o Berlín). Ahora lo único que necesitas es un iPhone y Wi-Fi.

Ahora todos estamos en Babilonia.

Y no es fácil vivir en Babilonia; no se siente como el hogar. Por eso la imagen de exilio. A veces es aterrador, hasta traumático. Sentimos dislocación y desequilibrio. Incertidumbre respecto al futuro.

Cada día sentimos como si hubiera una guerra contra nuestra alma. Un asalto espiritual a nuestra fe. Una batalla solo para estar a salvo o al menos para seguir siendo ortodoxos, continuar fieles a Jesús y mentalmente sanos; mejor aún, para vivir felices y en paz.

Cuando eres una minoría cognitiva constantemente bajo presión de ser asimilado, no puedes evitar pensar: "¿Estoy loco por creer lo que creo? ¿Por vivir como vivo?" Cuando estas preguntas lleguen a tu mente, recuerda a Orson Welles. Ahora es fácil reírse del fiasco de *La guerra de los mundos*. En retrospectiva, es el 2020. Pero es más difícil admitir que muchísimos estadounidenses inteligentes y educados se dejaron llevar por una mentira.

O que, del otro lado del Atlántico, alemanes igualmente inteligentes y educados acorralaban a los judíos y con ellos alimentaban los incineradores de los campos de concentración.

O que los políticos del sur de Estados Unidos obligaban a Rosa Parks a sentarse en la parte de atrás del autobús solo por ser de color.

O que la élite de Hollywood fumaba docenas de cigarrillos por día porque las grandes compañías de tabaco les pagaban para que modelaran el consumo y recomendaran sus productos.[20]

Sin mencionar la gran cantidad de estadounidenses que honestamente pensaban que había extraterrestres en Marte.

Es tentador pensar: "Qué tontos eran. Tan crédulos e ingenuos. Atrapados en el fervor de la mentira".

No como nosotros.

Somos mucho más sofisticados como para dejarnos engañar de esa forma; somos mucho más iluminados como para alcanzar tal nivel de confusión.

Jamás dejaríamos a los poderosos como, digamos, los políticos o los medios masivos de comunicación, aprovecharse de nuestras emociones, jugar con nuestros deseos y miedos para manipularnos y conseguir lo que desean.

Y nosotros —como individualistas que somos— jamás haríamos algo simplemente porque lo hacen todos los demás.

Como si los crédulos oyentes de Welles fueran cavernícolas del neolítico y no nuestros abuelos, hace menos de un siglo.

Este es un buen ejemplo de lo que C. S. Lewis llamó "esnobismo cronológico",[21] la innata tendencia humana a pensar que somos más inteligentes que las personas que nos precedieron, por lo que las ideas nuevas son naturalmente mejores o más ciertas que las antiguas.

A eso le sumamos lo que los sociólogos denominan "el mito del progreso"; el dogma occidental *cuasi religioso* que asegura que los seres humanos están evolucionando hacia un futuro utópico, en el que al fin nos despojaremos de las trilladas restricciones de la religión y la superstición (que son lo mismo) y abrazaremos nuestro destino como individualistas iluminados, finalmente libres para disfrutar nuestra vida, un café fuerte y citas en Tinder por turnos (todo eso si la inteligencia artificial no nos extermina antes de que desarrollemos la tecnología para cargar nuestra conciencia a la nube y vivir para siempre en la singularidad).

Por supuesto, es cierto que las cosas no están mejorando; hay una montaña de datos para argumentar que se están poniendo peor. Y un breve recorrido por Twitter revelará que muchas personas simplemente están enloqueciendo.

¿Cuándo llegará esta utopía secular?

Desde mi punto de vista, tanto la Izquierda como la Derecha parecen tener algunas cosas reveladoras por decir. Pero cada una de ellas posee un tipo de ingenuidad ilusoria en su visión de la condición humana y no me parece que ninguna sea convincente.

Soy un pastor, no un erudito y este libro no es parte de alguna agenda política.

Pero tengo esta profunda convicción:

Tengo un alma.

Tú también la tienes.

Y tu alma, al igual que la mía, está atrapada en una guerra contra la mentira.

Y como los antiguos espartanos que nacieron para ser soldados, sin derecho a elección, tampoco tenemos otra opción más que luchar.[22] Te pido que me escuches: no estoy enojado ni ansioso. Elegí un libro como instrumento porque favorece el pensamiento tranquilo y crítico. Pero no te equivoques, estimado lector, estoy llamándote a la guerra.

Ahora bien, podría estar delirando. O lo que es peor, tratando de engañarte para conseguir ventas, (después de todo, escribir sobre el diablo es la mejor ruta hacia la lista de los mejor vendidos, ¿verdad?). Pero apuesto a que no puedes evitar preguntarte...

¿Por qué mi mente está bajo tanta presión?

¿Por qué me incomodan y molestan las actuales ideologías?

¿Por qué siento este estira y encoge de deseos en mi pecho?

¿Por qué vuelvo una y otra vez a un comportamiento autodes-tructivo?

¿Por qué hay una permanente avalancha de malas noticias alrededor del mundo?

¿Por qué la injusticia se propaga haciendo estragos cuando tantos la consideramos demoníaca?

¿Por qué parece que no podemos resolver los problemas más profundos del mundo, incluso con todo nuestro dinero, tecnología y destrezas políticas?

¿Y por qué me importa? ¿Por qué me pesa tanto?

Ten en cuenta: ¿podría ser que nuestras almas estén en guerra con otro mundo?

Y para que no comencemos con una nota negativa, piensa en una pregunta complementaria: ¿y si el exilio fuera bueno para nosotros? William Faulkner, ampliamente reconocido como uno de los más grandes novelistas, una vez dijo: "Es difícil de creer, pero el desastre parece ser bueno para las personas".[23]

¿Y si el exilio fuera algo para combatir, pero no para temer?

¿Y si en lugar de separarnos, nos uniéramos?

¿Y si en lugar de perder nuestra alma, la descubriéramos?

Este libro se trata de cómo (no) perder tu alma en la Babilonia digital.

Este es un manifiesto del exilio.

Es un grito de guerra contra la mentira.

Parte 1

El DIABLO

Ustedes son de su padre, el diablo,
cuyos deseos quieren cumplir.
Desde el principio este ha sido un asesino,
y no se mantiene en la verdad,
porque no hay verdad en él.
Cuando miente, habla en su idioma natal,
porque es un mentiroso.
¡Es el padre de la mentira!

—Cristo Jesús, en Juan 8:44

Practiquen el dominio propio y manténganse alerta.
Su enemigo el diablo ronda como león rugiente,
buscando a quién devorar. Resístanlo.

—El apóstol Pedro, en 1 Pedro 5:8-9

Nadie creyó nunca que fuera real...
Ese era su poder. El mejor truco que el diablo
inventó fue convencer al mundo de que no existía.

—Keyser Söze (interpretado por Kevin Spacey),
en *El sospechoso habitual*

La verdad sobre
la mentira

A finales del siglo IV d. C., un joven intelectual llamado Evagrio Póntico fue al desierto de Egipto a pelear contra Satanás.

Como lo haces tú.

Evagrio había leído la historia de Jesús que se adentraba en el desierto a enfrentar al diablo, e intentaba seguir su ejemplo.

La noticia se difundió pronto: había un monje en medio de la nada en guerra contra el enemigo. Aparentemente, según el rumor, estaba ganando. Se convirtió en un guía espiritual muy solicitado. Los aspirantes a una vida espiritual desafiaban los peligros de las condiciones naturales en un intento de localizar a Evagrio y aprender sus tácticas.

Antes de la muerte de Evagrio, un monje colega llamado Lucio le pidió que redactara su estrategia para vencer al diablo. Como resultado, Evagrio escribió un pequeño libro llamado *Respuesta a las preguntas: manual monástico para combatir demonios*.

El mejor subtítulo de todos los tiempos.

Recientemente, me convencí de leerlo y me voló la cabeza. Con toda honestidad, esperaba una lista de conjuros mágicos con estilo cristiano, los desvaríos incoherentes de un introvertido premoderno que pasó mucho tiempo bajo el sol del norte de África. En cambio, encontré una mente erudita que pudo articular los procesos mentales de maneras que los neurocientíficos y los psicólogos más destacados recién están descubriendo.[1]

Evagrio generó la demonología más sofisticada de toda la cristiandad antigua. Y la característica más sorprendente del paradigma de Evagrio es su afirmación de que la lucha contra la tentación demoníaca es una lucha en contra de lo que denominó *logismoi*, palabra griega que puede traducirse como "pensamientos", "patrones de pensamientos", tus "narrativas internas" o "estructuras internas de creencias". Constituyen el contenido de nuestra vida cognitiva y los marcadores mentales que nos permiten navegar en la vida.[2] Para Evagrio, estos logismoi no eran *solo* pensamientos; sino que eran pensamientos con una voluntad maligna subyacente, una fuerza oscura y animada de maldad.

De hecho, Evagrio organizó su libro en ocho capítulos, y cada capítulo giraba en torno a un logismoi básico. Los ocho pensamientos de Evagrio luego se convirtieron en el fundamento de los "siete pecados capitales" de la antigüedad.[3]

Cada declaración comienza con la frase: "Contra el pensamiento que…"[4]

Volveremos a Evagrio al final de esta primera parte porque creo que, más de unos mil quinientos años después, luego de Jesús, sigue siendo el estratega más brillante con el que contamos en la lucha para vencer la tentación demoníaca, (y sí, creo en la tentación demoníaca. Sigue leyendo…).

Pero por ahora, empecemos con su idea provocativa: nuestra lucha con el diablo es, antes que nada, una lucha por retomar el control de nuestra mente del cautiverio de la mentira, y liberarla con el arma de la verdad.[5]

¿Podemos encontrar esta idea en algún lugar de las enseñanzas de Jesús?

Pregunta capciosa. La respuesta: absolutamente.

Una de las enseñanzas más famosas de Jesús es esta:

y conocerán la verdad, y la verdad los hará libres.[6]

En el contexto, Jesús les dijo a sus seguidores: "Si se mantienen fieles a mis enseñanzas, serán realmente mis discípulos" y como resultado, "conocerán la verdad, y la verdad los hará libres".

Los fariseos, líderes religiosos de ese tiempo, inmediatamente respondieron con antagonismo: "Nosotros somos descendientes de Abraham (…) y nunca hemos sido esclavos de nadie".

Es una declaración bastante irónica si tenemos en cuenta la historia de los hebreos. Lee *Éxodo*.

Jesús amablemente les explicó que no se refería a una esclavitud socioeconómica sino a una espiritual, pues "todo el que peca es esclavo del pecado".

Eso enfureció aún más a los fariseos que siguieron su argumentación con un comentario sarcástico como "nosotros no somos hijos nacidos de prostitución". Una indirecta no muy sutil sobre la paternidad de Jesús, (excepto en el griego, no es tan leve; es más similar a "nosotros no somos bastardos como tú"). Con desprecio bramaron: "Un solo Padre tenemos, y es Dios mismo".

Jesús no les dejó pasar eso. Tan enérgico como tierno, respondió con una fascinante declaración acerca de quién era realmente su "padre":

Ustedes son de su padre, el diablo, cuyos deseos quieren cumplir. Desde el principio este ha sido un asesino, y no se mantiene en la verdad, porque no hay verdad en él. Cuando miente, habla en su idioma natal, porque es un mentiroso. ¡Es el padre de la mentira![7]

Desde el comienzo, ten en cuenta tres aspectos de las enseñanzas de Jesús sobre esta enigmática criatura a quien llamó el diablo.

Comencemos con lo obvio: para Jesús **el diablo existe**.

En griego, la palabra que Jesús usó es διάβολος (*diabolos*), que proviene de un verbo raíz que significa "difamar" o "acusar". También puede traducirse como "el acusador".[8] Pero este es solo uno de los muchos nombres para esta criatura. La Escritura también lo llama…

- el satanás
- el maligno
- el tentador
- el destructor
- el engañador

- el gran dragón… que engaña a todo el mundo
- la serpiente antigua… que lleva al mundo entero por el mal camino.

Observa que enumeré cada ejemplo en forma de título, no como nombres.[9] Algunos estudiosos de la Biblia argumentan que se trata de una sutil indirecta de Jesús, una afrenta deliberada; su rival ni siquiera tiene nombre. Otros lo ven como signo de la peligrosidad que le atribuye a esta criatura; el equivalente que da Jesús de "aquel que no debe ser nombrado".

Para Jesús, el diablo no es un villano de ficción sacado de una novela de Harry Potter; es una real y astuta fuente del mal, y la criatura más influyente de la tierra.

Tres veces Jesús lo llamó "el príncipe de este mundo".[10] La palabra en griego para "príncipe", es archōn, que se trataba de un término de la política en los días de Jesús, y se usaba para nombrar a un funcionario romano de alto rango en una ciudad o región. Jesús estaba diciendo que esta criatura es el ser más poderoso e influyente *del mundo*. En otra historia, cuando el diablo le dijo que le daría "todos los reinos del mundo", Jesús no lo contradijo.[11]

Aunque la teología bíblica exhaustiva del diablo y sus orígenes está fuera del ámbito de este libro, tomemos algunos minutos para dibujar un boceto.

Como referencia, muchos eruditos han comparado la biblioteca de las Escrituras con un mosaico de fotos. Es decir, una colección de fotos —poemas, profecías, historias, mitologías, hechos históricos, refranes sabios, cartas, etc.— que cuando se unen forman una imagen compuesta. Si aplicamos esa manera de leer la Biblia a la criatura llamada diablo, nos encontramos con el siguiente perfil:

- Fue creado por Dios.[12] Esto es clave; no es el igual ni la contraparte de Dios, sino un ser creado con un comienzo. Y un final.

- Aparentemente su función original fue la formación espiritual de los seres humanos mediante la prueba. Recuerda cómo los maestros prueban a los niños para hacerlos madurar. Pero (como vemos en la historia de Job), comenzó a alejarse de su asignación y usar sus habilidades para *tentar* a los seres humanos y llevarlos a la *de*formación.[13]

- Se sentaba en el concilio divino, un grupo de seres espirituales escogidos a mano cuya tarea era colaborar con Dios para gobernar el mundo.[14] Pero eligió rebelarse contra el gobierno de Dios, apoderarse del trono del mundo y reunir en su violenta insurrección a la mayor cantidad de criaturas posible.[15] Algunos eruditos argumentan que el Edén fue creado en una zona de guerra, como lugar seguro, una playa a conquistar del reino de Dios.[16] Pero luego, cuando los seres humanos se unieron a la rebelión del diablo, la tierra cayó bajo su dominio.[17]

- Durante miles de años dominó como el "príncipe de este mundo",[18] liderando hordas de criaturas humanas y no humanas en su continua búsqueda por lograr la autonomía de Dios, redefinir lo bueno y lo malo, según su parecer (hablaremos más sobre esto).

- Fue la energía detrás de muchas de las grandes atrocidades de la historia y, algunos argumentan, hasta participó en el proceso de evolución.[19]

- Jesús vino "para destruir las obras del diablo".[20] Vino para atar a ese "alguien fuerte"[21] y liberar la humanidad.[22]

Consumó esta obra cuando venció a Satanás en el desierto, luego a través de sus enseñanzas y exorcismos, y finalmente gracias a su muerte, resurrección y exaltación, en la que "desarmó a los poderes y a las potestades", y "los humilló en público, triunfando sobre ellos en la cruz".[23]

- La victoria de Jesús sobre el diablo fue como el Día D de la Segunda Guerra Mundial; la batalla decisiva que marcó el comienzo del fin de la guerra. El destino del diablo quedó sellado en la primera Pascua, como el de Hitler el 6 de junio de 1944. Pero todavía quedan varios kilómetros por recorrer para alcanzar nuestro equivalente de Berlín. Mientras tanto, el diablo es como un animal herido, un dragón moribundo, más peligroso que nunca. Al contrario de las representaciones artísticas populares, el diablo no está en el infierno sino aquí, en la tierra. Si el himno de Jesús dice: "Sea en la tierra como en el cielo", el del diablo dice: "Sea en la tierra como en el infierno".

- El reino de Jesús era, y todavía es, no violento. Sin embargo, Jesús comparó el Reino a un ataque bélico en "las puertas del infierno."[24]

- En esta guerra, el daño —espiritual, mental, emocional y hasta físico— es una posibilidad muy real. Los seguidores de Jesús no son inmunes. Tenemos sangre roja; sufrimos y morimos igual que el resto de la humanidad; somos vulnerables a la tentación y la decepción. Aunque sabemos cómo termina la historia, se nos aconseja practicar "el dominio propio" y mantenernos "alerta" porque el "diablo ronda como león rugiente, buscando a quién devorar".[25]

- Nuestra gran esperanza es el retorno de Jesús para que termine lo que empezó. Ese día, el diablo y sus secuaces serán arrojados "al lago de fuego" y toda la maldad será erradicada de la creación de Dios, para siempre. Entonces, ocuparemos nuestro lugar como cogobernantes con Jesús, el rey de este hermoso mundo.

Muy bien, seguramente me estoy olvidando de algunas cosas en este perfil, tal vez estoy equivocándome con algunos detalles, pero la clave es que para Jesús, el diablo es real.

No es un mito.

No es producto de una imaginación demasiado activa ni un vestigio supersticioso de una era precientífica.

Y definitivamente no es un personaje rojo de historietas que se posa en tu hombro ni Will Ferrel en el programa *Saturday Night Live*, tocando frenético rock *death metal* nivel B, con su guitarra eléctrica.

Para nada; el diablo es una inteligencia inmaterial, pero real que obra en el mundo, y tiene más poder o influencia que cualquier otra criatura del universo después de Dios.

Es la maldad detrás de gran parte del mal en nuestra alma y sociedad.

Para Jesús, las teorías seculares que intentan explicar el mal diciendo que simplemente se trata de falta de educación, inadecuada distribución de la riqueza, poder marxista, o incluso que es resultado de la toxicidad religiosa que ha empeorado, todas esas teorías se quedan cortas para explicar la realidad. La única manera de encontrar el sentido del mal en toda su malevolencia —desde los más amplios sistemas globales de maldad, como el racismo sistémico o el colonialismo económico, hasta la maldad humana en escala más pequeña, como la incapacidad de dejar el hábito autodestructivo de beber o proferir comentarios mordaces en contra de nuestros amigos— es ver una fuerza oculta que anima, que echa gasolina al proverbial incendio. Dividir la sociedad y ponerla en contra de sí misma es una especie de suicidio social.

Ahora bien, para ser honestos, porque con frecuencia no lo somos, a muchos nos suena retorcido.

¿Un diablo, realmente?

¡Por favor!

Volvemos a la idea de Lewis del esnobismo cronológico. Es el siglo XXI. Ya no creemos en serpientes que hablan; mucho menos en demonios invisibles que manipulan los sucesos mundiales de hoy.

"Ahora tenemos más y mejor conocimiento."

A menudo escucho a las personas citar el efecto Flynn como justificación del popular prejuicio "Ahora tenemos más y mejor conocimiento". James Flynn, psicólogo de la Universidad de Otago, Nueva Zelanda, afirmaba que las pruebas de CI han ido en aumento en los países industrializados desde la década de 1950 en una curva de crecimiento de alrededor de tres puntos por década.[26] Su argumento original: somos más inteligentes que nuestros abuelos. Este fenómeno llegó a llamarse "efecto Flynn", y, por obvias razones, tuvo tanto éxito como la nueva canción de Childish Gambino. Se ajustó como un guante con la idea generalizada —o, mejor dicho, la creencia— de que los progresistas están, por definición, a la delantera del arco evolutivo de la historia de la humanidad, los líderes intelectuales (léase, superiores) del mundo; y que los conservadores se encuentran, por definición, detrás en la trayectoria darwiniana.

Como todas las buenas mentiras, la idea está repleta de verdad.

Estoy escribiendo este capítulo desde la cima del mundo, en Islandia, que debe ser uno de los lugares más hermosos de la tierra. Ayer, algunos amigos de acá me llevaron a hacer un recorrido por Þórsmörk ("los dominios de Thor") y me señalaron las formaciones rocosas irregulares que los antiguos vikingos creían que eran trolls que se convertían en piedras cuando los atrapaba la luz del amanecer.

Así que efectivamente. Somos un poco más avezados actualmente.

Sabemos que los trolls son un mito y que las rocas de forma irregular se formaron por fuerzas geotérmicas y levantamientos tectónicos; sabemos que no son monstruos con pésimas habilidades de gestión del tiempo.

Pero a menudo se cita el efecto Flynn como prueba de que nos estamos volviendo más inteligentes, no solo para algunas cosas, sino para todo. Según esta lógica, quienes creen en ideas antiguas como el diablo, o, para el caso, en Jesús, son vistos con desprecio y tratados con la misma incredulidad intelectual que los que creen en trolls.

Sin importar el hecho de que el efecto Flynn ha resultado ser una casualidad.[27]

Hasta el mismo Flynn se dio cuenta de que sus descubrimientos no le mostraban el panorama completo. Según su cálculo original, los graduados de la escuela secundaria en 1900 deberían haber tenido un CI de aproximadamente 70, pero nuestros bisabuelos no eran discapacitados mentales; simplemente pensaban diferente (menos conceptuales, más concretos).[28] Sin mencionar que, si la tendencia que descubrió hubiera continuado, para estos tiempos todos estaríamos compitiendo con el personaje de Bradley Cooper en *Sin límites*.

Los datos más recientes en realidad sugieren que el cociente intelectual promedio ha *decaído* en Occidente —no aumentado— desde la década de 1990.[29]

Otra investigación dice que los seres humanos no somos más inteligentes que hace treinta años.[30] Nuestro conocimiento acumulado ha crecido a pasos agigantados, sí, especialmente con relación a los trolls y las formaciones rocosas, pero conocimiento no es lo mismo que inteligencia, que tampoco es lo mismo que sabiduría.

Con todo eso quiero decir que, si tu reacción instintiva a la idea de un demonio es que *suena como una tontería antigua*, lo entiendo. No hay desdén. Algunas veces, mi propia mente occidental cuasi secular ve con incredulidad la cosmovisión de Jesús.

Pero piensa en lo siguiente: ¿Qué tal si Jesús conociera mejor que nosotros la verdadera naturaleza de la realidad? ¿Y si su percepción fuera más aguda que la de Steven Pinker, Sam Harris o Stephen Hawking? ¿Y si fuera el maestro más inteligente que jamás haya existido y su comprensión de los problemas (y las soluciones) de la condición humana fuera la más profunda hasta la fecha?

¿Y si nuestro mundo occidental realmente estuviera ciego a la dimensión completa de la realidad? ¿Si fuera ignorante de lo que muchos consideran que es de sentido común? ¿Y si estuviéramos intentando solucionar los problemas del mundo sin tratar la raíz? ¿Y si a pesar de toda la ciencia, la tecnología y las teorías políticas, no nos diéramos cuenta —o peor, deliberadamente ignoráramos— los hechos?

¿Y si Jesús y los autores de las Escrituras —por no mencionar muchas luminarias ancestrales fuera de la tradición de Jesús (como Sócrates, Confucio y Buda), la mayoría de los pensadores más destacados de toda la historia y también muchos no occidentales— tuvieran ojos para ver algo que a nosotros se nos está escapando?

¿Y si fuera así?

Como una vez dijo el villano de Hollywood Keyser Söze (interpretado, irónicamente, por Kevin Spacey, acusado por agresión sexual): "El mejor truco que el diablo inventó fue convencer al mundo de que no existía".[31]

Nuestra cultura valora mucho la apertura mental. Eso es lo único que pido: simplemente que consideres la posibilidad de que Jesús tuviera razón y que el diablo fuera real.

Segundo, para Jesús, **el objetivo final del diablo es esparcir la muerte.**

Literalmente: "Desde el principio este ha sido un asesino…"

¿Qué es un asesino? Alguien cuya intención es acabar con la vida.

Jesús prosiguió: "El ladrón [otro nombre del diablo] no viene más que a robar, matar y destruir; yo he venido para que tengan vida, y la tengan en abundancia".[32]

Robar…

Matar…

Destruir…

Para Jesús, el diablo es el arquetipo de un villano empeñado en destruir. Solo desea ver que el mundo arde. Su lema: "Que todo se derrumbe". En donde encuentra vida, intenta erradicarla. ¿Belleza? Desfigurarla. ¿Amor? Corromperlo. ¿Unidad? Fragmentarla en millones de pedazos. ¿Progreso humano? Empujarlo a la anarquía o la tiranía; es lo mismo. Su agenda antivida, promuerte y procaos es un fuego insaciable.

Jesús, por otro lado, es el autor de la vida misma y partidario de todo lo bueno, lo bello y lo verdadero. Específicamente, del amor. Dios es amor, y el diablo se rebela contra todo lo que provenga de Dios. Por lo tanto, su intención es hacer pedazos el amor; una relación, una comunidad, una nación, una generación a la vez.

Es por eso que nuestras noticias gotean continuas letanías de caos y violencia.

Es por eso que las teorías seculares sobre el mal simplemente no llegan a dar una explicación válida sobre la conducta humana.

Y es por eso que, seguir a Jesús, a menudo, se siente como estar en guerra. Lo es. No es fácil avanzar diariamente en el reino de Dios porque existe oposición del mismo diablo, (o para ser más específicos, de otros seres espirituales bajo su dominio). Sentimos esta oposición todos los días. Estamos en esta persistente tensión interna mientras nos debatimos entre deseos opuestos: amor y lujuria, honestidad y apariencias, dominio propio e indulgencia. Nos encontramos en la batalla de la fe en una era secular donde tantas élites culturales parecen haber dejado atrás la fe, donde el cientificismo es la nueva superstición y donde, como dijo el filósofo

James K. A. Smith, "Ahora, todos somos Tomás".[33] Presenciamos el derrumbe de una sociedad que está perdiendo su centro y gira sin control.

Y no hay salida para esta lucha.

Como seguidor de Jesús, creo que la violencia no es compatible con la vida en el Reino y defiendo la solución creativa y pacífica de los problemas. Pero violencia y fuerza no son lo mismo. Incluso debo admitir que ser aprendiz de Jesús es convertirse en un soldado en guerra. Una que tiene la victoria a largo plazo asegurada; exacto, pero todavía nos quedan muchas batallas de camino a Berlín, sin ninguna Suiza para escondernos. Como dijo con inteligencia C. S. Lewis: "No hay lugar neutral en el universo: cada centímetro cuadrado, cada fracción de segundo, Dios dice que es suyo y Satanás dice lo contrario".[34]

Pero para que no pienses que estoy reuniendo una tropa digital para "recuperar Estados Unidos para Dios" —relájate, de verdad. No es ese el lugar al que nos dirigimos. El diablo es mucho más interesante e inteligente como para conformarse con la simple fórmula binaria "nosotros contra ellos".

Esta es mi última observación sobre Juan 8: Para Jesús, **el recurso del diablo es la mentira.**

¿Lo captaste?

Jesús dijo que el diablo era "el padre de la mentira".

Traducción: el punto de origen del engaño.

Luego, Jesús pronunció esa gran afirmación de que "cuando miente, habla en su idioma natal".

Muy bien, ahora espera.

Esta no es la forma en la que muchos de nosotros vemos la guerra contra el diablo o lo que ha llegado a denominarse guerra espiritual. Es triste, pero gran parte de lo que se considera teología de la guerra espiritual es, en el mejor de los casos, una conjetura, por no decir paranoia o superstición.

Es difícil decir con cuánta frecuencia escucho a las personas culpar al diablo por lo que parece ser simplemente mala suerte, una coincidencia o, frecuentemente, una necedad propia. "Mi esposa y yo discutimos cuando íbamos a la iglesia; ¡fue culpa del diablo!".

¿El diablo? ¿El príncipe de este mundo fue de visita a tu vehículo? Quizás. Pero ¿no es más probable que estuvieras apurado, un poco nervioso e hicieras un comentario arrebatado que lastimara mucho a tu esposa?

Cada vez que culpamos al diablo por estas tonterías, se nos hace difícil no desechar por completo la verdad de que Satanás existe. Es como tirar el grano con la paja, como dice la frase popular.

En *Las cartas del diablo a su sobrino*, satírica obra maestra de C. S. Lewis, el autor escribe:

En lo que se refiere a los diablos, la raza humana puede caer en dos errores iguales y opuestos. Uno consiste en no creer en su existencia. El otro, en creer en los diablos y sentir por ellos un interés excesivo y malsano. Los diablos se sienten igualmente halagados por ambos errores, y acogen con idéntico entusiasmo a un materialista que a un hechicero.[35]

Es fácil burlarse de otros, pero el peligro para muchos no es tener "un interés excesivo y malsano respecto al diablo", sino simplemente ignorarlo por completo y andar por la vida sin darnos cuenta de su ataque diario a nuestra alma.

Supongamos que tenemos la mente abierta y tomamos el concepto del diablo con seriedad; aun así, lo que nos viene a la cabeza cuando pensamos en el enemigo o en la guerra espiritual normalmente es un exorcismo, una enfermedad misteriosa o un desastre natural como un tsunami o un huracán. O quizás un duende horripilante o una pesadilla infantil aterradora.

Todos esos ejemplos son legítimos. En realidad, después de una lectura superficial de los cuatro Evangelios, esperaría que Jesús hablara de esto.

Pero irónicamente, en la enseñanza más profunda de Jesús sobre el diablo que encontramos en los cuatro Evangelios, *Él no menciona nada de eso.*

No hay ningún demonio, ni enfermedad, ni tragedia en su enseñanza.

En cambio, encontramos un debate intelectual con los pensadores más importantes de su época sobre *la verdad* y *la mentira.*

Volvamos a leer lo que dijo y prestemos mucha atención:

Ustedes son de su padre, el diablo, cuyos deseos quieren cumplir. Desde el principio este ha sido un asesino, y no se mantiene en la verdad, porque no hay verdad en él. Cuando miente, habla en su idioma natal, porque es un mentiroso. ¡Es el padre de la mentira![36]

Entonces, recapitulemos:

1. Para Jesús, existe una inteligencia invisible, aunque real, en guerra con Dios y todo lo bueno, bello y verdadero.

2. El objetivo del diablo es llevar nuestra alma y nuestra sociedad a la ruina. Para diezmar el amor.

3. Pero mi punto central es que su *método* es la mentira. Su estratagema principal —su sello personal y favorito— es el engaño.

Todo lo demás —demonización, enfermedades, desastres naturales, asustar a los pequeños con pesadillas— es bíblico y debemos tomarlo con seriedad. Todo es real. Podría contar innumerables historias. Pero nuevamente, enfoquémonos. Todo eso fácilmente podría llenar las páginas de otro libro. Sin embargo, es secundario.[37]

Jesús considera que nuestra guerra fundamental contra el diablo es una lucha por creer la verdad sobre la mentira.

Eso nos lleva inexorablemente a la pregunta complementaria, tan antigua como Poncio Pilato y a la vez, un clásico de la psiquis moderna:

¿Qué es la verdad?

Las ideas como armas

¿Estás listo para un poco de filosofía? Sé lo justo y necesario como para ser peligroso, así que no seas muy duro conmigo, pero tomemos algunos minutos para examinar la naturaleza de la verdad y de la mentira. Parecerá un montón de contenido, pero sé que tú también lo tienes.

De nuevo: ¿Qué es la verdad?

La mejor definición que conozco de la verdad es "la realidad, o aquello que coincide con la realidad". Es fácil perderse en el terreno metafísico, pero para nuestros fines no técnicos, la verdad es aquello que podemos interpretar como real. La silla en la que estoy sentado es realidad. El aire que respiro es realidad. Jesús es realidad.

Y la mejor definición de realidad que conozco es "aquello con lo que te tropiezas cuando estás equivocado".

Si dices: "¡Sé que puedo volar!" y te arrojas del techo de un edificio de diez pisos, la realidad será aquello contra lo que golpees unos segundos después. Por eso la conocida frase: "una dosis de realidad".

Cuando decimos que algo es mentira, significa que no coincide con la realidad.

Por ejemplo, si le pregunto a mis hijos (que comparten la habitación): "¿Quién dejó esta toalla mojada en el piso?" y Jude dice: "Yo no fui", a lo que Moto responde: "¡Estás mintiendo!", está diciendo: "Tu declaración no corresponde con la realidad".

(Se trata de una situación hipotética, lo prometo. Estas cosas no suceden en el hogar de un pastor...)

Entonces, la verdad es realidad.

La mentira es irrealidad.

Bastante sencillo y directo, pero profundicemos un poco más.

Todos vivimos según lo que los psicólogos denominan mapas mentales de la realidad,[1] puntos de referencia en nuestra mente que nos permiten conducirnos por el mundo. Los neurobiólogos dicen que la mente humana está cableada para las historias.[2] Los sociólogos hablan de cosmovisión. Los seguidores de Jesús a menudo hablan de su fe.

Distintos términos para la misma idea.

Realmente valoro el concepto de los mapas mentales. Pensemos en esto: literalmente tenemos mapas mentales, por ejemplo la ruta desde nuestro hogar al trabajo. *Toma la calle Burnside hacia el este, por encima del río hasta la calle 21; gira a la izquierda, cruza la interestatal 84 y gira a la derecha en Tillamook...* Si nuestros mapas mentales son verdaderos, si coinciden con la realidad, entonces nos subimos al automóvil o al autobús y en minutos llegamos a nuestro destino. Pero si nuestros mapas mentales *no* son verdaderos, si *no* corresponden con la realidad, terminamos perdidos en un terreno baldío distópico con poca cobertura de celular o en un lugar extraño de acuerdo con el mapa de Google (una experiencia aterradora para cualquiera).

Apliquemos la metáfora: de la misma manera que tenemos mapas mentales para ir al trabajo, la escuela o nuestra cafetería favorita, tenemos mapas mentales para todas las cosas de la vida. Mapas para nuestro dinero. Nuestra sexualidad. Nuestras relaciones.

Nuestros mapas mentales están hechos de una colección de ideas. Ya que estamos en el modo definición, el filósofo Dallas Willard define las ideas como "supuestos sobre la realidad". Son teorías activas, generalmente basadas en algún tipo de evidencia o experiencia, sobre cómo funciona realmente la vida. O, en la jerga estadounidense, lo que nos hace felices.[3] La obra de Willard sobre la transformación de la mente en *Renueva tu corazón*, cambió por completo la forma en la que veo la guerra espiritual. En resumen: Vivimos en un mundo de ideas, y cada día nos conducimos por este mundo por medio de la fe (ampliaremos este concepto). La felicidad es una idea. También lo es la democracia, los derechos humanos, la igualdad, la libertad. Hasta la teología, de la que está repleto este libro, es una colección de ideas sobre Dios y sus ramificaciones de amplio alcance sobre nosotros como seres humanos.

Y nuestras ideas se articulan para formar un mapa mental que nos permite navegar la realidad.

¿Me sigues? Genial. Entonces, aquí es donde las cosas comienzan a ponerse interesantes. Lo maravilloso de las personas es la capacidad de albergar en nuestra mente ideas que coinciden con la realidad y al mismo tiempo ideas que no coinciden con la realidad.

Dicho de otra manera, visualizar lo que *es* y lo que *no es*.

Esto es lo que nos distingue de los animales. Aun si confiamos en la explicación evolutiva de los orígenes del ser humano (todavía tengo algunas dudas al respecto), las últimas investigaciones, popularizadas en algún libro como *Sapiens* de Yuval Noah Harari, ahora dicen que la visión de calcomanía portlandesca de la evolución como una progresión lineal desde el mono hasta el *Homo erectus*, luego el *Homo sapiens* hasta (naturalmente) el humanista secular progresista no es verdad. Muchos científicos ahora piensan que todos los tipos de especies de homínidos estuvieron en la tierra en la misma época. (Un dato cómico: la persona promedio de ascendencia europea es 2% Neanderthal[4]). Harari expone que el motivo por el que el *Homo sapiens* terminó siendo la especie dominante no fue su tamaño, su fuerza y ni siquiera sus dedos pulgares que hacen pinza; sino que fue nuestra *capacidad de imaginación*.[5]

Somos la única criatura que tiene la capacidad de imaginar lo que no es, pero podría ser.

Lo ves, la irrealidad tiene un lado negativo; nuestra capacidad de creer una mentira o una ilusión. Pero también tiene un lado positivo; nuestra capacidad de imaginación. Eso es lo que permite el milagro de la sociedad humana. Podemos visualizar la irrealidad de una sociedad ideal en nuestra mente y luego trabajar juntos para convertirla en realidad. Podemos hacer un vecindario. Una ciudad. Una civilización.

En realidad, esto es lo que permite la totalidad de la creatividad humana, desde escribir una novela hasta hornear un pastel, programar una aplicación, construir una vivienda, comenzar una empresa o simplemente tocar un nuevo riff en la guitarra. Tenemos la capacidad de guardar en nuestros archivos mentales algo que todavía no existe y luego, mediante nuestro cuerpo, darle vida a esa irrealidad.

Y creías que solo estabas horneando un panecillo. Lo cierto es que estabas ejercitando tu capacidad humana de tomar una idea en tu mente y, usando tu cuerpo, crear una nueva realidad.

Genial.

He aquí el problema: la capacidad de guardar la irrealidad en la mente es nuestra genialidad, pero al mismo tiempo, nuestro talón de Aquiles. Porque no solo podemos imaginar lo que no es real, sino que también podemos creerlo. Podemos poner nuestra fe en ideas que no son ciertas, o peor, que son mentira.

Como dijera alguna vez Willard: "Realmente vivimos a merced de nuestras ideas".[6]

Eso es porque las ideas que creemos en la mente y luego dejamos entrar en nuestro cuerpo moldean la trayectoria de nuestra alma. Dicho de otra manera, moldean nuestra forma de vivir y las personas en las que nos convertimos.

Cuando creemos la *verdad* —es decir, ideas que coinciden con la realidad— nos presentamos ante esa realidad de una manera que nos hace prosperar y desarrollarnos. Nos presentamos ante nuestro cuerpo, nuestra sexualidad, nuestras relaciones interpersonales, y por sobre todas las cosas, ante Dios mismo, de una manera que es congruente con la sabiduría del Creador y sus buenas intenciones para su creación. Como resultado, mostramos la tendencia a estar felices.

Pero cuando creemos *mentiras* —ideas que no son congruentes con la realidad del diseño sabio y amoroso de Dios— y luego trágicamente abrimos nuestro cuerpo a esas mentiras y las dejamos entrar en nuestra memoria muscular, permitimos que un cáncer ideológico infecte nuestra alma. Vivimos en incoherencia con la realidad y, como resultado, luchamos para sobrevivir. Porque la realidad no se ajusta a nuestras ilusiones.[7]

Abordemos un ejemplo delicado, pero que simplemente no podemos eludir, ya que se trata de la cuestión moral imperante en nuestra generación: la sexualidad humana. Y mientras lees, recuerda que soy pastor, no político. Mi objetivo es acompañar a tu alma en su camino a la sanidad en Dios, no legislar. No espero que los laicos vivan como cristianos. Como dijo Pablo: "¿Acaso me toca a mí juzgar a los de afuera?".[8] El mover del Espíritu es hacia adentro para convencer, no hacia afuera para criticar. No estoy tratando de criticar la cultura, mucho menos controlarla; estoy intentando que crezca una contracultura.

La revolución de la liberación sexual de la década de 1960 puso en marcha un efecto cascada: la revocación del arraigado consenso en torno a la promiscuidad (que separó el sexo del matrimonio) se unió al advenimiento del control de la natalidad y la legalización del aborto (que separó el sexo de la procreación); luego se avanzó con la legalización del divorcio sin culpas (que hizo que el pacto se convirtiera en un contrato y separó el sexo de la intimidad y la fidelidad); después apareció Tinder y la cultura del contacto casual (que separó el sexo del romance y lo convirtió en una manera de "satisfacer necesidades"). De allí avanzamos a la revolución de LGBTQI+ (que separó el sexo del binomio hombre-mujer), la onda transgénero actual (que es un intento de separar el género del sexo biológico) y el emergente movimiento poliamor (que es in intento por dejar atrás las relaciones íntimas entre dos personas). En medio de esta revolución, parece que nadie se está preguntando: ¿esto nos convierte en mejores personas? ¿Personas más amorosas? ¿Incluso personas más felices? ¿Estamos progresando de formas que no lográbamos antes de nuestra "liberación"?

Nadie se plantea estas interrogantes, mucho menos se hace un intento serio de investigación.

Solo hay suposiciones.

De nuevo: las ideas son supuestos sobre la realidad.

Pero examinemos algunos datos:

Los niveles de felicidad han estado disminuyendo en Estados Unidos a partir —esto es muy interesante— de la década de 1960. Aunque sabemos que una correlación no implica causalidad, debemos admitir que se trata de una curiosa coincidencia.

También vale la pena resaltar algunos hechos muy desconcertantes relacionados con la teoría del apego. A pesar de los relatos culturales que establecen otra cosa, el divorcio es un suceso traumático para los niños de todas las edades, y estamos descubriendo que se relaciona directamente con el creciente número de personas que luchan por desarrollar relaciones íntimas y saludables en la adultez.[9]

Los psicólogos sostienen que el número de personas a las que podemos considerar con "apego seguro" ha disminuído y eso está causando estragos importantes en nuestra sociedad".

Tengamos en cuenta que se ha demostrado que el divorcio, aunque se cita como ejemplo de liberación del patriarcado, ha beneficiado a los hombres desproporcionadamente.[10]

Consideremos que quienes cohabitan antes del matrimonio son menos propensos a casarse,[11] tienen más posibilidades de divorciarse,[12] y a menudo presentan problemas de confianza a largo plazo.[13]

La investigación sobre la oxitocina y la vasopresina, dos hormonas liberadas por el cuerpo durante el sexo, revela que activan nuestro sistema de apego y nos hacen conectarnos con otra persona. Aparentemente mientras más compañeros sexuales se tienen, menos capacidad de intimidad desarrolla el cuerpo.[14]

Los datos muy documentados, pero poco divulgados sobre los efectos del aborto en la salud mental y física de la mujer,[15] han provocado la hipótesis de que, con el tiempo, la Izquierda podría cambiar su firme postura actual.

El 25% de niños pasan parte de su niñez sin un papá en el hogar.[16] La abrumadora evidencia indica que esta experiencia está dañando tanto a niños como niñas.[17]

La cirugía de reasignación sexual y la terapia de hormonas para quienes se identifican como transgénero no benefician la salud emocional (que es el fundamento principal que las respalda).[18]

Las estadísticas sobre la epidemia de adicción sexual en Occidente.

O qué tal el hecho de que la pornografía es cada vez más violenta, misógina y cruel; y actualmente es una industria que mueve millones de dólares y está intencionalmente dirigida a los niños.[19]

Poco importa que mientras el movimiento #YoTambién dominaba los titulares, Cincuenta sombras de Grey —una historia sobre dominación sexual masculina— se convertía en la trilogía más vendida de la década y en una de las franquicias cinematográficas más taquillera de todos los tiempos.[20]

Tampoco importa mucho que el abuso y el acoso sexual estén empeorando, no mejorando. Según las estadísticas, una de cada cuatro mujeres experimentará violencia sexual en algún momento de su vida.

Mucho menos importa que la cultura de la violación sea un problema horroroso, hasta en los campus universitarios más liberales y progresistas de la élite.

Por conveniencia, estos hechos se dejan fuera del debate, si es que hay un debate.

Soy pastor de una ciudad sin límites sexuales. Trato con las repercusiones de Woodstock periódicamente. No estoy enojado, sino triste. Me preocupa el daño en el alma de las personas, especialmente los más vulnerables.

Como dijo Mary Eberstadt en su libro *Adán y Eva después de la píldora*:

> En contra de la opinión convencional, la revolución sexual ha demostrado ser un desastre para muchos hombres y mujeres y... su mayor peso ha caído sobre los hombros de los más pequeños y los más débiles de la sociedad, incluso ha dado más fuerza y capacidad como depredadores a los que ya eran fuertes.[21]

La "liberación" cada vez se está pareciendo más y más a la esclavitud.

El problema con el actual bombardeo de miles de años de sabiduría humana sobre el deseo sexual es, bueno, *la realidad*. La idea dominante del mundo secular (léase, la teoría sobre la realidad) es que los seres humanos son animales, que simplemente tuvieron la ayuda del tiempo y la oportunidad de evolucionar para ser la especie dominante del planeta; la monogamia "no es natural", como rara vez se observa en "otros animales". De hecho, los hombres evolucionaron para esparcir su semilla en la mayor cantidad de mujeres posible, para la supervivencia de la especie; es la forma biológica evolutiva de decir: "así son los chicos". En esa matriz de ideas, el consenso predominante es: "el sexo solo es un juego de adultos. ¿Cuál es el problema? Solo se trata de placer animal, muy parecido al hambre o la sed. Si procuras casarte, está bien; tienes que ser fiel a ti mismo. Pero al menos debes vivir con tu pareja por un tiempo para tener la seguridad de que encajan. Y si no funciona, lo importante es ser feliz". (Después de todo, la vida no tiene sentido; solo se trata de un glorioso accidente.) Y, por supuesto, el matrimonio, las normas sexuales, y hasta el mismo género, son construcciones sociales, a menudo creadas por las élites para perpetuar el poder.

La postura secular sobre la sexualidad y el género abunda en consideraciones. El patriarcado ha provocado todo tipo de cosas horrendas en la mujer; no se puede negar. Y es repugnante la manera en que las personas LGBTQ han sido tratadas, a menudo por los cristianos. La violencia es real, y debemos poner manos a la obra para detenerla. La expresión de género efectivamente varía de una cultura a otra. Y el deseo sexual es bueno; fue diseñado por Dios. Además, es fundamental para la humanidad; teníamos deseo sexual antes de caer en pecado, por lo que debemos celebrarlo, no rechazarlo.

Pero, aunque aplauda que nuestra sociedad defienda la igualdad y la dignidad del ser humano, el problema con esta interpretación de los datos de la ciencia y la historia es grave: en términos generales, no coincide con la realidad, y la realidad no se amolda a nuestros deseos, sentimientos o pensamientos incorrectos. En consecuencia, no conduce a la salud y la felicidad. Tampoco puede. Nunca.

La crisis emocional, de vinculación, familiar, social y política en la que hemos vivido durante años es una prueba diaria de que nuestros mapas mentales son erróneos, que nos estamos desviando y adentrando cada vez más en un terreno peligroso.

En mi libro anterior, *Garden City*, dejé en claro que la tradición cristiana respalda la vocación humana: *transformar el caos en orden*. "Transformar en orden" significa tomar el caos del planeta y convertirlo en una ciudad semejante a un jardín en la que los seres humanos puedan florecer y prosperar en las relaciones mutuas, con Dios y con la tierra misma. La palabra que usamos para esto es *cultura*.

Vivimos un momento fascinante de lo que el sociólogo Philip Rieff denominó "anticultura".[22] Existen corrientes culturales muy poderosas que obran en favor de transformar el orden en caos, a fin de anular el orden que heredamos de generaciones anteriores.

A modo de aclaración, la idea de "orden" ha sido politizada últimamente, pero no pienses que me refiero al *abuso* del orden, como lo ejemplifican el racismo sistémico o la brutalidad policíaca; de ningún modo. Me refiero a las diferentes formas de ser humanos que datan desde hace mucho tiempo, que cruzan culturas, continentes y generaciones, y que se han transmitido durante miles de años para permitir que cada nueva generación viva en congruencia con la realidad y prospere. Muchas de esas formas de vivir fueron tiradas por la ventana, en unas pocas décadas, luego de una investigación prácticamente nula, sin un análisis honesto sobre su veracidad.

Tengamos en cuenta que lo que llamamos valores tradicionales eran completamente radicales cuando Jesús los presentó. Con el tiempo fueron adoptados como la norma porque se basaban en una "visión altamente sofisticada y profundamente sabia de la naturaleza humana" y, francamente, porque funcionan.[23] Cuando vivimos según el punto de vista de Jesús, progresamos.

El tiempo dirá si esta anticultura crea un mundo mejor o destruye uno que ya es frágil. Me temo que sucederá lo segundo. Desafortunadamente, para cuando Occidente se vea obligado a enfrentar la realidad, la mayor parte del irreversible daño en nuestra cultura ya se habrá hecho.

Simplemente no puedes vencer a la realidad en su propio juego. Como dice el filósofo H. H. Farmer: "Cuando vas en contra de la veta del universo, encontrarás astillas".

La "dura y fría verdad" es que nuestros mapas mentales, la colección de ideas que nos permiten conducirnos en la vida, pueden estar equivocados. A veces, terriblemente erróneos.

Ahora, inhala profundo…

Exhala profundo…

Incorporemos todo esto en Jesús y sus enseñanzas sobre el diablo.

Esa es la razón por la que Jesús dijo que el diablo era "el padre de la mentira". En realidad, toda la sección de Juan 8 es una alusión a Génesis 3, la historia de Eva y la serpiente. Profundiza-remos en esta historia en el próximo capítulo. Por ahora, déjame señalar que el diablo no se le aproximó con una M16 ni un dron depredador.

Se le presentó con una *idea*.[24]

Específicamente, con una *mentira*: "¡No es cierto, no van a morir!".[25]

M. Scott Peck, en su revolucionario libro *Gente de la mentira*, nombró al diablo "un espíritu real de la irrealidad".[26]

Cuando Peck llegó a la fe en Jesús a sus cuarentas, su visión de la realidad cambió por completo. Este reconocido psiquiatra comenzó a examinar las ideas que había descartado anterior-mente, como la del diablo. Luego utilizó su mente erudita y su formidable mecanismo de investigación para cuestionar el mal, específicamente: ¿cómo es que algunas personas parecen estar impregnadas por el mal?

Su primera conclusión fue que existen personas malvadas en el mundo. El individuo promedio escucha esto y piensa: *Bueno, esto es obvio, como que la tierra es redonda*. Pero para la comu-nidad científica, era romper con un tabú. Se supone que la ciencia es objetiva e imparcial; aseverar que alguien es malvado implica creer que el bien y el mal existen. Lo repito, es sentido común, pero una herejía científica.

Su segunda conclusión, aún más interesante, fue que las personas se vuelven malvadas a través de la mentira. Su tesis básica fue que cuando creemos una mentira y dejamos que esa mentira entre a nuestro cuerpo, trágicamente se convierte en un tipo de sombra invertida de la verdad. Como dijo el psicólogo

David Benner: "No es tanto que digamos mentiras, sino que las vivimos".[27]

Por ejemplo, supón que crees la mentira de que no puedes ser amado, donde sea que la hayas encontrado en el camino de tu vida, ya sea una relación fallida con tus padres, una ruptura, un fracaso, una incorporación demoníaca en tu mente, donde fuere. Luego, si dejas que la mentira penetre en tu cuerpo, en tu neurobiología, permites que moldee tu conducta.[28] Como no te crees digno de amor, dejas que las personas te traten de maneras irrespetuosas o degradantes. O tienes conductas irrespetuosas y degradantes hacia otros. Si vives esta mentira el tiempo suficiente, trágicamente, lo que era falso *comienza a volverse una verdad.* Al final te conviertes en el tipo de persona que no es digna de amor y respeto, y te aíslas de las mismas relaciones que anhelas.

Debo decir que, como cualquier herida del alma, *esta puede sanar* a través de relaciones amorosas y de la verdad. El ideal sería a través de relaciones amorosas con el Dios a quien Jesús llamó Padre y su familia, la Iglesia, y a través de la verdad de tu identidad como hijo o hija de Dios.

Mi punto es que la mentira deforma nuestra alma y nos lleva a la ruina.

Analicemos el debate en auge actualmente en mi país en torno a la libertad de expresión. Un creciente número de voces se alza en favor de restricciones para la Primera Enmienda. Y aunque decididamente me coloco del lado de la libertad de expresión y no de la censura, sí reconozco que las palabras pueden dañar; las ideas pueden convertirse en armas.

Un ejemplo muy a la mano que todavía está fresco en nuestra memoria colectiva es la Alemania Nazi. Lo que resulta fácil olvidar con la gran cantidad de parodias de la Alemania del siglo XX, desde *Indiana Jones* hasta *Jojo Rabbit*, es que en ese momento, Alemania estaba en la cúspide de la civilización Occidental, a la par, o delante de Inglaterra y mucho más avanzada que Estados Unidos. Puedes elegir el parámetro que desees: arquitectura, literatura, poesía, mundo académico, ciencia y tecnología, o incluso teología porque Alemania fue la cuna de Lutero y la Reforma. Aún así, en unas pocas décadas, toda la sociedad alemana fue corrompida desde adentro por las ideas. Ideas sobre la raza. Sobre el nacionalismo. Sobre Dios. Ideas que instauraron el caos en Europa y en el mundo.

Entonces, las ideas sí pueden ser peligrosas. Willard tiene razón: "Las ideas [son] principal fortaleza del mal en el ser humano y en la sociedad".[29] Las ideas son mucho más que disparos de sinapsis; tal como afirmó Evagrio hace mucho tiempo, las ideas son entidades espirituales que esclavizan nuestra alma.

Las ideas —no los tiranos.

En cuanto al reciente debate sobre la amenaza de la tiranía, nos olvidamos de que la tiranía ideológica es una amenaza mucho mayor que la tiranía política. En realidad, la segunda se basa en la primera.

La célebre filósofa Hannah Arendt, en su trascendental libro de 1951, *Los orígenes del totalitarismo* dijo: "El sujeto ideal de un régimen totalitario no es el Nazi convencido o el comunista comprometido, son las personas para quienes la distinción entre [...] lo verdadero y lo falso [...] ha dejado de existir".[30]

Para la misma época, pensando en el mundo después de la Guerra Fría, Winston Churchill proféticamente vio más allá del horizonte y dijo: "Los imperios del futuro son los imperios de la mente".[31] Comprendía que el futuro sería una guerra de ideas, no de bombas y armas.

El periodista extranjero David Patrikarakos, en su libro *Guerra en 140 caracteres: Cómo las redes sociales están remodelando el conflicto en el siglo XXI*, expone que las guerras ya no son por el territorio sino por la ideología.

Es por eso que Estados Unidos no puede ganar la guerra contra el terror. La Yihad es una ideología. No se puede vencer una ideología con un tanque. En realidad, cuando lo intentas, a menudo solo estás echándole gasolina al fuego.

También es por eso que tantas personas fuera de Occidente están reaccionando en contra del intento de las élites occidentales no solo de exportar sino de imponer su nueva visión sexual en el resto del mundo. El papa Francisco acusó a Occidente de "colonización ideológica".[32]

Al fin existe una conversación profunda y honesta sobre los devastadores efectos secundarios de la colonización de las minorías. En muchos sentidos, los progresistas encabezaron esta conversación, y se los agradezco. Pero muchos pensadores, desde el pastor Timothy Keller hasta la novelista Zadie Smith, señalan que el secularismo y su énfasis en el individualismo, la negación de Dios y la destrucción de la familia tradicional, es tan destructivo (por no decir más destructivo) para las culturas originarias de lo que jamás haya sido el imperialismo del siglo XIX.[33] Mi amigo (y analista cultural) Mark Sayers lo llamó "supremacía occidental". Es correcto que se rechace la imposición de la blancura en el mundo. Pero para algunos, imponer lo occidental (especialmente las ideas occidentales sobre la sexualidad o el género) en el mundo no solo está bien, sino que es meritorio.

¿Ves la contradicción?

Como pastor, puedo sentarme con un fascinante abanico de personas de todo el espectro sociopolítico. Durante los últimos años, he visto muchas personas, tanto de la Izquierda como de la Derecha quedar cautivos de la ideología. Me duele el corazón. La ideología es una forma de idolatría. Es un intento secular por encontrarle significado metafísico a la vida, una forma de establecer una utopía sin Dios. La mejor definición que conozco de ideología es tomar una parte de la verdad y convertirla en el todo. Al hacerlo, encadenas tu mente y tu corazón con mentiras que te producen enojo y ansiedad. Te promete libertad, pero produce lo contrario. En lugar de ensanchar y liberar el alma, la encoge y esclaviza.

Pero quizá te esté llevando por el camino equivocado. La posibilidad más a la mano es señalar las mentiras de la ideología que se evidencian en las guerras culturales. La mayoría de las mentiras que enfrentamos no aparecen en los titulares de prensa ni terminan siendo tema de debate en Twitter.

- Es el adulto que fue reprendido por su padre y llega a pensar: "Solo soy bueno si tengo éxito laboral".

- Es la adolescente que, al compararse con el espejismo de Instagram, se dice: "Soy fea y no merezco que me amen".

- Es el pastor que de niño era hiperactivo, regañado a menudo por sus padres y que ahora piensa: "Soy una mala persona".

- Es el emprendedor cuya empresa fracasó por la traición de su socio y ahora sospecha: "Fracasaré en todo lo que emprenda".

- Es la mujer de mediana edad criada por una madre enojada y perfeccionista que décadas después piensa: "Debo ser perfecta para tener paz".

He cambiado detalles por cuestiones de anonimato, pero estos no son ejemplos hipotéticos. Son pequeños ejemplos de historias que miles de personas me han confiado en mi calidad de pastor.

No existe alma que conozca y no esté viviendo, en algún nivel, bajo el yugo de la mentira.

Enfrentar las mentiras que hemos creído puede ser aterrador. Como dijo T. S. Eliot: "El ser humano no puede soportar demasiada realidad". Las ilusiones a las que nos aferramos se transforman en parte de nuestra identidad, y con ella, de nuestra seguridad. Nos hacen sentir seguros, aunque nos encadenen al miedo. Arrancarlas del humus de nuestra alma puede ser insoportable. Como puntualizó David Foster Wallace: "La verdad es lo que te hará libre. Pero no hasta que haya acabado contigo".[34] Solamente al encontrarnos cara a cara con la realidad, tal como sucede cuando estamos ante Dios, es que encontramos la paz.

Todo eso para decir que...

Mentiras, que se presentan como ideas engañosas, son el principal método del diablo para esclavizar a los seres humanos y a sociedades completas en un círculo vicioso de ruina que nos lleva más y más al este del Edén.

Es por eso que Jesús vino como rabino, es decir, maestro.

¿Qué es un maestro? Alguien que dice la verdad. Un cartógrafo moral. Los maestros nos proporcionan mapas mentales de la realidad. Al hacerlo, nos liberan para vivir en congruencia con maneras en las que la vida realmente funciona.

Cuando Jesús dijo: "Y conocerán la verdad, y la verdad los hará libres", al mismo tiempo estaba diciendo que somos esclavos de la mentira. Estamos bajo el yugo de la tiranía de ideas falsas sobre la realidad, que mantienen nuestra alma y nuestra sociedad cautivas del sufrimiento y el dolor. Como dijo posteriormente Pablo, el diablo nos tiene "cautivos, sumisos para hacer su voluntad".[35] Jesús vino a liberarnos con el arma de la verdad.

Así es como Jesús pudo derrotar al enemigo sin usar la violencia. Cuando Jesús comparecía ante Pilato, le preguntaron si era un rey. Su respuesta fue tan brillante como enigmática: "Eres tú quien dice que soy rey. Yo para esto nací, y para esto vine al mundo: para dar testimonio de la verdad".[36]

En respuesta, Pilato, con una postura que encontraría su máximo apogeo con los filósofos franceses del siglo XX como Michael Foucault, preguntó: "¿Y qué es la verdad?".[37]

Ten en cuenta que, para Jesús, la verdad era algo que podía *conocerse*. "*Conocerán* la verdad, y la verdad los hará libres". Esto nos suena un poco raro. Muchos hemos aprendido que seguir a Jesús no tiene que ver con el conocimiento sino con la fe. Y el conocimiento y la fe se oponen.

¿Verdad?

No exactamente.

Ahora nos adentramos en lo que Dallas Willard denominó "desaparición del conocimiento moral".[38] Publicado después de su inesperada muerte, el libro del mismo nombre fue su mayor contribución a la filosofía.

Permíteme resumir el argumento de Willard antes de terminar el capítulo. Cuando Occidente se secularizó, las principales figuras de autoridad pasaron de Dios, la Escritura y la Iglesia a una tríada basada en la Ilustración: la ciencia, la investigación y la universidad. Este nuevo puesto de autoridad secular redefinió lo que puede ser conocido (cosas como matemática y biología, y no cosas como lo correcto, lo incorrecto y Dios). Al hacerlo, convenientemente colocó asignaturas como la religión y la ética bajo el dominio de la creencia, que para muchas personas significa opinión, sentimiento o simplemente optimismo.[39] A medida que el mundo se globalizó y nos volvimos más conscientes de las cosmovisiones religiosas, los occidentales comenzaron a ver la religión como una simple colección de propósitos privados y terapéuticos, y no como el tipo de cosa que puede conocerse. Algunos, siguiendo a posmodernistas como Foucault, llegaron al extremo de declarar que el conocimiento, y hasta la verdad misma, es una forma de opresión.

En mi país, el hecho que mejor evidencia este cambio es la separación de la Iglesia y el Estado. Esta idea, cuyo objetivo era que el Estado no influyera en la Iglesia, sufrió una mutación con el paso de los años.[40] La mayoría de los estadounidenses en la actualidad considera que la cuestión es que la Iglesia debe quedar aislada del Estado; es decir, la religión es un asunto privado y no tiene lugar en la esfera pública. Debemos decírselo a los fundadores de nuestra nación y de la mayoría de las universidades, aquellos que consagraron los edificios gubernamentales y académicos con citas de la Escritura y referencias en latín a la "verdad" (*veritas*) y la "virtud" (*virtus*).

Este nuevo contexto asume que cuestiones como la teología, la ética y el significado de la vida, entre otras, no pueden conocerse. Si creyéramos que nuestra fe en Jesús se basa en el conocimiento de la realidad, no existirían más debates sobre la separación de la Iglesia y el Estado que los que hay sobre la biología y el Estado, la álgebra y el Estado o la ingeniería estructural y el Estado.[41]

Ahora bien, no me malinterpretes. En ningún aspecto estoy argumentando en favor de una versión cristiana de la ley de la sariá o algún código levítico impuesto por el gobierno. Es cierto que tengo convicciones muy profundas, pero también creo firmemente en las leyes en contra de la discriminación. Vivimos en una nación pluralista; lo respeto, y hasta lo disfruto. Voy a repetirlo: no estoy siguiendo una agenda política; mi preocupación es por los discípulos de Jesús. Mi "agenda" consiste en reafirmar tu fe en los mapas mentales de Jesús sobre la realidad.

Mi objetivo es este: nos enseñaron —y a veces la Iglesia ha ayudado e incitado al secularismo al respecto— que las ideas religiosas como el bien, el mal y Dios no pueden ser conocidas; solo pueden aceptarse por fe. Pero para Jesús y los autores de la Escritura, la fe se basa en el conocimiento. Es una especie de confianza profunda arraigada en la realidad.

No es la manera en que muchos seguidores de Jesús en Occidente abordan los Evangelios o la Escritura en general. En algunas ocasiones encontramos algún artículo en el que la investigación ha probado la veracidad de algo que está en la Biblia, por ejemplo, uno que leí hace poco sobre la frase de Jesús: "Hay más dicha en dar que en recibir".[42] (La versión abreviada sería: mientras más generoso, más feliz). Y nosotros pensamos: "Genial, sabemos que es cierto". La deducción es que antes solo creíamos, pero ahora lo sabemos. En mi enseñanza, cada vez más tengo que recurrir a la investigación de las ciencias sociales porque menos y menos personas consideran que los relatos del Nuevo Testamento son verdaderos y confiables. Disfruto las ciencias sociales y estoy feliz de conocer a las personas donde estén, pero hasta que no aprendamos a confiar en que Jesús y sus biógrafos fueron guías fieles de la realidad, permaneceremos en una especie de estancamiento intelectual.

Los autores de la Biblia no veían cuestiones como la manera en que debemos gastar el dinero, con quién debemos dormir o hasta la resurrección de Jesús, como una opinión o una conjetura. Las veían como la realidad. Esta es una de las diferencias más contundentes entre el Evangelio de Jesús y otras religiones importantes del mundo; más que cualquier otra forma de espiritualidad, el Nuevo Testamento se basa en eventos de la historia. La Biblia está repleta de períodos, fechas, nombres y lugares. Los cuatro Evangelios no tratan sobre mitología sino sobre la historia.

Los autores de la Escritura constantemente defendían una fe que no se opone al conocimiento, sino que *se basa* en el conocimiento.[43]

Jesús definió la vida eterna como una forma de conocimiento: "Y esta es la vida eterna: que te conozcan a ti, el único Dios verdadero, y a Jesucristo, a quien tú has enviado".[44]

Pablo escribió "...*sé* en quién he creído"[45] y oró por nosotros para que *conozcamos* "el misterio de Dios, es decir, a Cristo, en quien están escondidos todos los tesoros de la sabiduría y del *conocimiento*".[46]

Pensamos que la fe es algo para los religiosos, pero todos vivimos por fe. Tener fe en algo es simplemente vivir como si eso fuera cierto. Significa poner la confianza en algo o alguien y ser fiel a eso.

La pregunta no es si tienes fe, sino *en qué o en quién tienes fe*.

Jesús y los autores de la Escritura querían que tengas fe en Jesús y sus enseñanzas; una fe que se basa en el conocimiento de la realidad.

Jesús y los autores de la Escritura también reconocieron que la afirmación de tener conocimiento de la realidad no implica, en contra de la opinión popular, arrogancia ni transitar el camino de la tiranía. Me acabo de bajar de un Uber cuyo conductor, un cristiano caduco, se embarcó en un discurso de diez minutos sobre cómo es que ya no sabe qué creer, para terminar con la apelación sermónica: "¿Quién soy yo para decirle a alguien más que Jesús es el Hijo de Dios? ¿Como si yo tuviera la razón y los demás estuvieran equivocados? Jamás quisiera forzar a otros a pensar como yo".

Por un lado, comparto su reticencia a imponer su postura sobre la realidad; pero, por otro lado, nadie jamás aplicaría esa lógica a una idea que se considera una forma de conocimiento. Nadie jamás diría: "¿Quién soy yo para decirle a alguien que la tierra es redonda? ¿O que cinco más cinco es igual a diez? ¿O que fumar es malo para la salud?". En realidad, no tenemos problemas para confrontar a los que amamos cuando pensamos que están equivocados, porque confiamos en que eso contribuirá con su felicidad.

Cuando las personas dicen, como sucede con frecuencia, que "todas las religiones son iguales", lo que en realidad quieren decir es que ninguna religión tiene conocimiento de la realidad. Y por defecto, ninguna debería ser tomada con seriedad como una guía para vivir.

Las religiones no son todas iguales. Es cierto que coinciden en muchas cosas y debemos prestar mucha atención a esos denominadores comunes, pues es probable que sean indicadores de la realidad. Pero también difieren ampliamente en muchos aspectos.[47] Afirmar lo contrario es deshonrarlas a ellas y a las culturas en las que nacieron, practicando una forma de supremacía occidental que no es más que la actualización milenaria del imperialismo europeo de la vieja escuela.

Ni siquiera es universal la idea de que Dios es amor. Los seguidores de Jesús creen que Dios es una comunidad trinitaria que se manifiesta con amor, mientras que los musulmanes y los judíos conciben a Dios como una entidad individual. Los hinduistas tienen un panteón de divinidades, en el que el individualismo es una ilusión; los budistas no consideran que Dios es un ser personal en absoluto, sino simplemente un estado de conciencia al que se llega a través del camino óctuple; y los pueblos originarios a menudo ven a Dios en la naturaleza y hasta como la naturaleza.

Estas son concepciones muy contradictorias de "Dios".

Sí, pero es como con los ciegos y el elefante. Cada religión solo ve un aspecto diferente de la realidad.

Seguramente es así hasta cierto punto, pero este es exactamente mi planteamiento: la gastada metáfora de los hombres y el elefante *presume que todos somos ciegos*.[48] Jesús hace la declaración opuesta. Dice que es "la luz del mundo".[49] Que viene del Padre para "proclamar libertad a los cautivos y dar vista a los ciegos".[50] La luz, es, y siempre ha sido, una metáfora de iluminación sobre la ignorancia.

Jesús y los autores del Nuevo Testamento no creían que la fe es un salto hacia la oscuridad. Para ellos, es un estilo de vida de confianza inquebrantable y fidelidad a Jesús, basada en su conocimiento de la realidad.[51] Como dijo de manera tan elocuente el teólogo cuáquero Elton Trueblood durante su cargo en Stanford: "Fe... no es creencia sin pruebas, sino confianza sin reservas".[52]

Con todo eso quiero decir que es por eso que Jesús vino como maestro y por eso normalmente pedía a sus discípulos: "¡Arrepiéntanse y crean las buenas nuevas!".[53] Arrepentirte y creer simplemente significa rediseñar tus mapas mentales de lo que piensas que te conducirá a una vida feliz y confiar en los de Jesús.

Las ideas tienen poder solo cuando las creemos. Escuchamos todo tipo de ideas todos los días; algunas son brillantes y otras ridículas, pero no tienen ninguna influencia en nosotros a menos que comencemos a creer que son un mapa exacto de la realidad. En ese punto, son animadas por un extraño tipo de energía y autoridad, y comienzan a liberar vida y muerte en nuestro cuerpo.

Eso significa que ser discípulo del rabino Jesús implica más que simplemente registrarse como estudiante para una conferencia diaria en su clase magistral de la vida; también supone reclutarse como soldado y unirse a su lucha para creer la verdad y no la mentira.

Entonces, querido lector, ¿a quién pertenecen los mapas mentales con los que navegas la realidad? ¿De quién son las ideas en las que confías? ¿En este momento crees alguna mentira?

¿Mentiras sobre tu cuerpo o tu sexualidad?

¿Mentiras sobre si eres objeto del amor y el afecto de Dios o no lo eres?

¿Sobre el pasado?

¿Sobre si hay esperanza para tu futuro?

Pero me estoy adelantando a mí mismo...

Antes de que podamos responder estas interrogantes con honestidad, debemos abordar un problema, y es uno espinoso: las mejores mentiras son las que pensamos que son verdad.

Dezinformatsiya

Rusia es noticia otra vez.

Mientras escribo esto, una aplicación poco conocida que aumenta la edad de tu *selfie* en unas décadas se ha vuelto muy popular. Por unos quince minutos warholianos (en realidad, por casi una semana), es lo único que las personas están publicando en Instagram. Ahora sé cómo se verán todos mis amigos en cincuenta años.

Resulta que mi amigo Dave es un duende: se ve exactamente igual a los setenta.

Yo también, aunque ahora soy tan guapo como un modelo; pero, aguarda un momento… No termina bien. (Nota: la parte de "guapo como un modelo" es solo una broma).

Porque luego, resulta que a esa FaceApp en realidad la administran los rusos (no cualquier ruso, sino *los rusos*). La aplicación está recolectando montones de datos de usuarios para algún fin desconocido y probablemente nefasto.[1] Es una posibilidad. Nadie lo sabe a ciencia cierta.

Los rusos durante mucho tiempo han sido maestros en el arte del engaño.

Durante la Guerra Fría, acuñaron el término *dezinformatsiya* para referirse a una nueva forma de subterfugio, que ingresó a nuestro vocabulario como *desinformación*. La KGB comenzó a inundar el mundo con mentiras, medias verdades y propaganda, ubicando espías de alto nivel en puestos claves de los medios, el periodismo y el entretenimiento occidentales, en parte para avanzar con su agenda, pero también solo para alterar el equilibrio en Occidente. Para mantenernos persiguiendo nuestra cola, drenando nuestra energía y, lo más importante, ciegos a la actividad de Rusia detrás de la Cortina de Hierro.[2]

Garry Kasparov, excampeón mundial de ajedrez y defensor de la democracia rusa, quien actualmente vive en exilio en Croacia, opinó: "El objetivo de la propaganda moderna no es solo dar información falsa o cumplir con una agenda. Es agotar tu pensamiento crítico, aniquilar la verdad".[3]

Detecto que la reciente incursión rusa en la información digital falsa es una metáfora oportuna del ataque del diablo a la verdad.

El término *guerra espiritual* en realidad no fue usado por ninguno de los autores del Nuevo Testamento. Eso no lo convierte en malo; simplemente nos facilita que le atribuyamos nuestras propias (y a veces erróneas) ideas. Un ejemplo concreto: Cuando escuchamos *guerra espiritual*, la mayoría de nosotros piensa en algo similar a la Segunda Guerra Mundial, en la que dos imponentes ejércitos de alianzas nacionales lucharon por tierra, aire y mar.

Aunque imaginemos una guerra antigua, visualizamos una escena al estilo de J. R. R. Tolkien con dos ejércitos colosales que se enfrentan en batalla en una vasta planicie; igual y opuesto.

Pero estas imágenes no coinciden en lo más mínimo con lo que la Escritura tiene para decir sobre la batalla contra Satanás. En la teología bíblica sobre la guerra espiritual, el diablo *ya fue derrotado* por Jesús en la cruz. Pablo lo dijo sin rodeos: "Él los exhibió públicamente al triunfar sobre ellos en la cruz".[4] En el contexto, "los" se refiere al diablo y su horda de rebeldes espirituales. Nuestros ancestros espirituales lo llamaron *Christus Victor* (que en latín significa "Cristo el vencedor") y muchos de ellos consideraban que la derrota del diablo era la principal, aunque no la única, implicación de la cruz y la resurrección.[5]

Entonces, desecha tu imagen mental de *Rescatando al soldado Ryan* o *El señor de los anillos*. Sustituye esas imágenes por la de un hacker ruso escondido en San Petersburgo, programando bots y algoritmos basados en datos cosechados en Facebook, Google y por la corporación del "capitalismo vigilante".[6] Estos algoritmos pueden deducir cuándo te encuentras emocionalmente más vulnerable y susceptible a manipulación, luego te inyectan una carga emocional a través de noticias, historias, alertas o enlaces en tu biografía, en el momento justo para atrapar tu miedo o deseo y producir el comportamiento, la opinión o la postura que desean.[7]

O imagina la guerra civil en Siria (multipolar, con más actores de los que puedo entender, participantes clave que constantemente cambian de un lado a otro, países como Estados Unidos y Rusia que apoyan e instigan desde las sombras, tácticas de insurgencia en tierra peleando de casa en casa), cuyo resultado es la anarquía y una ola de refugiados.[8]

Los teóricos militares consideran que las guerras del siglo XXI son batallas sucias o conflictos asimétricos. En las guerras convencionales de épocas pasadas, la lucha era mucho más simétrica, entre actores relativamente iguales. Resultaba claro quién era el ganador y cuál era el final. Esos días se acabaron. Ahora se desarrollan entre naciones Estado importantes como Estados Unidos y pequeños grupos de la Yihad o hackers en línea. ¿De qué sirve un F-22 raptor frente a un tweet? ¿O un Humvee con una ametralladora calibre 50 contra el extremismo religioso?

La guerra sucia es una metáfora mucho más apropiada para nuestra batalla espiritual. No nos alzamos contra el equivalente espiritual de la maquinaria de guerra alemana del siglo pasado. Es mucho más parecido a bots, "deepfakes"[9], artefactos explosivos improvisados de la insurgencia y manifestantes callejeros antagónicos en Houston, unos en favor del islamismo en Texas y otros en contra, pero que en realidad fueron organizados por espías rusos a través de la publicidad en Facebook.[10]

Es una guerra entre la verdad y la mentira.

El vertiginoso aumento de teorías conspirativas como QAnon está separando a las familias y hasta las iglesias. Las noticias falsas y el periodismo extremadamente parcial (de ambos lados) incrementa la latente falta de confianza en la autoridad. El ataque del diablo a la verdad está creando una catástrofe en toda la cultura, no solo en la Iglesia.

Cuando el presidente Obama participó en *No necesitan presentación* con David Letterman, la frase de la que todos hablaban era: "Uno de los mayores desafíos para la democracia es hasta qué grado carecemos de un punto de referencia en común sobre los hechos".[11]

Obviamente se refería a su sucesor, el presidente Donald J. Trump. *El Washington Post* (lo admito, un periódico de izquierda y prácticamente nunca imparcial) calculó que Trump dijo 2140 afirmaciones falsas o engañosas en su primer año de presidencia, un promedio de 5,9 al día.[12] Ese número *creció* durante su mandato, hasta convertirse en la "gran mentira" que condujo a los disturbios en el Capitolio.

Sea cual fuere tu tendencia política, seguramente estás de acuerdo con que la integridad es crucial para mantener a una nación unida. Y para que no pienses que esta es una defensa no tan sutil de la política izquierdista, te lo aseguro: no lo es. Te pido que no hagas suposiciones sobre mí por ser de Portland. Personas de todo el espectro político se inquietaron ante la falta de honestidad del presidente Trump.

El senador republicano Jeff Flake dijo que el año en que Trump fue elegido "fue un año en que vio la verdad —objetiva, empírica y basada en evidencias— más vapuleada y maltratada que en cualquier otro de la historia de nuestro país, en las manos de la figura más poderosa del gobierno".[13]

La corporación RAND, un grupo de reflexión de derecha, promilitar y sin fines de lucro acuñó la frase *decadencia de la verdad* para denominar nuestro momento cultural.[14] Desde entonces, el término *hechos alternativos* empezó a formar parte de nuestro léxico.

Es un cáncer que carcome la integridad, que ha infectado tanto a la Izquierda como a la Derecha. En *La muerte de la verdad*, exposición izquierdista sobre la administración de Trump, el exdirector de la crítica de libros del *New York Times* Michino Kakutani al menos fue lo suficientemente honesto como para admitir que esta guerra contra la verdad no comenzó en la Derecha con el presidente Trump o Breitbart News, sino mucho antes con filósofos franceses como Foucault y Derrida. Estos líderes del pensamiento de izquierda implantaron sus ideas sobre el posmodernismo y la relatividad moral muy profundo en el sistema nervioso del mundo académico de Estados Unidos. Así comenzó un movimiento desde la universidad hacia una sociedad posverdad, en el que toda verdad se volvió relativa, o peor, una forma de opresión que necesita derribarse.[15]

Ahora nuestros niños crecen con las repercusiones de la filosofía deconstructivista.

El famoso crítico social David Foster Wallace, en una estremecedora entrevista antes de su trágico suicidio, resumió con belleza nuestra época:

> Lo que hemos heredado del auge del posmodernismo es sarcasmo, cinismo, hastío maniático, sospecha de la autoridad, sospecha de todos los límites para la conducta y una tendencia terrible hacia el diagnóstico irónico de lo que disgusta, en lugar de una ambición, no solo para diagnosticar y ridiculizar, sino para redimir. Debes entender que todo esto ha calado en la cultura. Se ha convertido en nuestro lenguaje; estamos tan impregnados que ni siquiera vemos que se trata de una perspectiva, uno de varios puntos de vista. La ironía posmoderna se ha vuelto nuestro entorno.[16]

En nuestro nuevo entorno retumba una batalla entre la verdad y la mentira, y la verdad está perdiendo. La desinformación —o con la terminología de la Escritura, el engaño— es la raíz de casi cada problema individual que enfrentamos en nuestra sociedad y nuestra alma.

De nuevo, los ejemplos de la guerra cultural solo pueden desencadenar más tribalismo; las mentiras más comunes —y a menudo las más peligrosas— son las que están dentro de nuestra cabeza.

- "No puedo confiar en mi esposa; me engañará igual que mi mamá a mi papá".

- "No me sucede nada bueno, ¿entonces para qué intentar tener éxito?".

- "No puedo decir ni hacer nada sin que la gente se enoje conmigo".

- "Mis mejores días quedaron atrás".

- "Si alguien me conociera realmente, me rechazaría".

Mentiras de este tipo se apoderan de nosotros sin importar nuestros lineamientos políticos; son bipartidarias y brutales.

Y en esta época cultural de decadencia de la verdad, creo que las enseñanzas de Jesús sobre el diablo y la mentira son más verosímiles, esclarecedoras y convincentes que nunca antes. Jesús y los apóstoles nos advirtieron una y otra vez sobre los peligros de la mentira, el engaño, la falsa doctrina y los falsos maestros que son lobos vestidos de ovejas.

En una de sus últimas enseñanzas, Jesús alertó a sus discípulos: "Tengan cuidado de que nadie los engañe". Luego les dijo que esos "falsos profetas" engañarían "a muchos" y que habría "tanta maldad que el amor de muchos se enfriará",[17] con lo que señalaba la realidad que vivimos actualmente.

Los autores del Nuevo Testamento dieron seguimiento al trabajo de Jesús con más de cuarenta advertencias sobre el engaño, especialmente en el área de la inmoralidad sexual y las falsas enseñanzas. Aquí unos pocos ejemplos:

¡No se dejen *engañar*![18]

Les digo esto para que nadie los *engañe* con argumentos capciosos.[19]

Mientras que esos malvados embaucadores irán de mal en peor, *engañando y siendo engañados*.[20]

En otro tiempo también nosotros éramos necios y desobedientes. *Engañados* y esclavizados por todo género de pasiones y placeres.[21]

Pero me temo que, así como la serpiente con su astucia *engañó* a Eva, los pensamientos de ustedes *sean desviados* de su sincera y pura devoción a Cristo.[22]

Queridos hijos, no permitan que nadie los *engañe*.[23]

Pablo escribe sobre los que "cambiaron la verdad de Dios por la mentira" y los que "con su maldad obstruyen la verdad".[24]

Judas advierte sobre los falsos maestros que "se han infiltrado entre ustedes" y "cambian en libertinaje la gracia de nuestro Dios".[25]

En Apocalipsis, la trinidad impía es maestra de la desinformación: el falso profeta y el anticristo "engañaban" a las naciones.[26] Satanás mismo "engaña al mundo entero".[27]

¿Vas captanto la idea? Para Jesús y los primeros maestros de ese camino que él mostró, el engaño era un tema importante.[28]

Aun así, rara vez escuchamos este tipo de advertencia hoy en día, excepto por los fundamentalistas más radicales, que casi nunca se enfrentan a la mentira con calma y racionalmente para exponerla como una irrealidad, sino que vociferan a través de un parlante un discurso de desprecio más que de compasión.

Poco se ve este tono de enojo en Jesús, y cuando sucede, siempre se dirige a los líderes religiosos culpables por el estado espiritual de Israel. Podemos observar que Jesús normalmente decía cosas severas; palabras incómodas, poco populares, el tipo de cosas que al final lo llevó a la muerte. Pero generalmente, su tono era tierno y sabio. Sin embargo, a diferencia de la definición occidental popular del amor como básicamente la ausencia de desacuerdos, Jesús permanentemente estaba en desacuerdo con las personas, en amor.

Eso es porque Jesús y los autores del Nuevo Testamento trabajaban fundamentados en esta convicción: el engaño está ligado a la tentación, la tentación a la esclavitud del pecado, y es la verdad la que te hará libre.

Piénsalo bien: el enemigo no puede obligarnos a hacer algo como seguidores de Jesús.[29] Tiene que ser nuestra elección. Para que elijamos el mal, el enemigo debe engañarnos de forma que vayamos por otro camino que no sea el que Jesús nos preparó, pensando que nos llevará a la felicidad. Su principal método es lograrlo a través de la ilusión.

Una de las formas en que podemos ver cualquier tentación es considerar que se trata de una apelación para creer una mentira; una ilusión de la realidad.

Nos estamos acercando a la tesis central de este libro.

Acá va de nuevo: la principal estratagema del diablo para llevar el alma y la sociedad a la ruina es a través de *ideas engañosas que producen deseos engañosos, que luego son normalizados en una sociedad pecaminosa.*

Ideas engañosas	▶	Deseos desordenados	▶	Sociedad en pecado
(el DIABLO)		(la CARNE)		(el MUNDO)

Ya he dejado bien en claro que el diablo es un mentiroso.

Ahora, debo aclarar que es un mentiroso realmente bueno. Es un maestro de la manipulación, mucho más inteligente de lo que creemos; puedes apostar que si sabemos en qué consiste una buena mentira (una contradicción, cuando hay), él también lo sabe.

Él está bien consciente de que:

1. las mentiras más efectivas son las que poseen mayor grado de verdad. Aquí va un consejito gratis para los que quieren crecer en el arte del engaño: inventa una historia que tenga 95% de veracidad y deja que el 5% de inexactitud haga lo suyo.

2. las otras mentiras más efectivas se fundamentan en lo cierto, pero no por completo. Son verdad en un aspecto de ese tema que puede verse desde varios ángulos, o son una exagerada simplificación de cierta realidad compleja. Son aquellas que en un debate se plantean: "Sí, pero…" "Sí, y…".

Aunque aceptemos que existe un demonio maestro de la manipulación, no explica cómo es que caemos en sus mentiras, *si incluso sabemos que sus afirmaciones son falsedades.*

Este enigma es más desconcertante si proviene de la cosmovisión de los ilustrados que afirma que los seres humanos son individuos racionales y autónomos. Aunque las ciencias sociales han cuestionado dicha afirmación, sigue vivo en el imaginario colectivo. Preferimos pensar que somos racionales e individualistas y no las criaturas emocionales, relacionales y fácilmente manipulables que realmente somos.

El experto mundial en engaño es el Dr. Timothy Levine. Pasó años haciendo cientos de entrevistas a diversas personas, desde policías hasta agentes de la CIA. Su conclusión: hasta los seres humanos más inteligentes son terribles para detectar la mentira. A través de su investigación, Levine desarrolló la teoría de la verdad por defecto (TDT por sus siglas en inglés) para explicar que los seres humanos tenemos un sesgo de veracidad. Asumimos que nos dicen la verdad, aunque haya evidencia suficiente que pruebe lo contrario.[30]

El periodista Malcom Gladwell resumió la TDT de esta manera:

En otras palabras, no nos comportamos como científicos soberbios que van recolectando evidencia sobre la falsedad o veracidad de algo antes de elaborar una conclusión. Hacemos lo opuesto. Comenzamos creyendo. Y dejamos de creer solo cuando nuestras dudas y nuestros recelos llegan al punto en que ya no podemos encontrar explicaciones.[31]

Bueno, nos engañan con facilidad. Eso es útil.

Pero todavía no explica por qué elegimos creer una mentira cuando hay tanta evidencia acumulada en su contra. Llegó el momento de hablar sobre los deseos desordenados que mencionamos en el planteamiento anterior.

La razón por la que la campaña de dezinformatsiya es tan exitosa, incluso cuando enfrentamos los hechos opuestos en la realidad, es que apela a lo que los autores del Nuevo Testamento llamaron la carne. Nos adentraremos en la carne en la segunda parte, por ahora, piensa que se trata del recipiente de nuestros impulsos animales básicos.

Las mentiras del diablo no son solo hechos falsos aleatorios sin valor emocional.

Pssst. Hey, tú, cristiano; Elvis todavía está vivo. Créelo.

Bien, a quién le importa. Ese dato no se relaciona con ninguna emoción de mi vida. Una búsqueda rápida en Google y mi mente puede fácilmente colocar esto en la categoría de mentira.

Pero analicemos la siguiente.

Hey, mereces ser feliz, y enfréntalo: durante años no has sido feliz en tu matrimonio. Tu esposa no es la persona adecuada para ti. Suele suceder. Te casaste muy joven, eras inmaduro, y el matrimonio no resultó como esperabas. Pero si te divorciaras, seguramente encontrarías a otra persona que se acoplaría mejor a ti y te haría feliz.

Esta es una estafa tan evidente como la otra. Una búsqueda superficial en Google sobre investigaciones respecto de las relaciones a largo plazo expondrá la tragicomedia que representan;[32] en este caso, la mentira toca una grieta profunda en mi alma, donde estoy destrozado. Una parte de mí desea honrar a mi increíble esposa y ser fiel a mis votos conyugales, para que el poder del pacto matrimonial me moldee y pueda convertirme en un hombre cada vez más libre de conseguir lo que anhela. Pero otra parte de mí —mi carne— solo quiere una vida fácil y agradable, persiguiendo la fantasía del sexo y el romance.

Como puedes imaginar, solo unos pocos partidarios de teorías conspirativas se inclinan por mentiras como las de Elvis, pero muchos de nosotros somos vulnerables a la segunda.

Al ser pastor, tengo asientos en primera fila para ver el antes y el después de la entrada de la mentira al alma, y, no lo digo para asustarte, es desgarrador. Usé el ejemplo de "serías feliz si te divorciaras" porque es tan común. Lo veo todo el tiempo. Aunque cada matrimonio tiene su propia historia, veo a muchas personas comenzar un divorcio con el deseo de ser felices, pero terminan sintiéndose más miserables. Muchos se llevan el remordimiento a la tumba.

Es evidente que nadie peca por deber o disciplina. Nadie se levanta a la mañana y dice: "Oh, son las siete de la mañana del martes, hora de mirar pornografía. No quiero hacerlo, pero es lo correcto. Leí *Hábitos Atómicos* de James Clear y me comprometí a convertirme en una persona lujuriosa; crear el hábito es la clave si alguna vez quiero preparar el terreno para lograr mi sueño a largo plazo de ser un infiel serial y tener poca capacidad de intimidad".

No, obviamente no.

Pecamos porque creemos una mentira respecto a lo que nos hará felices.

Al fundador de la orden jesuita, Ignacio de Loyola, se le atribuye la definición de pecado como la "renuencia a confiar en que Dios desea para mí la más profunda felicidad". Es por eso que el diablo apunta a matar nuestra confianza en Dios y en la verdad que nos muestra en las Escrituras. Si consigue que dudemos de Dios y confiemos en nuestra intuición como brújula para una buena vida, logra atraparnos. La máxima ironía es que mediante ideas engañosas, el pecado sabotea nuestra capacidad para ser felices apelando al deseo de felicidad que nos dio Dios.

Pero ¿cómo distinguimos la realidad de la ficción cuando navegamos el vertiginoso bazar de ideas que es el mundo moderno?

En este punto las enseñanzas de Jesús sobre el diablo como padre de la mentira se vuelven increíblemente útiles. Para el lector bíblico moderno y no judío, es fácil pasar por alto que cuando Jesús les dijo a los fariseos "ustedes son de su padre, el diablo", aludía a una historia muy conocida para plantear su caso: la de Eva y la serpiente.

Desafortunadamente, muchos occidentales de la modernidad tardía (especialmente los que, como yo, son naturalmente más escépticos) encuentran la historia del Edén —y con ella toda la Biblia— demasiado fácil de desechar por encontrarla sinsentido. Después de todo, hay una serpiente que habla en la página tres. Pero volvemos al esnobismo cronológico. Las personas del antiguo Cercano Oriente estaban tan conscientes como nosotros de que las víboras no hablan. No se necesita un título superior en biología molecular para deducirlo. Todos se daban cuenta de que pasaba algo *más* en esa historia.

Quizá leas los primeros capítulos de Génesis como una historia, con una serpiente que literalmente habla y Eva contestando en idioma pársel, o quizá los leas como una mitología, en donde la serpiente es una común y antigua imagen que representa un ser espiritual y donde *Génesis* es una historia subversiva que contrarresta los antiguos mitos de la creación como el Enûma Elish. O tal vez algo más. Pero son cuestiones de géneros literarios, no sobre si podemos confiar en Génesis como la Escritura.[33] Sea cual fuere la interpretación correcta, la historia del jardín es verdadera. Durante miles de años, miles de millones de personas la han considerado el tratado más cierto y esclarecedor sobre la condición humana en la historia del mundo.

Piensa conmigo sobre su veracidad durante unos minutos.

En la historia, la serpiente, que luego es identificada como la personificación del diablo, se aproximó a Eva mientras ella estaba disfrutando profundamente su nueva vida en el Edén. La primera descripción de la serpiente en el relato de *Génesis* es que era "más astuta que todos los animales del campo que el Señor Dios había hecho".[34] La palabra hebrea traducida como "astuta" también puede significar "artero", "avisado" o "prudente".[35]

Su primera mentira fue sutil, planteada como una pregunta, no un discurso violento y enojado: "¿Dios *de verdad* les dijo que no comieran de ningún árbol del jardín?".[36]

Eva, a quien tomó desprevenida, aparentemente dijo: "Bueno, sí, eso creo".

La siguiente frase de la serpiente fue más atrevida: "¡No es cierto, no van a morir! Dios sabe muy bien que, cuando coman de ese árbol, se les abrirán los ojos y llegarán a ser como Dios, conocedores del bien y del mal".[37]

Observa que la serpiente se acercó a Eva con una simple, y a la vez sugestiva, idea (no un arma): Dios no es tan bueno o inteligente como dice. Los está excluyendo. Si procuran la autonomía de Dios y hacen lo que desean conmigo, estarán mucho mejor.[38]

Esta es la mentira subyacente a todas las otras.

Y observa cómo esta mentira apeló a los deseos desordenados de Eva (y los nuestros). Siguiente frase: "La mujer vio que el fruto del árbol era bueno para comer, y que tenía buen aspecto y era deseable para adquirir sabiduría..."

Ohhhhh. ¿Quién no desea un poco de buena comida, belleza y estatus social? Especialmente cuando están tan al alcance.

Trágicamente, cayó en la trampa. Igual que Adán.

"...así que tomó de su fruto y comió". "Luego le dio a su esposo, y también él comió".[39]

El resto, como dicen, es historia.

Adán, por cierto, no es un nombre propio en hebreo; es la palabra que significa "humano".[40] Tampoco Eva es nombre propio, significa "vida".[41] Es por eso que nadie más se llama Adán o Eva en el Antiguo Testamento.

Es una historia sobre cómo el "humano" y la "vida" llegaron a su estado actual.

Y esta es la historia a la que alude Jesús en Juan 8 cuando les dijo que los fariseos eran "de su padre, el diablo". Estaba diciendo: "Ustedes afirman que descienden de Abraham, pero en realidad pertenecen a la línea ancestral de la serpiente".

¿Recuerdas qué dije respecto a que Jesús no siempre resultaba agradable?

Ahora te explico por qué eso es tan útil: la mentira de Génesis 3 es la mentira paradigmática que está detrás de todas las mentiras. El engaño (en realidad, la tentación) es y siempre ha sido doble: (1) procurar la autonomía de Dios y (2) redefinir el bien y el mal con base en la voz dentro de nuestra cabeza y las inclinaciones de nuestro corazón, en lugar de confiar en la amorosa palabra de Dios.

Esta es otra manera de formularlo: Existen tres grandes preguntas en la vida:

1. ¿Quién es Dios? (o bien ¿quiénes son los dioses? O también ¿existe Dios o los dioses?)

2. ¿Quiénes somos nosotros?

3. ¿Cómo hay que vivir?

Dicho de otro modo:

1. ¿Cuál es el significado y el propósito de la vida?

2. ¿Qué significa ser humano?

3. ¿En qué consiste la buena vida?

Estas tres preguntas son la fuerza motriz de toda religión, filosofía, educación, manifestación artística y literaria. Son las preguntas centrales de la humanidad.

Preguntamos: "¿Quién es Dios? ¿Cómo es? ¿Puedo confiar en Él?"

El diablo miente cuando dice respecto a Dios: Es un tirano desamorado y celoso que te deja afuera. No puedes confiar en Él.

Preguntamos: "¿Quiénes somos? ¿Qué significa ser humano? ¿Soy solo un animal o algo más?".

El diablo nos vuelve a mentir:

No eres solo un ser humano con un lugar en un cosmos ordenado por encima de la creación, pero todavía por debajo del Creador. No, tú puedes transgredir tus limitaciones y convertirte en quien quieras y lo que quieras ser. Tú defines tu identidad. Tú determinas tu moralidad. Toma el control de tu vida. "Serás como Dios".

Y preguntamos: "¿Cómo hay que vivir? ¿En qué consiste la buena vida? ¿Cómo hago para vivirla?".

He aquí las mentiras más significativas del diablo: No puedes confiar en Dios, pero puedes confiar en ti mismo, tu sabiduría y tus deseos. Mira esta cosa brillante y reluciente —este árbol que Dios dijo que estaba fuera de tus límites. Cómelo, tómalo, aprovéchalo, hazlo, experiméntalo. Sigue a tu corazón. Tu intuición es el mapa más exacto para lograr la vida feliz que anhelas.

Estas siguen siendo las mentiras en las que se especializa la serpiente. Mentiras sobre quién es Dios, quiénes somos nosotros y en qué consiste una vida feliz.

La naturaleza exacta de las mentiras cambia de una generación a otra, de una cultura a otra y de una persona a otra, pero siempre gira en torno a este argumento: distanciarte de Dios. Hacer tu voluntad. Redefinir el bien y el mal con base en tu instinto y deseos.

Los ejemplos más eficaces al respecto en mi ciudad provienen de la narrativa secular y, cada vez más, de la iluminada narrativa occidental —un cóctel que mezcla selecciones del budismo, trocitos de autorrealización del hinduismo y una infusión de autoayuda estadounidense.

Esta última tiene menos influencia sobre las élites culturales, aunque sigue en aumento, especialmente en las ciudades de la costa como Portland.

Las respuestas básicas de la elegante iluminación cultural suenan más o menos así: "¿Quién es Dios?"

Todos nosotros. La línea divisoria entre el ser humano y lo divino es una ilusión occidental. La chispa de Dios está en todos.

"¿Quiénes somos nosotros?"

Dioses y diosas. Seres auténticos cuyos deseos son fuente de toda sabiduría y dirección. Que deben ser libres de toda autoridad exterior para desarrollar su potencial.

"¿Cómo hay que vivir?"

Sé fiel a ti mismo. Habla tu verdad. No dejes que nadie te diga qué hacer.

¿Suena un poco familiar? ¿Lo escuchas en tu propia ciudad? ¿De tus amigos y familiares? ¿O incluso de tus propios labios?

Quizá no te resulta atractivo en absoluto.

Aunque la iluminada narrativa de autorrealización sea cada vez más popular en las Portland del mundo, para la mayoría, este modo de vida todavía está en los niveles emergentes del positivismo de autoayuda.

El secularismo, por otro lado, está mucho más arraigado. Con todo lo que se habla sobre ser espiritual, pero no religioso, veo que la mayoría de mis conciudadanos todavía son, en gran medida, seculares. Lo que ellos ven como *espiritual* generalmente significa que practican yoga o creen en lo maravilloso; no es la definición más clásica de espiritual como tener una relación con un ser espiritual. La sociedad secular es un intento de responder la pregunta "¿quién es Dios?" con una negativa.

"¿Quién es Dios?"

No hay Dios. Dios es solo un mito de la premodernidad, de la era precientífica. Y uno peligroso —la causa del tribalismo y la guerra. Ahora tenemos mejor conocimiento.

Como me dijo, hace poco, uno de mis amigos seculares genuinamente agradable: "No creo en Dios, creo en la ciencia".

Este es el desafío del secularismo —no que tenga a la ciencia en alta estima (estoy completamente *de acuerdo* con eso), sino que afirme que es objetiva, basada en hechos en lugar de fe, cuando en realidad se trata de una *interpretación* de datos científicos, lo que necesita tanta fe para creerse como el Evangelio, por no decir que más aún.

La sociedad moderna y secular es el primer intento de la historia de vivir como si no hubiera Dios. Esto es un desastre en potencia, porque de las tres preguntas que hemos visto, la primera es de la que dependen las respuestas a las dos siguientes. Veamos: lo que creemos sobre la buena vida se basa en lo que pensamos que significa ser humano, que a su vez se basa en lo que creemos sobre Dios.

¿Existe un Creador y una creación?

¿O solo existe una teoría evolutiva, una casualidad ciega y la supervivencia del más fuerte?

Piensa en las implicancias de cómo respondemos esa pregunta: Si existe un Creador, entonces hay un diseño...

Si hay un diseño, hay un propósito... Si hay un propósito, hay moralidad...

Pero si hay moralidad, entonces hay responsabilidad...

Y *todos los seres humanos evitan la responsabilidad*, lo que permite una vulnerabilidad fácilmente manipulable.

Porque si no hay Creador, si todo es solo resultado de la probabilidad y las estadísticas, y si el doctor Malcolm, de Parque Jurásico, tenían razón y la vida solo "se abre camino",[42] entonces no existe un diseño... al menos no el diseño de una sabia inteligencia.

Y si no hay diseño, entonces no existe un propósito más que la diseminación y expansión de la especie y, ahora que hay sobrepoblación, somos libres para prescindir del propósito de la biología...

Si no hay un propósito, entonces no hay moralidad... ¿Quién eres tú para juzgarme, decirme qué tengo que hacer y coartar mi libertad?

Y si no hay moralidad, entonces no hay responsabilidad...

Y podemos hacer lo que se nos ocurra.

Muchas personas inteligentes y sofisticadas del mundo simplemente no quieren tener responsabilidad ante Dios ni ningún tipo de autoridad superior; en cambio, desean libertad para vivir a su manera, sin una fuerza interna de conciencia que los haga sentir culpa y sin restricciones legales externas. Hay mucho detrás de la negación de Dios en Occidente —dirigida por élites seculares que a menudo ejemplifican esta postura central masivamente.[43]

Pero el problema es que, si no hay responsabilidad, *no hay realidad*.

Lo único que nos queda son las noticias de Twitter cargadas de hechos alternativos y filósofos franceses que deconstruyen el mundo dejándolo en medio del caos.

O más cerca de casa: relaciones destruidas y un manto de confusión sobre el significado de la vida. Personas bajo la opresión de narrativas falsas sobre todo, incluso sobre quiénes son.

Es por eso que incluso Nietzsche, más que celebrar, lamentó la "muerte de Dios" en la cultura occidental.[44] Vio más allá del horizonte hacia el mundo después de Dios y después de la verdad, y en lugar de liberación, visualizó anarquía.

Después de todo, ¿qué sucede al final de la historia de *Génesis*?

Mueren.

Con esta feliz nota, exploremos una potencial salida del enigmático laberinto.

Y habiendo hecho todo, permanecer

Crecí con *G.I. Joe*

Ya sé que esos juguetes ya no son políticamente correctos. Y no es que recomiende juguetes violentos para niños. Pero una de las muchas cosas que aprendí de G.I. Joe fue que "saber es la mitad de la batalla".

Para mis lectores que de algún modo se perdieron la gloria de Duke, Scarlett, Flint y la señora Jaye, cada episodio de treinta minutos terminaba con una pequeña viñeta sobre seguridad. Recuerdo una en la que dos niños manejaban bicicleta cerca de un cable eléctrico que se había caído. Roadblock (uno de mis personajes favoritos) aparece para advertirles sobre el peligro de los cables expuestos y el riesgo de electrocutarse.

Termina, igual que todos, con esta frase de parte de los niños: "Ahora sabemos". Seguido por la icónica línea Joe: "Y saber es la mitad de la batalla".[1]

Esta idea —que saber es la mitad de la batalla— es muy reciente y muy occidental. Proviene de una cosmovisión cartesiana que ve a los seres humanos como "cerebros con patas" más que el enfoque antiguo, más holístico, de criaturas movidas por el deseo. Y nos gusta esta idea porque (1) nos permite justificar muchas decisiones emocionales y motivadas por lo que deseamos, con el pretexto de la racionalidad, y (2) no nos exige demasiado. Solo basta escuchar un podcast, tomar un curso en línea o leer un libro sobre, por ejemplo, el diablo. Y *voilà*, ya estamos a mitad de camino. Pero el problema es que, saber algo no es lo mismo que *hacer* algo, que tampoco es lo mismo que *querer* hacer algo.

Laurie Santos, profesora de psicología y ciencias cognitivas en la Universidad de Yale, lo llamó la falacia de G.I. Joe. Su argumento central es que saber algo, por sí solo no es suficiente para cambiar. Cambiar es difícil. Saber algo es importante, pero no es ni la mitad de la batalla. Está más cerca del 10 o 20%, que del 50% de esa batalla.[2]

Para que las ideas, buenas o malas, moldeen nuestra vida, tienen que meterse en el *corazón* —el centro profundo de nuestro ser que integra los pensamientos, las emociones y los deseos— y de allí pasar a nuestro *cuerpo*, nuestra memoria muscular. En una terminología más cristiana, nuestra alma.

Hemos recorrido varias ideas durante los últimos capítulos (recordatorio: las ideas son suposiciones sobre la realidad). Expuse varios mapas mentales nuevos (o en realidad, bastante viejos) sobre la realidad derivados de Jesús —mapas en los que el diablo no es un mito ni una superstición premoderna sino una fuerza maligna real e inteligente, empeñado en arruinar nuestra alma y nuestra sociedad, cuya principal estratagema es la mentira a través de cierto tipo de sucia guerra espiritual.

Ahora que ya contamos con una idea general sobre el diablo como el principal enemigo de nuestra alma, debemos determinar cómo luchar contra este enemigo. Lo único que hicimos hasta ahora es desenmascarar su estrategia.

¿Cuál es la nuestra?

Entonces, primero necesitamos algo de teoría para pasar a la práctica.

Teoría

Hablemos un poco sobre formación espiritual. Si esa terminología te resulta nueva, con *formación espiritual* me refiero al proceso por el cual somos formados en nuestro espíritu, o persona interior, a la imagen de Jesús.

O, a la inversa, nos deformamos a la imagen del diablo. La formación espiritual no es solo una cuestión del seguidor de Cristo, sino una cuestión *humana*. Todos somos formados a cada minuto de cada día. Todos nos convertimos en alguien. Con o sin intención, consciente o inconscientemente, con premeditación o al azar, todos estamos en el proceso de convertirnos en una persona.

La pregunta no es ¿te estás convirtiendo en alguien? sino ¿en *quién* te estás convirtiendo?

La pregunta para nosotros como seguidores de Cristo es ¿cómo podemos ser más parecidos a Jesús y menos al diablo?

Los maestros de formación espiritual y los principales expertos de la neurociencia, la psicología y lo mejor de las ciencias sociales, coinciden en que nuestros mapas mentales juegan un papel fundamental. Repito entonces que es por eso que Jesús vino como maestro iluminado: para brindarnos mapas mentales congruentes con la realidad.

Pero la verdad por sí sola no alcanza; recordemos la falacia de G.I. Joe. Necesitamos algo más: una relación.

O, en las palabras de Jesús de Juan 4, necesitamos "Espíritu" y "verdad".[3]

Durante años, me intrigaron las palabras de Jesús, pero me di cuenta de que son *la clave* de la formación espiritual. Para cambiar, para crecer, para liberarnos de la carne y parecernos a Jesús, necesitamos Espíritu y verdad.

¿Qué es el Espíritu? El erudito pentecostal Gordon Fee, definió al Espíritu como "la presencia empoderadora de Dios".[4] Es la energía estimulante de la que nos nutrimos a través de la relación con Dios.

Y la verdad, como ya dijimos, es la realidad. O las palabras en las que podemos confiar para encontrarle sentido a nuestra vida.

Dicho de otro modo, nos parecemos a Jesús a través de las relaciones y la realidad.

Permíteme darte un ejemplo humano: El Espíritu (o la relación) sin la verdad no significa nada. Imagina que estás pasando un momento de sufrimiento en tu vida —la muerte de un familiar o amigo, un diagnóstico grave o la pérdida de un empleo—. Ahora imagina que esto te ha hecho dudar profundamente de Dios. Viene un amigo a visitarte. Pero no dice ni una sola palabra. Aunque sea reconfortante y valores el amor de tu amigo, es muy probable que carezca de poder transformador, ya que no te ofrecerá ninguna verdad ni significado para que puedas adaptar tus mapas mentales a la realidad de una manera saludable y sanadora.

O démosle vuelta: la verdad sin espíritu es fría, incluso cruel. Piensa en internet. Está lleno de verdad, pero sin un ser humano que te ayude a navegar; solo es un compendio de hechos interminables. Wikipedia jamás ha transformado la vida de nadie. Nadie con dudas sobre Dios por la tragedia alguna vez descubrió una colección de la Enciclopedia Británica en el sótano que salvó su alma. O piensa en la elocuente parodia de un predicador callejero gritando la verdad con un megáfono. ¿Alguna vez conociste a alguien que se arrepintiera por esa prédica? Yo nunca. ¿Por qué reaccionamos con esa repugnancia emocional ante los predicadores callejeros? Porque es verdad sin Espíritu; es realidad (o una especie de realidad) sin ningún tipo de equidad relacional o de una presencia amorosa.

Entonces, necesitamos *ambos*, Espíritu y verdad; necesitamos la presencia relacional de Jesús con su comunidad y la verdad que brinda significado a los mapas mentales de nuestro rabino.

¿Me sigues?

Genial.

Es por eso que Jesús se presenta como humano y como maestro. Como ser humano, puede ofrecer *espíritu* o una presencia relacional. Para acompañarnos en el dolor de la condición humana. El autor de Hebreos dijo que Jesús fue "tentado en todo de la misma manera que nosotros".[5] Esto significa que sabe con exactitud qué se siente ser como nosotros.

Sabe cómo se siente estar exhausto, agotado, vulnerable, confundido. Sufrir. Dudar. Sentirse atraído por la codicia, la lujuria o la apatía. Pero como rabino, también puede ofrecer la *verdad*, para señalarnos la realidad y darle significado a nuestro sufrimiento.

Los seres humanos simplemente no podemos vivir sin relaciones amorosas y sin significado respecto al sufrimiento y respecto a nuestra existencia. Jesús viene a ofrecernos ambos.

Espíritu y verdad.

Lo ampliaré con un ejemplo de la vida real: la terapia. He estado en terapia por toda una década. Dios la ha usado para cambiarme por completo y sanarme. No estoy solo. La terapia, si se hace bien, es espíritu y verdad.

Cuando me siento con mi terapeuta, un doctor septuagenario que ama a Jesús, con décadas de sabiduría bajo la manga, me encuentro en la presencia de un espíritu; la presencia de un ser relacional, marcada por el amor compasivo, sin mencionar el medio siglo de experiencia en el camino de Jesús y toda la autoridad espiritual que implica. Y estoy en la presencia de la verdad —él aporta realidad y significado al caos y la confusión de mi vida.

El psicólogo M. Scott Peck, que ya he mencionado, dijo que el diablo es "un espíritu real de la irrealidad"; también dijo que la salud mental es "un proceso continuo de enfoque a la realidad a toda costa".[6]

Por eso la mala terapia es tan increíblemente tóxica y peligrosa (y tristemente hay mucha mala terapia). Tú confías en el experto que en ese lugar vulnerable, le habla irrealidades a tu mente. Después de todo, gran parte del mundo terapéutico continúa con una perspectiva freudiana totalmente en desacuerdo con la visión de Jesús de la persona humana. Y en esa sala no hay una comunidad para examinar las palabras del terapeuta, para confirmarlas o corregirlas. Además, tiene un título colgado en la pared. Entonces, estratégicamente, las ideas engañosas a menudo llegan sin cuestionamientos hasta el alma.

O utilicemos un ejemplo más común todavía: la paternidad. La buena paternidad es una combinación de espíritu y verdad simple, pero difícil de dominar.

Espíritu: el padre está presente con amor relacional hacia el hijo. Si tomamos la terminología del mundo terapéutico, el hijo "se siente sentido". Y cuando nos sentimos sentidos, nos sentimos amados.

Entonces, la verdad: el padre le dice cosas reales al hijo. Realidades sobre quién es Dios, quién es el niño, y cómo debe vivir el niño (las tres preguntas fundamentales que desarrollamos en el capítulo anterior).

No existe el padre perfecto (al menos no quien les habla), pero cuando los hijos crecen en un amoroso esquema relacional de confianza y aprenden a vivir en congruencia con la realidad, como regla general, se desarrollan bien.

La mala paternidad, por el contrario, es exactamente lo opuesto —ausencia y mentiras.

Ausencia: el padre es alguien que "desapareció en acción" por un divorcio, la adicción al trabajo o simplemente porque se fue.

Mentiras: si el padre *está* presente y dice mentiras.

Mentiras sobre quién es Dios. "Dios se avergüenza de ti". "A Dios no le importa con quién te acuestes. Diviértete".

Mentiras sobre quién es el hijo: "Nunca llegarás a nada. Eres igual que tu padre. Eres tan torpe".

Y mentiras sobre cómo hay que vivir: "Busca ser el número uno, niño. Es un mundo de competencia despiadada. Una pequeña mentira blanca no lastima a nadie".

Los niños que crecen en este tipo de entorno sufren daño en su alma. ¿Es curable? Sí. Pero es doloroso, terriblemente doloroso.

Por eso la paternidad es tan importante. Estoy convencido de que es por eso que la familia está bajo algún tipo de ataque demoníaco por parte de la cultura secular.

Ahora llegamos a un punto clave: Somos transformados a la imagen de Jesús mediante el Espíritu y la verdad, pero lo opuesto también es cierto. Somos deformados a la imagen del diablo debido al aislamiento y la mentira.

Volvamos a la historia del jardín de Génesis 3. ¿Cómo hizo la serpiente para lograr la caída de Eva?

Primero, se acercó a Eva cuando estaba sola. Lejos de Dios y su relación principal, Adán. De esa manera, la voz de la serpiente era la única en la mente de Eva. Sin el contraste de la verdad para minimizar el engaño.

Luego *mintió*. Sembró dudas en su mente sobre la sabiduría y las buenas intenciones de Dios, mentiras que apelaron a sus deseos desordenados de autogratificación, placer y autonomía.

Sola y expuesta a las mentiras, era presa fácil.

Y no interpretes esta historia como un comentario sobre la dinámica de género, como por desgracia han hecho algunos. Tengo serias dudas sobre si Adán habría obrado un poco mejor. La cuestión no es que Eva siendo mujer era más fácil de manipular. Sino que estaba sola y lejos de su comunidad, y cuando los seres humanos estamos aislados, es fácil engañarnos.

Aunque es fácil tomar esta historia con humor —"yo nunca caería en la trampa del viejo truco de la serpiente que habla"— mientras más sofisticada sea la persona o la cultura, más refinada será la táctica del diablo. Repito que él es mucho más inteligente de lo que creemos. Génesis 3 usa la palabra *astuto*. Pero su táctica repite la misma fórmula básica: aislar, luego mentir. Toma una mentira que apela a un deseo desordenado. Trata de alejarte un paso de la relación con Dios para redefinir el bien y el mal según sus intereses. Listo.

Este *sigue siendo* el método del diablo para hacer su trabajo.

Como pastor, podría contar miles de historias de personas que cayeron en pecado o que se alejaron de Dios, y *siempre* comienza con el distanciamiento de la comunidad que incluye a otros sólidos seguidores de Jesús.

Es decir, piensa en las peores cosas que hayas hecho. Pienso en mí mismo mientras escribo. En la mayoría de los casos, estabas solo o acompañado por personas que eran una mala influencia.

¿Alguien hace algo muy, pero muy malo —es decir, algo que le arruina la vida para siempre— mientras toma un café con el pastor de la iglesia? ¿A las 10 de la mañana fuera del lugar donde toman café, sumergidos en un estudio bíblico?

¿Alguien toma una terrible decisión mientras comparte la mañana de Navidad con su familia? Tú sabes, algo como robar un banco con la abuela Rut y la tía María.

No. En realidad, el solo hecho de estar en la presencia de un buen espíritu, o un ser relacional, es transformador en sí mismo. Porque nos parecemos a las personas con quienes pasamos tiempo, para mejor, pero también para peor.

Esta es una de las razones que hizo que el COVID-19 fuera tan devastador. El aislamiento social fue una forma de justicia social, una manera de cuidar a los vulnerables, pero las consecuencias para la salud mental y el desarrollo humano fueron letales. El índice de suicidios alcanzó el máximo histórico. *Necesitamos* de la comunidad para crecer.

El diablo está tan consciente de las necesidades de nuestra comunidad como nosotros, si no es que más, y usa ese conocimiento para tomar ventaja en la lucha, haciendo todo lo posible para separarnos de la comunidad que integramos con los hijos de Dios y de Dios mismo.

En la era digital, le facilitamos la tarea. Apuro, ajetreo patológico, distracción, adicción al teléfono inteligente, flujo permanente de alertas e interrupciones —todo esto nos desconecta de la comunidad y alimenta nuestro desmesurado deseo de autonomía—. Analicemos el axioma: "cuando Satanás no puede hacerte mal, hace que estés ocupado".[7]

Hablando de exceso digital y ajetreo, me parece que la conmoción actual sobre la privacidad en línea es un fenómeno social fascinante. Siempre busco áreas en las que, por mucho que se hable de polarización política, la Izquierda y la Derecha están de acuerdo.[8] He aquí una de ellas. Y aunque coincido completamente con que suena aterrador que alguna megaempresa conozca mi historial de búsquedas en Google, lea mis correos electrónicos o escuche mis conversaciones mientras me desplazo por Instagram, a veces me pregunto: ¿qué es lo que las personas tienen que esconder?

Como dijo Louis Brandeis, juez de la Corte Suprema de Justicia: "La luz del sol es… el mejor desinfectante".[9]

No pretendo justificar el dudoso y delicado robo de identidad de Facebook; eso es un problema *importante*. Simplemente quiero decir que uno de los motivos por los que la privacidad digital es un tema conflictivo es debido a nuestra obsesión occidental con la autonomía, el hiperindividualismo y la privacidad que el diablo manipula para el mal. Si puede dejarnos solos, mirando nuestras pantallas en la oscuridad, cuando somos más vulnerables a la mentira, somos presa rápida y fácil.

En su carta a los Corintios, Pablo explicó la motivación de la carta con palabras claras: "Para que Satanás no se aproveche de nosotros, pues no ignoramos sus artimañas".[10]

Por desgracia, la mayor parte del tiempo no estamos conscientes de sus maquinaciones y trampas.

En los capítulos anteriores, intenté exponer las estrategias del diablo, sus planes no tan secretos de llevarnos a la ruina a través del aislamiento y la mentira, y de ofrecer una alternativa desde el Camino de Jesús: Espíritu y verdad.

Ahora, para finalizar, vayamos a la práctica.

Práctica

Con práctica me refiero a las disciplinas con las que minimizamos el aislamiento y las mentiras del diablo en nuestra sociedad secular, con el Espíritu y la verdad de Jesús y su reino.

Como seguidores de Jesús, tomamos su vida como modelo para luchar contra el diablo. ¿Cuál era su práctica?

Conocemos sobre el primer encuentro cara a cara de Jesús con el diablo gracias al reporte de Lucas y Mateo. Desde la primera frase, la historia nos sorprende.

Jesús, lleno del Espíritu Santo, volvió del Jordán y fue llevado por el Espíritu al desierto. Allí estuvo cuarenta días y fue tentado por el diablo. No comió nada durante esos días, pasados los cuales tuvo hambre.[11]

Aquí suceden muchas cosas, pero hagamos una breve sinopsis:

- Dentro del marco de la gran historia que las Escrituras nos relatan, Jesús viene como un segundo Adán, el ser humano real y único que llega para cumplir lo que Adán debía hacer desde el principio, pero fracasó: enfrentar al diablo, sin sucumbir. Recordemos que Adán significa "humano". Al igual que Adán, Jesús es tentado, aunque a diferencia de él, sale victorioso.

- En lugar de estar en el jardín, se halla en el desierto; un símbolo del exilio humano de ese jardín debido al pecado.

- En lugar de comer del árbol del conocimiento del bien y del mal, tiene hambre y se nutre del Espíritu para tener poder con qué vencer la táctica del diablo.

- El diablo comienza con Jesús de la misma manera que hizo con Eva; siembra dudas en su mente sobre su identidad como amado de Dios: "Si eres el Hijo de Dios".[12] En la historia que literalmente está justo antes, Dios le dijo a Jesús: "Tú eres mi Hijo amado"[13] Para el lector erudito, es la actualización de lo que la serpiente dijo antes: "¿Es verdad que Dios dijo?"

- La tentación triple del diablo es sutil, inteligente y manipuladora, y no tiene ninguna relación con hacer que Jesús peque como nosotros pensamos. En cambio, apela a los deseos profundos del corazón de Jesús. El deseo de tomar el reino de una manera más fácil. De hacer lo correcto, de la manera incorrecta.

El diablo lo tienta tres veces. En cada ocasión, Jesús le responde con calma, con una cita de la Escritura. No cede en lo más mínimo.

La frase final:

Así que el diablo, habiendo agotado todo recurso de tentación, lo dejó hasta otra oportunidad.[14]

Esta historia se aleja tanto de mis expectativas. Se lee como una conversación. No se me ocurre otra palabra para describirla. No hay espadas, ni clamores de furia, ni gritos de batalla como los de Zeus, sin embargo, sí hay una lucha, y es total. Pero Jesús está calmado, su actitud es el epítome de una "presencia no ansiosa",[15] que exuda tranquila confianza en la verdad de su Padre. Y tengamos en cuenta que lo hace en el avance de sus prácticas particulares. Es decir, en lo que se ha denominado como disciplinas espirituales.

Se encuentra solo, en el desierto, con Dios, en lo que suele llamarse *silencio y soledad*.

Practica la *oración*.

Practica el *ayuno*.

Su mente y su boca están llenas de Escrituras.

Y esa es la manera en la que nosotros, aprendices de Jesús, luchamos contra el diablo.

No es a través de un frenesí emocional o espiritual. Simplemente permanecemos en confianza silenciosa en la verdad de Dios a través de las prácticas de Jesús.

Podríamos decirlo de esta manera: las disciplinas espirituales son la guerra espiritual.

El filósofo Steven Porter de la Universidad de Biola llevó a cabo un trabajo muy interesante en torno a cómo nosotros, siendo criaturas materiales, interactuamos con un Creador inmaterial.[16] Para resumir su conclusión; es a través de las disciplinas espirituales. Y aunque prefiero la palabra *prácticas*, amo su definición de disciplinas espirituales:

> Las disciplinas son prácticas encarnadas en un mundo físico por las que nos presentamos a la realidad inmaterial del Espíritu/la presencia y la Palabra/la verdad de Cristo.[17]

Significado: a través de las prácticas de Jesús presentamos nuestra mente y nuestro cuerpo ante Dios y abrimos nuestra alma a su Espíritu y verdad.

No hay ninguna lista oficial de las prácticas de Jesús. Técnicamente, cualquier hábito que veas en la vida o las enseñanzas del Maestro es una disciplina espiritual. Pero hay dos prácticas ancla para nuestra lucha contra el diablo que Jesús desplegó en el desierto.

Oración reposada

Observemos que Jesús está solo en la quietud con Dios en oración. No hay otros aportes en su mente. No habla con el compañero de cuarto, no lee las noticias de la mañana, no se conecta en línea para visitar las redes sociales. Literalmente, Jesús se va a las tierras agrestes del desierto, no solo para librarse de los estímulos externos, sino para enfrentar sus estímulos internos; diferenciar la voz de su Padre de la voz de su enemigo.

Muchas personas malinterpretan el silencio y la soledad (otro nombre para esta práctica) como un lugar para relajarse y recargarse. Una especie de receso emocional para que los introvertidos recuperen el aliento y puedan volver al ajetreo de la vida.

Pero esa no es la soledad de Jesús, ni del apóstol Pablo, ni de Evagrio Póntico. Para ellos, no era un receso de la batalla; *era el terreno en el que se perdía o ganaba la batalla.*

Henri Nouwen lo dijo de esta manera: "La soledad no es un privado y terapéutico lugar". Más bien es "el horno de la transformación. Sin soledad seguimos siendo víctimas de nuestra sociedad y continuamos enredados en las ilusiones del falso yo".[18]

Es en la oración reposada que las mentiras del diablo —"las ilusiones del falso yo"— son expuestas y llevadas a la luz. Donde vemos qué *logismoi* o patrón de pensamiento domina nuestra mente. Allí es donde enfrentamos la decisión. ¿Prestaremos atención a esos pensamientos o acuñamos nuevos? ¿Creeremos las mentiras del diablo o la verdad de Jesús? Es allí, en la quietud, donde ganamos o perdemos la batalla por la atención de la mente y el afecto del corazón.

Es por eso que la oración reposada va de la mano con la siguiente práctica ancla.

La Escritura

¿Cómo hace Jesús para combatir las mentiras del diablo? Recurre a la Escritura. El diablo tienta a Jesús con una mentira tres veces, y tres veces Él cita la Escritura para responder. Pero presta mucha atención: esta no es la versión cristiana de un encantamiento mágico. Una cita de la Escritura no hace que el diablo se vaya. En realidad, en la historia, el diablo rápidamente contraataca con otras citas de la Escritura.

Aquí está sucediendo algo más.

Ahora estamos listos para volver a Evagrio y su *Responsorio: Un manual monástico para combatir demonios*. Dije que es un libro, pero en realidad se trata de un manual. Hay unas páginas de introducción, todas brillantes, seguidas por casi quinientas frases. Cada frase contiene un pensamiento, una emoción o un deseo demoníaco, seguido de un versículo que le habla específicamente a esa tentación.

Recordemos que para Evagrio, los *logismoi*, o patrones de pensamiento, son los principales vehículos del ataque demoníaco a nuestra alma. Es probable que suene descabellado para nuestros escépticos oídos occidentales, pero piensa en esto: ¿Alguna vez tuviste un pensamiento (sentimiento o deseo) que parecía tener voluntad propia? ¿Un plan difícil de resistir? ¿Y no pensar en eso era como luchar contra la gravedad? ¿Parecía tener más peso o poder que tu capacidad de resistir?

¿Podría ser que los pensamientos que atacan la paz de tu mente no fueran simplemente pensamientos? ¿Podría ser que detrás de ellos se encuentre una energía oscura que los estimula? ¿Una fuerza espiritual?

¿Podría ser que se trate de algo más que de higiene mental y pensamiento positivo; podría ser que se relacione con la resistencia?

Y es mucho lo que está en juego. Como dijo el apóstol Pablo: "La mentalidad pecaminosa es muerte, mientras que la mentalidad que proviene del Espíritu es vida y paz".[19]

Vida o muerte, caos o paz —estas batallas se ganan o pierden en una guerra mental.

Si sucumbimos ante los *logismoi*, esos pensamientos que luchan contra la vida y la paz, se convertirán en fortalezas en nuestra mente que nos mantendrán cautivos. Pero podemos liberarnos *si amoldamos nuestra mente a la Escritura*.

Dicho con el lenguaje de Evagrio:

En el momento del combate, cuando los demonios estén en guerra contra nosotros y nos arrojen flechas, respondamos con la Santa Palabra, para que los pensamientos impuros no permanezcan en nosotros, ni esclaviquen nuestra alma a través del pecado cometido en hechos reales, de forma que la corrompan y la lleven a la muerte que acarrea el pecado. Porque "el alma que peque, esa morirá". Cuando un pensamiento no está establecido firmemente en la mente de una persona, por lo que es posible responder al mal, el pecado es fácil y rápido de controlar.[20]

Aquí Evagrio explica el ejemplo de Jesús. Para combatir la mentira del diablo solo hace falta elegir no pensar en ella. Pero como todos sabemos, no podemos no pensar en algo. Entonces hay que darle a la mente otra cosa en qué pensar: la Escritura. Reemplaza la mentira del diablo con la verdad de Dios. Abre nuevos caminos neuronales que se arraigarán en la neurobiología de tu cuerpo. Te *conviertes* en aquello que le das a tu mente como materia prima para procesar.

Este enfoque está muy alineado con la neurociencia de vanguardia. El doctor Jeffrey Schwartz, uno de los principales expertos en TOC, en su libro *Tú no eres tu cerebro*, expone que tu mente (que define como la atención dirigida) puede literalmente reprogramar tu cerebro. Cuando un pensamiento no deseado llega a tu percepción consciente, lo único que tienes que hacer es pensar en otra cosa.[21]

Es una idea muy simple y una disciplina muy difícil de dominar.

Pero va en línea con muchos años de tradición cristiana. Durante miles de años, los seguidores de Jesús han sumergido su mente en la Escritura, no solo para reunir datos, memorizar hechos y responder bien en una prueba de teología. La doctrina importa —mucho— pero no para "aprobar el examen" y entrar al cielo. Importa porque nos transformamos de acuerdo con la imagen que tenemos de Dios.

El objetivo de leer la Escritura no es la información sino la formación espiritual. Tener "la mente de Cristo".[22] *Pensar* como piensa Jesús. Llenar tu mente con los pensamientos de Dios con tanta frecuencia y profundidad que literalmente reprogrames tu cerebro, y a partir de allí, toda tu personalidad.

No hay una manera correcta de leer la Escritura. Algunos la leen despacio y en oración (esta práctica se llama *Lectio Divina*); otros prefieren leer grandes porciones de una sola vez. Algunos la leen en silencio y otros en voz alta. Algunos solos y otros con amigos o familiares. A otros les gusta escuchar *podcast* o leer libros adicionales para profundizar.

Yo soy fanático de todo lo anterior.

La clave no es solo *pensar* respecto a la Escritura, sino que tu *pensamiento* sea la Escritura.

Esta simple práctica ha transformado mi mente y, con ella, mi vida. Me impactó tanto leer la interpretación de Evagrio sobre la historia de Jesús en el desierto que redacté mi propio manual monástico para combatir demonios. No te preocupes; no lo voy a publicar. No es para otros; es para mí. Pasé meses escribiendo en mi diario cada pensamiento y emoción que se presentaba en mi consciencia. De esa forma, identifiqué pensamientos repetitivos que eran mentiras del diablo.

Luego le pedí al Espíritu que me trajera a la mente versículos específicos para combatir cada mentira. A veces me venían de inmediato; otras veces, tenía que esperar en Dios durante días o semanas para descubrir el versículo correcto. Cuando lo tenía, escribía debajo de la mentira, igual que Evagrio. Contra el pensamiento: *Renunciar a mi trabajo por fe para empezar este emprendimiento sin fines de lucro será un desastre para mi familia...*

"El Señor es mi pastor, nada me falta".[23]

Contra el pensamiento: Mi esposa y yo no encajamos; sería más feliz si me divorciara…

"Lo que Dios ha unido, que no lo separe el hombre", "Esposos, amen a sus esposas", y "ustedes esposos, sean comprensivos en su vida conyugal… ambos son herederos del grato don de la vida".[24]

Contra el pensamiento: Quiero comprar eso nuevo que no necesito o si tuviera eso sería feliz…

"Conténtense con lo que tienen, porque Dios ha dicho: 'Nunca te dejaré; jamás te abandonaré'".[25]

Luego memorizo cada versículo.

Esa fue la parte fácil.

El desafío más difícil es la guerra continua para combatir la mentira y seleccionar mis pensamientos. Cada vez que identifico una mentira que llega a mi consciencia, no la combato de frente; simplemente cambio de canal. Traigo a mi mente el versículo de la Escritura que escogí y dirijo mi atención a la verdad. Luego sigo con mi día. Si el pensamiento vuelve unos segundos más tarde, simplemente recurro a la misma Palabra, una y otra vez.

Es una de las cosas más difíciles que jamás haya hecho en las décadas que tengo de seguir a Jesús.

Pero ha cambiado y sigue cambiando mi vida.

Sea cual fuere tu método para dominar la batalla de tu mente, lo que quiero decir es que logramos el progreso constante en la vida espiritual a través de las disciplinas espirituales.

Me gusta mucho esta parte de la obra maestra de Willar, *Renueva tu corazón*:

> Así como al comienzo nos alejamos de Dios en nuestros pensamientos, es en nuestros pensamientos que ocurren los primeros movimientos hacia la renovación del corazón. Los pensamientos son el lugar en donde podemos y debemos comenzar a cambiar.[26]

Y tengamos en cuenta: es *nuestra* responsabilidad escoger lo que pensamos. Nadie más puede hacer esto por nosotros. Ni siquiera Dios. Esto puede sonar abrumador en una cultura donde la adicción digital es generalizada, y la mente humana es más inquieta y distraída. Pero no es imposible.

Puedes lograrlo.

Tardarás un tiempo, honestamente serán años, pero puedes reprogramar tus caminos neuronales para organizar tu mente de acuerdo con el Espíritu de Dios y la verdad.

Debes hacerlo.

Es una responsabilidad que a menudo no asumimos, ni remotamente, con la seriedad que debiéramos.

Crecí en un hogar muy conservador. Mis dos padres eran seguidores de Jesús de primera generación. Mi papá, que llegó a la fe rondando sus veintes, salió de la escena musical de la década de 1960 en California, entonces cuando empezó a seguir a Jesús, como podrás imaginar, su péndulo se fue al otro extremo. Terminamos en una cultura eclesiástica fundamentalista moderada personificada en la siguiente ocurrencia: "El peligro del sexo premarital es que puede hacerte bailar".

Y aunque muchas cosas que recuerdo de mi crianza conser-
vadora no fueron útiles, algo en lo que creo que realmente tenían
razón, y que parece que muchas personas de mi generación
pasan por alto, es en el poder de la mentira sobre la mente y la
necesidad de seleccionar lo que dejas entrar a tu mente como
un acto de aprendizaje de Jesús.[27] Analizar lo que llevamos a
la mente —lo que leemos, vemos, escuchamos, consumimos
o dejamos que nos entretenga.

Mis padres solían decir sobre el entretenimiento: "Si entra
basura, sale basura". Generalmente la frase se relacionaba con
la televisión o una película, pero también aplicaba para libros de
historietas, novelas subidas de tono, ciertas noticias y lenguaje
inapropiado. Aunque es fácil reír por la simpleza del dicho o
enojarse por todas las ediciones de *El hombre araña* que me
perdí, aun así, muchas veces me sorprendo con la naturalidad que
la gente, después de una reunión en la iglesia, habla y ríe sobre
episodios de la serie *Juego de tronos*, donde han visto alguna
obscena desviación sexual y escenas de innecesaria violencia.

Hemos llegado muy, muy lejos.

El profeta Habacuc dijo que los ojos de Dios son demasiado
puros como para mirar el mal,[28] sin embargo lo hacemos todo el
tiempo por entretenimiento. Ni siquiera nos detenemos a considerar que podría ser una estratagema del padre de la mentira para
producir una catástrofe en nuestra vida.

No digo que debamos boicotear Hollywood; solo hablo de
que todo lo que dejamos entrar a nuestra mente tiene un efecto en
el alma, para bien o para mal. Si no me crees, investiga un poco
sobre neurobiología, específicamente cómo lo que vemos afecta
las neuronas espejo, y de qué forma los pensamientos entran en
la mente, crean caminos neuronales en el cerebro, que originan

proteínas de ADN en el sistema nervioso. Además, investiga sobre cómo estas proteínas se diseminan por todo el cuerpo y se vuelven parte de nosotros; algunos argumentan que incluso se transmiten a nuestros hijos en su código genético.

En resumen: lo que capta nuestra atención, determina la persona en la que nos convertimos. Nos transformamos en aquello que pensamos. O como lo dice Hwee Hwee Tan: "Esa es la profunda verdad: eres lo que tu mente mira. Eres aquello que contemplas".[29]

Es por eso que la totalidad de nuestras elecciones sobre entretenimiento, nuestros hábitos de lectura, nuestro tiempo ante las pantallas y nuestras fuentes de noticias son fundamentales para formarnos espiritualmente a la imagen de Jesús, (o deformarnos a la imagen del diablo).

Simplemente analiza estos datos matemáticos: el adulto estadounidense promedio mira televisión o videos en línea entre unas cinco y seis horas al día,[30] un *millennial* promedio pasa más de cuatro horas al día alienado frente a su teléfono.

Esto viene a ser casi una década de tu vida.[31]

Una investigación reciente de Barna sobre los *millennials* descubrió que pasan casi dos mil ochocientas horas al año consumiendo contenido digital, pero solo ciento cincuenta y tres de esas horas son para contenido sobre Cristo; el resto es un embudo de internet con YouTube, Instagram, Netflix, Apple, etcétera.[32]

Mi punto es: muchos de nosotros pasamos horas todos los días llenando nuestra mente con mentiras, desconectados del Espíritu y la verdad de Dios, porque solo invertimos pocos minutos en la mañana, cuando mucho, para llenar nuestra mente con la verdad y el descanso en el Espíritu, en la presencia de nuestro Padre.

¿Queda alguna duda de por qué a menudo vemos el mundo más a través de los lentes de la teoría secular que de la Escritura? ¿Queda claro por qué a menudo nos vemos enredados en nuestros deseos desordenados y comenzamos a vivir como todos los demás porque es "normal"?

¿Tenemos duda de por qué nos estancamos en nuestra formación e incluso comenzamos a deformarnos a la imagen del diablo por una extraña entropía espiritual?

Ahora bien, no digo que debamos cerrar los oídos y no pensar seriamente en las ideas seculares. Imagino que Jesús sería el primero en decirte que debes seguir la verdad a dondequiera que te lleve. Si Jesús realmente es la verdad, como dijo ser, entonces estoy seguro de que una búsqueda honesta y abierta de la verdad —sin importar qué tan tortuosa sea la ruta— al final nos llevará a Jesús. Cuando caminamos en la luz, no hay necesidad de temer las sombras.

Pero necesitamos esforzarnos para llenar nuestra mente con la verdad en lugar de abrirla a una corriente interminable y no editada de irrealidad.

Actualmente estoy leyendo *Caer o esquivar el infierno* por Neal Stephenson. El libro, mezcla de una distopía de ciencia ficción y una crítica social, rastrea la trayectoria actual de las tecnologías digitales en el futuro cercano e imagina un país separado por la guerra civil. Internet ha fallado luego de llegar a un punto crítico en el que la información algorítmica falsa (noticias falsas) supera cualquier representación precisa de la realidad. La humanidad está dividida en (1) los que se basan en la realidad y abordan el mundo digital solo con la ayuda de un editor para examinar cuidadosamente el flujo digital y separa los hechos de la ficción, y (2) los de "Ameristan", que viven una irrealidad salvaje de teorías conspirativas, cultos peligrosos y violencia.

Bien, hay todo tipo de disparates en la novela. Naturalmente, los estadounidenses basados en la realidad son nórdicos, progresistas seculares y la mayoría vive en ciudades de la costa (Stephenson vive en Seattle); los desquiciados son religiosos locos con empleos en el centro y sur de Estados Unidos y leen el Antiguo Testamento literalmente.

Suspiros.

Pero, aun así, considero que esta división entre los que se basan en la realidad y los que se basan en la irrealidad es sorprendentemente profética, incluso pesimista, (no creo que estemos al borde de la guerra civil; después de todo estamos demasiado ocupados con Netflix).

Para vivir en la realidad, debemos editar nuestras fuentes de información, sean digitales o de otra índole. Debemos filtrar nuestra ingesta mental. Así como observamos atentamente lo que metemos en el cuerpo —pocos levantarían cualquier basura de la acera y la llevarían a la boca— debemos tener mucho cuidado con lo que permitimos que entre en la mente. Y debemos tomar medidas conscientes para adaptar la mente a la realidad de Jesús y sus mapas mentales. Esto, y solo esto, nos llevará al Reino, donde disfrutaremos la vida más profunda que se pueda tener.

La poeta Mary Olvier alguna vez dijo: "La atención es el comienzo de la devoción".[33] El punto de partida de la devoción a

Dios y el avance hacia su Reino consiste simplemente en configurar nuestra atención a su Espíritu y su verdad.

Repito, es *nuestra responsabilidad* dirigir nuestra atención a Dios durante cada día y cada semana. Pensar en él. Pensar profundamente en él. Y pensar correctamente sobre él, de acuerdo con la visión que Jesús tiene de Dios como comunidad trinitaria creativa, generosa, tranquila, que se autoprodiga amor, gozo y alegría. Dejar que la increíblemente convincente visión que Jesús tiene de Dios moldee las personas en quienes nos estamos transformando.

Y este no es el trabajo arduo de la religión, ni una obligación onerosa; recordemos que todo el día estamos llenando nuestra mente con aportes, y gran parte de ellos causa grietas, ansiedad, distracciones y enojo en nuestro corazón. Cuando dedicamos nuestra atención a Jesús y permitimos que sus pensamientos fluyan en nuestra mente, comenzamos a experimentar su paz, su amor y compasión por todos, además de su gozo profundo y omnipresente. Nos volvemos más tranquilos, más amorosos y plenamente felices. Solo por permanecer.

Y logramos esto mediante las prácticas de Jesús.

Espera, ¿llenaste estas últimas cincuenta páginas de contenido simplemente para decirme que encuentre un lugar tranquilo para leer la Biblia y orar todos los días?

No puedo evitar reír ahora, pero así es.

Esto es lo que digo: lo primero que debes hacer al levantarte, de ser posible, antes de tomar el teléfono, abrir el navegador, tocar el dial de la radio o el televisor, es pasar tiempo en silencio orando y leyendo la Escritura. Sumerge tu mente y tu imaginación en la verdad de Jesús antes de que te asalten las mentiras del diablo.

Al final del libro, incluí una hoja de trabajo para que escribas tu propio manual monástico para combatir demonios. Ahí está por si quieres hacerlo.

Pero, aunque procures "la renovación de tu mente",[34] una vez que desarrolles la práctica, solo permanece, como Jesús, con el corazón en calma, confiado y con fe en Dios.

En la carta de Pablo a los Efesios, capítulo 6, el pasaje más profundo de los escritos de Pablo sobre la guerra espiritual, se compara al seguidor de Jesús con un legionario romano. Tengamos en cuenta cuántas veces Pablo usó la palabra *firme*. (Añadí el énfasis con las itálicas para llamar tu atención).

Por último, fortalézcanse con el gran poder del Señor. Pónganse toda la armadura de Dios para que puedan estar *firmes* frente a las artimañas del diablo. Porque nuestra lucha no es contra seres humanos, sino contra poderes, contra autoridades, contra potestades que dominan este mundo de tinieblas, contra fuerzas espirituales malignas en las regiones celestiales. Por lo tanto, pónganse toda la armadura de Dios, para que cuando llegue el día malo puedan estar *firmes* hasta el fin, y cuando haya terminado todo, permanezcan *firmes*. Manténganse *firmes*.[35]

Observemos cómo Pedro eligió la misma palabra en su consejo sobre cómo combatir con el diablo.

Practiquen el dominio propio y manténganse alerta. Su enemigo el diablo ronda como león rugiente, buscando a quién devorar. Resístanlo, manteniéndose *firmes* en la fe, sabiendo que sus hermanos en todo el mundo están soportando la misma clase de sufrimientos.[36]

Así ganamos: manteniéndonos *firmes*.

Al ser confrontados con falsas doctrinas, Jesús simplemente declaraba las mentiras, casi siempre apelando a la Escritura.

Dicho de otro modo, permanecía *firme*.

Y nunca perdió una batalla.

Resumen de la primera parte

Definiciones

- **Verdad:** realidad.
- **Mentira:** irrealidad.
- **Ideas:** supuestos sobre la realidad.
- **Mapas mentales:** colección de ideas que nos permiten conducirnos en la vida.
- **Formación espiritual:** proceso por el que somos formados en nuestro espíritu o persona interior para volvernos como Jesús.

Tres implicaciones de la enseñanza de Jesús sobre el diablo:

1. Es un ser real, inmaterial e inteligente.

2. Su objetivo final es llevar tu alma y la sociedad a la ruina.

3. Su recurso principal es la mentira.

Textos clave para meditar: Juan 8; Génesis 1 a 3; Lucas 4.

Teoría operativa sobre la estrategia del diablo: Las ideas engañosas apelan a deseos desordenados, que se normalizan en una sociedad pecadora.

Teoría operativa sobre la formación espiritual: Es mediante el espíritu y la verdad que somos transformados a la imagen de Jesús y somos libres para vivir de acuerdo con todo lo bueno, bello y verdadero. A través del aislamiento y la mentira nos deformamos a la imagen del diablo, y nos convertimos en esclavos en un círculo vicioso de desorden y muerte.

Teoría operativa sobre cómo luchamos contra el diablo: Practicamos las disciplinas espirituales que nos enseñó Jesús, como el silencio y la soledad reflexiva, la oración, el ayuno y la lectura de la Palabra. Continuamente llevamos nuestra mente ante el Espíritu y la verdad de Dios. Al enfrentar tentación, permanecemos firmes tranquilamente confiados en el amor y la sabiduría de Dios, y llevamos de vuelta nuestra mente a la Escritura.

Prácticas clave para vencer al diablo: Serena oración y dependencia de la Escritura.

En resumen: El objetivo del diablo es aislarnos para implantar en nuestra mente ideas engañosas que apelan a deseos desordenados, con los que nos sentimos cómodos porque están normalizados, gracias al orden imperante en nuestra sociedad. Específicamente, nos miente en cuanto a quién es Dios, quiénes somos nosotros y en qué consiste la buena vida, con el objetivo de socavar nuestra confianza en el amor y la sabiduría de Dios. Su intención es hacer que procuremos la autonomía de Dios, que redefinamos el bien y el mal según nuestro criterio, para llevar nuestra alma y nuestra sociedad a la ruina.

Parte 2

La CARNE

Ciertamente les aseguro que todo el que peca es esclavo del pecado. Así que, si el Hijo los libera, serán ustedes verdaderamente libres.

—Jesús, en Juan 8:34, 36

Les hablo así, hermanos, porque ustedes han sido llamados a ser libres; pero no se valgan de esa libertad para dar rienda suelta a sus pasiones. Más bien sírvanse unos a otros con amor... Así que les digo: Vivan por el Espíritu, y no seguirán los deseos de la naturaleza pecaminosa. Porque esta desea lo que es contrario al Espíritu, y el Espíritu desea lo que es contrario a ella. Los dos se oponen entre sí, de modo que ustedes no pueden hacer lo que quieren.

—Pablo, en Gálatas 5:13, 16-17

Los hombres están calificados para la libertad civil, en la proporción exacta a su disposición para colocar ataduras morales a sus propios apetitos... La sociedad no puede existir, a menos que un poder controlador sobre la voluntad y el apetito se coloque en algún lugar; y cuanto menos haya dentro, más debe haber afuera. Está ordenado en la eterna constitución de las cosas, que los hombres de mentes inmoderadas no pueden ser libres. Sus pasiones forjan sus cadenas.

—Edmund Burke, en Una carta de Mr. Burke a un miembro de la Asamblea Nacional.

La esclavitud de la libertad

"El corazón quiere lo que quiere", es el dicho popular.

Sin embargo, pocos recuerdan quién lo hizo popular.

En 1992, el periodista Walter Isaacson entrevistó a Woody Allen para la revista *Time*. El tema era la famosa aventura entre Woody Allen y Soon-Yi Previn.

Se debate qué sucedió realmente, pero la historia básica es más o menos esta: durante toda la década de 1980, Allen y Mia Farrow, actriz y modelo, tenían una relación en la que iban y venían. Antes de que comenzaran a salir, Farrow y el que entonces era su esposo, André Previn, habían adoptado dos niños vietnamitas y luego una niña de siete años de Corea del Sur (Soon-Yi);[1] unos años después, Farrow adoptó dos niños más. Luego ella y Allen tuvieron un hijo juntos. Eran un tanto excéntricos y a menudo adornaban las tapas de los periódicos amarillistas de Nueva York y Los Ángeles.

Pasaron los años, y la relación de Farrow y Allen comenzó a deteriorarse. Un día, ella encontró fotografías de su hija, Soon-Yi desnuda. Sobre el mantel de la chimenea de Woody. La verdad salió a la luz; Allen y Soon-Yi habían estado durmiendo juntos.

Allen tenía cincuenta y seis, y Soon-Yi veintiuno.

Y para dejarlo claro, Allen había sido pareja sentimental de la mamá de ella y funcionalmente era su padrastro.

Sucedió décadas antes de *#YoTambién*. Hollywood todavía estaba en sus días de gloria transgresora, gozando de su permiso cultural de cheque en blanco para traspasar casi cualquier límite sexual y llevarse al resto del país consigo. Allen siguió saliendo con Soon-Yi y luego se casó con ella.

La entrevista de Isaacson a Allen parece un estudio de caso de ética posmoderna. Isaacson, uno de los mejores entrevistadores de nuestra época, con calma, pero sistemáticamente sondeaba el corazón de Allen en busca de un indicio de arrepentimiento, disculpa, o, aunque fuera, incertidumbre moral, pero Woody simplemente se negó a admitir que lo que hizo estaba mal.

Al final de la entrevista, Isaacson le preguntó por qué lo había hecho. Allen se detuvo, y luego pronunció la icónica frase: "El corazón quiere lo que quiere".[2]

El improvisado dicho penetró, no solo en el idioma del país, sino también en el sistema de creencias de nuestra generación; se ha vuelto una especie de justificación que se perpetúa a sí misma y se aplica a cualquier cosa, desde el adulterio hasta la torta de chocolate. Un as bajo la manga para cualquier comportamiento que quede fuera de los límites de la tradición moral. Sin embargo, pocos se dan cuenta de su origen.[3] Ni los amigos más libertinos aprobarían un romance entre una universitaria y un hombre de más del doble de su edad; mucho menos una escapada sexual en la que un papá se convierte en un cuñado, y una hermana en una madrastra. Sin embargo, esa es la historia.

Mientras seguimos explorando el mundo, la carne y el diablo, esta historia es una buena ilustración del próximo tema. Lo que Allen llamó corazón es más parecido a lo que los autores del Nuevo Testamento denominaron carne.

Para comenzar, analicemos las palabras de Pablo a los Efesios:

En otro tiempo ustedes estaban muertos en sus trans- gresiones y pecados, en los cuales andaban conforme a los poderes de este mundo. Se conducían según el que gobierna las tinieblas [otra alusión al diablo], según el espíritu que ahora ejerce su poder en los que viven en la desobediencia. En ese tiempo también todos nosotros vivíamos como ellos, impul- sados por nuestros deseos pecaminosos, siguiendo nuestra propia voluntad y nuestros propósitos.[4]

Veamos la tripleta de enemigos de Pablo:

El mundo: "andaban conforme a los poderes de este mundo".

La carne: "impulsados por nuestros deseos pecaminosos".

El diablo: "el que gobierna [archōn] las tinieblas".

Es de este pasaje que los primeros discípulos de Jesús tomaron la estructura de los tres enemigos del alma. Aunque eran antiguos, los primeros cristianos estaban bien despiertos (mucho más que tantos hoy en día) al hecho de que nuestra lucha no es "contra carne ni sangre", como dijo Pablo unos capítulos antes.[5]

No es contra Rusia, ISIS, ni la cleptocracia digital china, mucho menos contra republicanos o demócratas; es contra un eje del mal mucho más traicionero.

Pasamos la primera parte del libro pensando en nuestro principal enemigo, el diablo, y cómo hace circular ideas engañosas. Lo que sigue en la lista es la carne.

Ya dijimos que la estratagema principal del diablo es usar ideas engañosas para apelar a deseos desordenados. Sus mentiras no son aleatorias como "Elvis está vivo y se esconde en México". Para nada, apelan a una grieta profunda en el corazón del ser humano que está inclinada en la dirección equivocada: "La pornografía es normal y saludable durante el crecimiento, y la exploración sexual es clave para vivir una vida feliz y satisfactoria".

La palabra que usaron Pablo y los autores del Nuevo Testamento para este aspecto del ser interior es *carne*.

Ahora bien, es una palabra extraña para nuestros oídos modernos. ¿Qué quisieron decir exactamente con la carne?

La palabra que Pablo usó en griego es σάρξ (se pronuncia como "sarx"). Al igual que en español, las palabras griegas a menudo tienen más de un significado.

Pensemos en la palabra *llama*. Puede referirse a un animal de carga, propio de los Andes; una masa gaseosa en combustión; o, una conjugación del verbo *llamar*, que significa "intentar captar la atención de alguien".

De la misma manera, la palabra griega σάρξ puede tener al menos tres significados en el Nuevo Testamento.[6]

Puede referirse simplemente al cuerpo, como en 1 Corintios 6:16 (RVR1995):

> ¿O no sabéis que el que se une con una ramera, es un cuerpo con ella?, porque ¿no dice la Escritura: "Los dos serán una sola *carne*"?

Aquí, *carne* es sinónimo de cuerpo. Esta palabra todavía se usa con el mismo sentido en la expresión carne y sangre.

Cuando se usa en plural, simplemente se refiere a la humanidad, como en 1 Pedro 1:24:

> Toda persona es como la hierba, y toda su gloria como la flor del campo.

La palabra *persona* en realidad es σάρξ en griego. Traducciones anteriores dicen: "Toda carne es como hierba".

Entonces, en este sentido, nuestra carne no es algo malo, mucho menos un enemigo; es solo un vocablo que nombra la dimensión física con toda su efímera mortalidad y belleza.

En la misma línea, un segundo significado de σάρξ se relaciona con el origen étnico. Por ejemplo, Pablo escribió a los Filipenses (RVR1995):

> Nosotros somos la circuncisión, los que en espíritu servimos a Dios y nos gloriamos en Cristo Jesús, no ponemos nuestra confianza en la carne.[7]

En el contexto, Pablo explicaba que su linaje judío no le daba ventaja para entrar al Reino; así combatía una forma de supremacía judía en la iglesia de Filipos.

Entonces, en este punto, tu carne simplemente es tu origen: tu identidad e historia racial, cultural, y/o nacional; el idioma que hablas, los alimentos que consumes y cientos de pequeñas costumbres que ordenan tu vida en cierto momento y lugar, por lo que te diferencian de otros grupos étnicos. De nuevo, la carne no tiene un sentido peyorativo, aunque puede fácilmente deformarse por la inclinación universal del corazón hacia el prejuicio. Aun así, no es algo malo en y por sí misma.

Pero existe un tercer y último significado. Cuando hablamos sobre "el mundo, la carne, y el diablo" no nos referimos al cuerpo o al origen étnico, sino que a lo que Pablo escribió en Efesios 2:3 (RVR1995): "Gratificando los deseos de nuestra carne". Aquí alude a los deseos instintivos, los impulsos animales, de nuestro cuerpo alejado de Dios.

Romanos 7:5 la define como nuestra "naturaleza pecaminosa".

En la traducción original al inglés de la Nueva Versión Internacional (1978), los eruditos de manera sistemática, traducían σάρξ como "naturaleza pecaminosa". Esto no les pareció bien a los teólogos, por lo que, en la actualización de 2011, se volvió a cambiar a la antigua traducción, "carne".

Para ser justos, los lingüistas y los traductores bíblicos solo intentaban comunicar este tercer significado de la palabra griega —el apetito pecaminoso en todos, que nuestro cuerpo siente como natural, aunque es un error. Después de todo, somos más que un cuerpo; también somos un alma.

Luego, Pedro definió a la carne como "deseos corruptos" y la vinculó con la rebelión en contra de la autoridad.[8] También escribió sobre "la corrupción que hay en el mundo debido a los malos deseos".[9]

El pastor y erudito Eugene Peterson, que tradujo la Biblia a "estadounidense", definió la carne como "la corrupción que el pecado introdujo en nuestros apetitos e instintos".[10]

Básicamente, son nuestros instintos básicos, primitivos y animales de autogratificación, en especial lo pertinente a la sensualidad (el sexo y la comida), pero también al placer en general, además de nuestros instintos de supervivencia, dominación y necesidad de control. Deseos que están en *todos* nosotros. A pesar de la atmósfera humanística que nos rodea y que permanentemente nos dice que somos buenos, todos sabemos que tenemos estos deseos con los que no sabemos qué hacer. Como no coinciden con el mensaje cultural que escuchamos todo el tiempo, a menudo nos aterroriza que la verdad salga a la luz o sentimos vergüenza por nuestra vida interior, e incluso cierto odio por nosotros mismos. Pero el Nuevo Testamento está increíblemente abierto al lado oscuro del corazón humano, y nos invita a explorarlo bajo la mirada amorosa de la compasión de Dios.

Ahora bien, para ser claro, esta terminología es exclusiva de Pablo y los primeros teólogos cristianos, pero la idea no es específicamente cristiana en absoluto. Es una visión antigua y transcultural del problema de la condición humana.

Cinco siglos antes de Pablo, Buda dijo: "En días pasados, mi mente solía perderse donde el deseo egoísta, la lujuria y el placer la llevaban. Hoy, no se extravía y está bajo la armonía del control, como un elefante controlado por su entrenador".[11] Comparaba el intento de la mente de dominar sus deseos "de lujuria y placer" con el desafío de controlar a un elefante, una bestia gigantesca.

Por la misma época, Platón usó la alegoría de la carroza tirada por dos caballos atados juntos, que luchan por dominar. Describió a un caballo como "amante del honor con modestia y autocontrol",

mientras que el otro era "acompañante de los alardes y la inde-
cencia... desgreñado, sordo como una tapia, apenas obediente
al látigo y al aguijón".[12] Notemos otra vez, la imagen de un jinete
que trata de dominar un animal poderoso, que apenas se deja
controlar.

Algunos rabinos enseñaban que cada uno de nosotros tiene
no una, sino "dos almas, en guerra en la mente de la persona;
cada una anhela gobernarlo, desea tener la exclusividad para
dominar su mente". El rabino Zalman las nombró nuestra "alma
animal" y nuestra "alma divina."[13]

Recientemente, el trascendentalista Henry David Thoreau, durante su retiro solitario de introspección en Walden Pond, escribió:
"Somos conscientes de que hay un animal en nosotros... es reptil
y sensual, y quizá no lo podemos expulsar completamente".[14]

El psicólogo Johathan Haidt simplemente denomina a esta
parte del cerebro como nuestro "yo animal".[15] El destacado
experto en neuroplasticidad, Jeffrey Schwartz, lo llama nuestro
"cerebro animal".[16]

En la actualidad, esta antigua idea sigue apareciendo en todos
los ámbitos, desde las bromas de Joe Rogan y Elon Musk en un
podcast donde dicen que los seres humanos son "todos chimpancés" y los chimpancés se hacen cosas terribles y desagradables
entre sí,[17] hasta los escritos de Jordan Peterson sobre la dinámica
de apareamiento de la langosta como modelo del comportamiento
humano.[18]

Mi punto es que, durante mucho tiempo, los seres humanos
de la variedad más autoconsciente —de cualquier origen étnico,
religión o línea generacional— han tenido conocimiento de la
jerarquía de los deseos de nuestra mente y cuerpo. No todos los

deseos tienen un mismo origen, o al menos no todos son igualmente beneficiosos. Algunos son superiores o nobles, y conducen a la vida, la libertad y la paz; otros son inferiores o más primitivos, y conducen a la muerte, la esclavitud y el miedo.

Toda persona sana y libre hace una autoedición de esta mezcla de deseos. Los sabios reconocen que el placer no es lo mismo que la felicidad. El placer se relaciona con la dopamina; la felicidad con la serotonina. El placer depende del próximo éxito para sentirse bien en el momento; la felicidad está asociada a la satisfacción a largo plazo, la sensación de que la vida es abundante y satisfactoria tal cual es. El placer tiene que ver con querer; la felicidad con liberarse de querer.

La mayoría de los expertos en ética definen la felicidad como un tipo de contentamiento, una satisfacción en el alma, agradecimiento por lo que hay en lugar de codiciar más; esto significa que la felicidad es el resultado del deseo disciplinado. En todas las áreas de la vida —desde el sexo hasta la dieta y el dinero— la felicidad, es decir, la buena vida, es lo que sucede después de disciplinar los deseos. Debemos reprimir algunos y cultivar otros.

A esto se referían los autores del Nuevo Testamento cuando escribieron sobre el estira y encoge interno entre el espíritu y la carne. Reconocían una guerra real pero invisible, en los lugares más recónditos de nuestro ser, desatada en el campo de batalla del deseo. Como dijo Dostoyevsky en *Los hermanos Kamarasov*. "Dios y el diablo están peleando ahí, y el campo de batalla es el corazón del hombre".

Pero, trágicamente, esta antigua idea —fundamental en el Camino de Jesús— se ha vuelto un concepto ajeno, por no decir un paria social, en este moderno Occidente tardío.

Hablemos un poco de historia.

El filósofo Charles Taylor, en su trascendental obra *Una era secular*, escribió sobre cómo Occidente pasó de ser una cultura de "autoridad" a ser una cultura de "autenticidad". Esto significa que solíamos vivir según lo que las estructuras de autoridad externa (Dios, la Biblia, la tradición, etcétera) nos decían que debíamos hacer, pero ahora la mayoría de los occidentales viven según lo que su interno "yo auténtico" quiere hacer.[19]

El punto de inflexión fue Freud. Aunque no soy psicólogo, muchos de mis amigos psicólogos me dicen que, por más que fuera un erudito, Freud se equivocó bastante en todo, y aun así muchas de sus ideas crearon el aire cultural que ahora respiramos.

Antes de Freud, muchos occidentales (lo supieran o no) veían al deseo a través de los lentes del filósofo del siglo IV, Agustín. San Agustín en realidad era del norte de África, pero sus ideas, desarrolladas en suelo africano, moldearon gran parte de la civilización occidental por más de un milenio.

Según San Agustín, el problema básico de la condición humana es el de los deseos, o amores desordenados. Según su perspectiva, los seres humanos fueron creados en amor y para el amor. Entonces, primero somos amantes y luego pensadores. Vivimos básicamente a partir del deseo, no a partir de nuestra mente racional.

De acuerdo con el punto de vista agustiniano, el problema de la condición humana no es que no amemos, sino que amamos las cosas equivocadas, o las cosas correctas, pero en el orden equivocado.

Por ejemplo, no está mal amar tu empleo; espero que lo hagas. Pero si amas tu carrera más que a tu hijo adolescente, ese amor desordenado les causará muchos problemas a los dos.

Otro ejemplo: no está mal amar a tu hijo; yo lo hago. Pero si amas a tu hijo más que a Dios, eso está fuera de orden y deformará tu manera de relacionarte con ambos.

Tampoco está mal amar el sexo. Dios mismo nos hizo seres sexuales y nos ordenó "multiplíquense".[20] Pero es un amor desordenado cuando el sexo se transforma en un pseudodios al que acudimos por un sentido de identidad, pertenencia a una comunidad o satisfacción en la vida, cuando se vuelve una soteriología (doctrina de la salvación), como sucede con muchos en Occidente. Y no es solo que sea malo en un sentido moral, es que no tiene posibilidades de satisfacer el anhelo más profundo del alma que busca amor, intimidad, aceptación y capacidad de engendrar. Después de todo, el cuerpo solo quiere un orgasmo, pero el alma desea más: comunión y contribución.

Entonces, en el Occidente prefreudiano, la prosperidad humana dependía de decirle sí a los deseos correctos, los deseos más elevados del amor, y no a los deseos más bajos, más básicos, más relacionados con los apetitos. Y esos deseos se atravesaban con la guía de los mapas mentales que eran el legado de una fuente de autoridad confiable, pero externa —idealmente de Jesús mismo, cuyas enseñanzas nos llegan a través del Nuevo Testamento— para no repetir los errores de nuestros antepasados y avanzar con la sabiduría acumulada por generaciones. Después de todo, no somos los primeros seres humanos en vivir. ¿Por qué repetir los errores de otras personas?

Freud tomó un camino radicalmente contrario. Para él, nuestro deseo más importante era nuestra libido, que definía como el deseo, no solo de sexo, sino de placer en general. Pero como una libido sin límites conduciría a la anarquía, nuestros padres y las estructuras culturales nos forzaron a reprimir nuestro deseo, y para Freud —esto es clave— la represión del deseo es el origen de todo tipo de neurosis. Dicho de otro modo: la razón de tu infelicidad es que otras personas te dicen que no puedes hacer ciertas cosas.

No hace falta un investigador privado para deducir qué ideas ganaron la lucha por la perspectiva de la realidad en Occidente.

Las ideas de Freud se ven en los lemas y las frases populares de nuestros días:

"El corazón quiere lo que quiere".

"Sigue a tu corazón".

"Te haces a ti mismo".

"Solo hazlo".

"Di tu verdad".

Y por supuesto: "Sé fiel a ti mismo".

¿Alguien recuerda a Shakespeare del décimo grado? "Sé fiel a ti mismo" es una frase de su obra de teatro *Hamlet*. La versión original era: "Sobre todo, sé fiel a tu ser verdadero".[21]

¿Recuerdas quién lo dijo? No te sientas mal si no recuerdas; yo tuve que buscarlo. Fue Polonio, el tonto. Es el tonto quien nos alienta a vivir según el lema "sé fiel a ti mismo", aun así repetimos su mantra como si fuera palabra de Dios. Simplemente asumimos (recordemos que las ideas son suposiciones sobre la realidad) que el camino hacia una vida feliz y fructífera consiste en seguir a nuestro corazón, lo que muchas veces creemos que es un deseo genuino.

En el pasado, era responsabilidad de todos limitar los deseos de la carne; en la actualidad, es derecho de todos seguir los deseos del supuesto yo auténtico.[22]

Jonathan Grant, en su excelente libro *Sexo divino*, resumió con precisión el desplazamiento tectónico:

La autenticidad moderna nos alienta a crear nuestras convicciones y moralidad; la única regla es que deben resonar con quienes sentimos que realmente somos. Lo peor que podemos hacer es conformarnos con determinado código moral impuesto desde afuera —por la sociedad, nuestros padres, la iglesia o cualquier otra persona. Se considera evidente que tal imposición socavaría nuestra singular y única identidad. El yo auténtico cree que debe encontrar su significado personal dentro de sí mismo o que este debe resonar con la personalidad única de cada uno.[23]

La felicidad ha llegado a relacionarse con sentirse bien, y no con ser bueno. La buena vida ahora depende de lograr lo que se quiere, y no de transformarse en el tipo de persona que desea cosas verdaderamente buenas.

El yo —no Dios, ni la Escritura— es la nueva figura de autoridad de la cultura occidental.

El filósofo Robert C. Roberts, especialista en ética, psicología moral de las emociones y experto en la influencia de Freud en Occidente, hizo la siguiente observación:

Nos han hecho sentir que el yo es sacrosanto: así como en épocas anteriores nunca se pensaba que fuera apropiado negar a Dios, ahora parece que nunca es acertado negarse a uno mismo.[24]

Pero analicemos la perspectiva del teólogo David Wells sobre lo que sucede cuando una sociedad se entrega a la carne:

> La teología se convierte en terapia... El interés bíblico por lo correcto se reemplaza por la búsqueda de la felicidad, la santidad se reemplaza por un estado holístico, la verdad se reemplaza por sentimientos, y la ética se reemplaza por estar a gusto con nosotros mismos. El mundo se reduce a una gama de circunstancias personales; la comunidad de fe se reduce al círculo de amigos personales. El pasado se aleja. La iglesia se aleja. El mundo se aleja. Todo lo que queda es el yo.[25]

El yo es el nuevo dios, la nueva autoridad espiritual, la nueva moralidad. Pero esto coloca un peso devastador en el yo; un peso que el yo nunca fue diseñado para cargar. Debe descubrirse a sí mismo. Convertirse en sí mismo. Permanecer fiel a sí mismo. Justificarse a sí mismo. Hacerse feliz a sí mismo. Interpretar y defender su frágil identidad. Como diría mi instructor de Pelotón: "Valida tu grandeza". Pero ¿qué sucede con todos esos días cuando no somos tan genialmente grandes? La presión es agobiante. Solo basta analizar las estadísticas sobre el agotamiento, la ansiedad y la salud mental.

En esta nueva religión del yo, lo que nuestros ancestros llamaban castidad ahora se denomina opresión si se impone desde afuera, y represión si se impone desde adentro. Lo que llamaban autocontrol o dominio propio, se denomina, honestamente, pecado. En una cosmovisión en la que el deseo es sacrosanto, *el mayor pecado es no seguir a tu corazón*. Como advirtió otro teólogo, Cornelio Plantinga: "En esa cultura... el yo existe para ser explorado, complacido y expresado, pero no disciplinado o moderado".[26]

Al igual que las ideas más poderosas de nuestro mundo, esta es tan letal porque se considera cierta. Atreverse a cuestionarlo es una especie de herejía cultural; sembrar estas dudas en otros es un delito grave.

Pero el mantra actualmente generalizado: "sé fiel a ti mismo" plantea una pregunta muy interesante:

¿Cuál yo?

El director espiritual y psicólogo David Benner, en su pequeño y hermoso libro *El don de ser tú mismo*, resaltó: "Lo que llamamos 'yo' es una familia de muchas partes de ego".[27] Esto podría sonar a psicología barata, pero no lo es. El autor resalta la complejidad del deseo dentro de cada uno de nosotros. Tenemos deseos de todo tipo, y muchos de ellos son contradictorios. Cuando nos dicen "sigue a tu corazón", ¿a qué corazón debemos seguir? ¿Y qué hacemos cuando nuestro corazón es voluble y nuestros deseos cambian a cada hora y fluctúan según nuestro estado de ánimo?

Permíteme darte un ejemplo muy cotidiano y sin carga emocional: la fila en el supermercado. Esto me sucede más o menos una vez por semana: me detengo allí para comprar los ingredientes de la cena, y mientras espero en la fila para pagar, enfrento el mayor estudio de caso de lo que mi amigo David Bennett denominó "una guerra de amores".[28]

A mi derecha hay un estante repleto de celebridades hermosas, delgadas y/o musculosas, con el cabello peinado con perfección digital.

Harry Styles es el nuevo estándar de oro. Ryan Gosling está envejeciendo muy bien. Timothée Chalamet roba los corazones de los adolescentes de todo el mundo.

¿A mi izquierda? Otro estante de revistas, pero cubierto con decadentes y suntuosas imágenes de comida. Enchiladas con guacamole, salsa y crema agria. "Las diez mejores cervezas del verano". "Los veinte mejores restaurantes de Portland". "El pastel de siete capas de tus sueños".

¿Y encima de ambos estantes de revistas? Una repisa llena de azúcar, chocolate y lo que cariñosamente se conoce en nuestro hogar con el nombre de "goma cancerígena".

Ahora, mientras hago fila, tengo dos profundos y primitivos deseos en mi alma. Por un lado, quiero verme como Ryan Gosling. Pero por el otro, quiero ir a casa y hacer la torta de queso vegana con deliciosa galleta crocante y crema batida con fresas. Ajá...

Ambos deseos son "auténticos" para mi "verdadero yo". Pero son mutuamente excluyentes. Siendo un hombre de cuarenta años con metabolismo tipo B, no puedo hacer mi pastel, menos comerlo y, además, pretender lucir exactamente como Ryan Gosling.

Entonces, ¿qué hago con este gran problema existencial? Es fácil. Tomo mi revista *Gentlemen's Quarterly* y los botes de mantequilla de maní (¡todo orgánico!) y mastico ruidosamente mientras leo sobre la rutina de ejercicios abdominales de Ryan. Empezaré mañana. Terminé con esto.

Esa es una hilarante experiencia de la vida cotidiana de muchos de nosotros, pero algo similar aplica a los conflictos de deseos mucho más delicados y serios.

Quiero amar correctamente a mis hijos, estar presente como padre, y conscientemente hacer que desarrollen todo su potencial, pero a la vez quiero cerrar la puerta, mirar televisión y dejar que resuelvan sus irritantes problemas.

Quiero vivir profundamente agradecido, satisfecho con lo que tengo, y practicar la generosidad, pero también quiero comprarme un nuevo abrigo que no necesito y cambiar el automóvil que está perfectamente bien.

Quiero levantarme temprano y llenar la mente y el corazón con la Palabra y oración, pero al mismo tiempo quiero quedarme hasta tarde viendo *El mundo en moto: rumbo norte*.

Podríamos llenar muchas páginas con ejemplos, porque se trata de la naturaleza de la experiencia humana. Pero, desde la perspectiva moderna, resulta fácil pasar por alto que nuestros deseos más fuertes no son, en realidad, los más profundos.

Lo repetiré: nuestros deseos más fuertes no son, en realidad, los más profundos.

Lo que quiero decir es que, en el momento de la tentación, el crepitante fuego de deseos que provienen de la carne —hacer un comentario condescendiente sobre tu compañero de trabajo, comprar otro par de zapatos que no necesitas, comer de más, beber de más, codiciar, ignorar a Dios, mirar Netflix en lugar de leer la Biblia— se siente abrumador y casi irresistible. Pero esos deseos no son verdaderamente los más profundos y verdaderos de tu corazón; no provienen de los cimientos de tu alma.

Ven a la presencia silenciosa de Dios...

Respira profundo varias veces...

Deja que los deseos más profundos de tu corazón salgan a la superficie.

¿Qué deseas?

¿Qué deseas *realmente*?

Creo que, si vas hasta lo más profundo, tu anhelo es Dios mismo. Vivir en su amor. Rendirte a su dulce paz. Dejar que tu cuerpo se transforme en el lugar donde se hace su voluntad "en la tierra como en el cielo". Ese es un don del Espíritu en ti.

Es por esto que a pesar del discurso que dice que los seres humanos son animales, que la moralidad es una construcción social y que necesitamos ser fieles a nosotros mismos, todavía hay mucho consenso en cuanto a que, para una buena vida, uno debe transformarse en una buena persona. Nunca he leído un obituario que diga: "Sacó mucho provecho de su perfil en Tinder". O tal vez: "Esta chica sí que sabía cómo comer, beber y ser feliz". Mucho menos: "El compromiso de este hombre con los tenis de moda era inspirador".

Por supuesto que no. Cuando las personas mueren, honramos y celebramos los mejores rasgos de su carácter. Amor, sacrificio, lealtad a sus familiares y amigos, humildad, gozo y compasión. Todo lo que se requiere para negarse a los deseos carnales. Entonces, mientras nuestra cultura celebra el evangelio de la autorrealización, el tipo de realización personal que logramos todavía importa y es primordial.

Mi punto es sencillo: nuestros deseos más profundos —generalmente transformarnos en personas de bien y amorosas— a menudo son saboteados por deseos más fuertes y superficiales, provenientes de la carne. Esto es exacerbado por una cultura en la que la doctrina actual generalizada consiste en seguir nuestros deseos, no crucificarlos. Pero en realidad, "sé fiel a ti mismo" es uno de los peores consejos que alguien podría darte.

Por esta razón: ceder a los deseos de la carne no nos conduce a la libertad y a la vida, como muchos asumen, sino que nos esclavizan y, en el peor de los casos, nos llevan a la adicción, que es un tipo de suicidio a largo plazo por placer.

Hacia eso nos dirigimos ahora.

"Sus pasiones forjan sus cadenas"

En los días de los viajes intercontinentales por mar, cuando al principio se llegaba a Estados Unidos por el Este, lo que primero se veía probablemente era la Estatua de la Libertad. Allá estaba, erguida con sus 93 metros en el puerto de Nueva York, en, otro nombre elocuente, la Isla de la Libertad. Un símbolo que evoca la tierra de los libres y el hogar de los valientes.

No sorprende que nuestros fundadores nos dejaran lemas como "Vida, libertad, y la búsqueda de la felicidad", "Libertad y justicia para todos" o incluso la apasionada frase de Patrick Henry: "Dadme la libertad o dadme la muerte".

No importa la trágica ironía de que también somos el país que llevó a cabo, durante varios siglos, el comercio transcontinental de esclavos de más de doce millones de africanos (unos dos millones murieron incluso antes de arribar a la costa este).[1] Tampoco parece importar que durante la revolución en contra de la opresión de Inglaterra, simultáneamente desarrollábamos una forma de esclavitud tan brutal como jamás se había visto en el mundo.

Dejando la hipocresía de lado, los estadounidenses nos jactamos de la libertad como el bien supremo. En un amplio estudio de nuestra nación, un grupo de sociólogos dirigidos por Robert Bellah descubrió que, para los estadounidenses, "la libertad era quizás el valor más importante".[2]

Sin embargo, algo sobre esta libertad parece haber fracasado. El racismo sistemático es el ejemplo más evocativo, pero existen mucho más. La adicción está generalizada, al igual que las compras compulsivas, las deudas, las estafas financieras, la obesidad, el alcoholismo y el daño ambiental. Todo lo que requiera fidelidad a largo plazo actualmente está en decadencia: el matrimonio, la familia de dos padres, etcétera. Podemos añadir la xenofobia nacionalista de extrema Derecha y el impulso anarquista de extrema Izquierda.

A menudo nos rascamos la cabeza ante esas realidades y nos preguntamos ¿cómo pudo suceder esto en la tierra de la libertad?

El profesor constitucional Patrick Deneen de Notre Dame, en su libro *¿Por qué ha fracasado el liberalismo?* (un libro conservador, y aun así recomendado, nada menos que por el presidente Obama[3]), dejó en claro que el problema con la libertad no comenzó en la década de 1960 con Foucault, Woodstock y la revolución sexual. Comenzó en la década de 1760 con la Ilustración, los padres fundadores y la Constitución de Estados Unidos, que, según dijo, fue un intento de crear un tipo completamente nuevo de ser humano basado en una nueva definición de libertad. Esta definición es tanto rudimentaria como común: libertad es la capacidad de hacer cualquier cosa que desees.

Pocos estadounidenses se dan cuenta de que no es la misma explicación de Jesús, los autores de la Biblia y los grandes filósofos de la historia.

Para demostrar lo que quiero decir, detengámonos en la carta de Pablo a los Gálatas. En el Nuevo Testamento hay algunos pasajes de referencia sobre la carne; Gálatas capítulos 5 y 6 son mis favoritos. En el marco teológico de Pablo, encontramos una visión de la libertad, alternativa (pero convincente) a la de nuestro mundo occidental.

Nos llevará más de un capítulo tratar con las enseñanzas de Pablo, pero comencemos por el principio de Gálatas 5.

Cristo nos liberó para que vivamos en libertad. Por lo tanto, manténganse firmes y no se sometan nuevamente al yugo de esclavitud.

A primera vista, parece una frase que podría decir cualquier estadounidense moderno. "¡Manténganse libres! ¡No dejen que nada ni nadie los controle!". Pero si seguimos leyendo, rápido nos damos cuenta de que Pablo no quiso decir lo que muchos de nosotros interpretamos como libertad. Versículo 13:

Les hablo así, hermanos, porque ustedes han sido llamados a ser libres; pero no se valgan de esa libertad para dar rienda suelta a sus pasiones.

Traducción: solo porque ya no están bajo el pacto mosaico, no abusen de su nueva libertad en Jesús; no cedan a sus deseos desordenados. Más bien, sométanse a las restricciones relacionales del amor.

Pablo usó la palabra libertad con el sentido filosófico común de autodeterminación. Los filósofos argumentan que los seres humanos son las únicas criaturas con libertad de autodeterminación. A diferencia de los animales, no corremos tras nuestros impulsos primitivos y evolutivos por placer o supervivencia. Tenemos esos impulsos —ya sea por la biología evolutiva, la caída, o una combinación de ambas— pero también tenemos libertad de autodeterminación; la capacidad de anular esos impulsos cuando están desordenados.

Pensemos en un animal. Un coyote no piensa si se va a comer un conejo o no. No ve un conejo y se detiene a considerar: "¿Es la elección correcta?". No encontrarás a un coyote leyendo un libro sobre dieta vegana, de PETA, o descargando un podcast de Michael Pollan sobre alimentación a base de vegetales. Por supuesto que no. Funciona según una fórmula muy simple: ve un conejo, caza un conejo, come un conejo. Es gobernado por sus impulsos instintivos de supervivencia. Por eso no existe la ética en el reino animal; todo es amoral, causal y basado en los impulsos. Por eso es que no responsabilizamos ni condenamos a un depredador del zoológico local por comerse a su presa.

Pero no somos coyotes. Cuando llegamos a un restaurante, ¿qué nos da el mozo? Un menú, no un conejo vivo contorsionándose, sobre el que nos abalanzamos para comerlo crudo. Leemos ese menú y evaluamos nuestras opciones, como el costo, el contenido graso, cómo nos hará sentir esta comida o cómo nos hará ver delante de nuestra cita, etcétera. Consideramos el vino correcto para el maridaje.

También podemos decidir si vamos a "comer" a alguien con un chisme, una mentira, injusticia o una sutil reorganización de nuestra empresa para subir por la escalera corporativa.

Esto es lo que nos separa de los animales —no nuestros sofisticados pulgares o nuestra corteza cerebral prefrontal, sino la capacidad de elegir nuestro curso de acción. Un ave migratoria, por ejemplo, tiene una asombrosa habilidad innata para volar al sur y tropezar con la punta de Mazatlán cada invierno. Es una habilidad magnífica. Pero no tiene la habilidad de decir: "Sabes, creo que este año cambiaré y me iré a Santa Fe, o quizá salte hacia San Diego; escuché que su propuesta artística es interesante". Los humanos decidimos dónde pasar el invierno, de acuerdo con lo que nos permita nuestro cheque mensual, porque tenemos una enorme libertad de autodeterminación.

Pero —esta es la dificultad— es muy fácil abusar de la libertad. Y cuando abusamos de la libertad, negamos el amor. Observemos la siguiente frase de Pablo:

> Más bien sírvanse unos a otros con amor. En efecto, toda la ley se resume en un solo mandamiento: "Ama a tu prójimo como a ti mismo". Pero, si siguen atacándose y devorándose, tengan cuidado, no sea que acaben por destruirse unos a otros.[4]

Interesante. Para Pablo, lo opuesto a "dar rienda suelta a sus pasiones" era "ama a tu prójimo". Al principio, esto suena un poco raro, porque en nuestra cultura a menudo confundimos amor con lujuria. O más ampliamente, amor con deseo.

Cuando decimos: "Amo el pastel de chocolate", lo que queremos decir es: "Quiero comerlo. Disfrutarlo. Consumirlo".

Y cuando decimos: "Amo a mi novio o novia", a menudo queremos decir lo mismo.

No digo que el deseo sexual o romántico sea malo; es hermoso, un placer dado por Dios. Pero el amor según la definición de Jesús, de Pablo, y del Nuevo Testamento es un fenómeno muy diferente. La palabra griega que usaron para amor no fue eros (de donde proviene erótico), sino ágape. Este es mi mejor intento de definición del amor ágape:

Un compromiso compasivo de deleitarse en el alma del otro y desear el bien de esa persona por encima del propio, sin importar el costo personal.

El amor no es el deseo de tomar, sino de dar. Es la decidida intención del corazón de promover el bien en la vida del otro. Para ver la belleza inherente a otra alma y ayudarla a que ella también vea esa belleza.

Toma en cuenta: si amar es desear el bien, esto significa que para amar a las personas necesitamos conocimiento de la realidad —saber qué es realmente bueno para ellas. Recordémoslo porque retomaremos el concepto más adelante.

El punto central de Pablo es que la carne va en contra del amor. La carne corre tras nuestros impulsos animales de autogratificación y supervivencia que, como resaltó con exactitud el doctor Schwartz, de UCLA, perciben a los "seres sensibles y sufrientes como objetos y obstáculos que interfieren con sus deseos".[5]

Mi esposa, T, usa el adjetivo carnal en nuestro hogar. Cuando alguien de la familia está de mal humor, gruñón y pensando solo en lo que quiere y necesita, ella dice: "(nombre de la persona) está siendo carnal".

Nunca soy yo, lo prometo…

Aunque los traductores de la Biblia no incluyan esto en la próxima edición, mi esposa está en lo cierto. Cuando estamos "en la carne" (carnales), estamos fuera del amor. Es porque el amor —según la definición anterior— implica arduo trabajo y mucho dolor, así como gozo. La carne es perezosa y autocomplaciente. Solo quiere sentirse bien en el momento.

Agustín dijo que el pecado es "amor vuelto sobre sí mismo". Probablemente dándole vueltas a esa idea, Martín Lutero dijo que aquel que vivía para su propio placer y gratificación sensual era un *homo incurvatus in se*, es decir, un "hombre encorvado sobre sí mismo".[6]

Ahora, con eso en mente, leamos lo que Pablo continúa diciendo:

Así que les digo: Caminen por el Espíritu, y no seguirán los deseos de la naturaleza pecaminosa. Porque esta desea lo que es contrario al Espíritu, y el Espíritu desea lo que es contrario a ella. Los dos se oponen entre sí, de modo que *ustedes no pueden hacer lo que quieran*.[7]

Nota: "Hacer lo que quieran" es exactamente lo que nos dice nuestra cultura.

Como dijo Billie Eilish, ícono del pop, en una entrevista para *Vogue*: "Mi enfoque es hacer lo que yo quiera… todo se trata de lo que te haga sentir bien".[8] Estaba defendiendo el corsé revelador que usaba para la sesión de fotos, un símbolo que muchas feministas relacionan con la misoginia.

Pero solo porque algo se siente bien, no significa que esté bien. Y si hay algo que no debemos hacer, es cualquier cosa que deseemos. Es una idea evidentemente demoníaca.

Para ser justos, los que defienden la filosofía de "solo haz lo que se siente bien", normalmente aclaran "siempre y cuando no dañe a nadie".

Desde las estrellas pop internacionales hasta nuestros baristas locales, muchos de nuestros vecinos seculares son personas muy buenas y nobles que simplemente desean que sus conciudadanos sean felices. Reconocen la necesidad de ley y orden. En realidad, a menudo tienen estándares más elevados sobre los derechos humanos que los cristianos. Odio admitirlo, pero es así.

El problema con "siempre y cuando no dañe a nadie" es que necesita una definición consensuada sobre *dañar*. Algo que, en el mundo secular y pluralista que habitamos, no tenemos. Ya no tenemos una autoridad moral trascendente como Dios o la Biblia a quien recurrir. Ya ni siquiera tenemos la idea de la Ilustración de las leyes de la naturaleza. Lo único que nos queda es el yo y el Estado. El problema es que, no todas las cosas que son legales conducen al progreso de la humanidad.

Este debate sobre el daño en realidad es un debate sobre la ética. Para definir un acto como "amar" u "odiar" se necesita una definición pactada sobre el bien y el mal que, repito, no tenemos. Como la ética ha sido individualizada en la nueva religión del yo, el Daño, con D mayúscula es difícil de definir.

Pensemos en la conmoción sobre la inmigración y la patrulla fronteriza y el llamado a "abolir ICE" de la Izquierda y "volver a hacer grande América" de la Derecha. Algunos creen que la inmigración ilegal es una amenaza seria para la oportunidad económica de la clase trabajadora y la herencia cultural de nuestra nación; otros consideran que oponerse a los ciudadanos indocumentados es una forma de racismo hacia la gente de color, crueldad contra los niños y el desperdicio de la oportunidad de aceptar la diversidad.

Es claro que no hay consenso sobre el significado de dañar.

O pensemos en una mujer que usa un mini bikini en la playa porque considera que es su derecho y la celebración del empoderamiento femenino, pero está sentada junto a una musulmana que usa su hiyab, y cree que un bikini en público es una afrenta a la dignidad femenina, una forma de propagar la sofocante definición cultural de belleza y la desensibilización sexual. Ambas perciben la situación como dañina —una se siente oprimida y la otra excluida.

Pienso en Nkechi Amare Diallo (su nombre legal es Rachel Anne Dolezal), que se desempeñó como presidente de NAACP en Spokane, Washington. Después de presentarse durante años como mujer de color, en 2015 se filtró una historia en todo el país. Resulta ser que, no tiene ascendencia no europea (es decir, es blanca) pero se "identifica como negra". Como resultado, fue despedida de su empleo como instructora de Estudios Africanos en Eastern Washington University; además el Estado de Washington la acusó de perjurio y robo calificado por fraude social.[9] Pero en lugar de retractarse, siguió afirmando que, aunque nació de padres blancos, es de color en su mente y su experiencia (resulta muy interesante pues usa la misma lógica que el movimiento transgénero). Entonces, ¿quién ha sido dañado en esta situación? ¿La comunidad negra por una mujer blanca que afirma que es de color y es víctima de delitos de odio racial? ¿O Nkechi Rachel por haber sido despedida a causa de una identidad racial determinada por ella misma?

Estos son ejemplos actuales, tomados de la vida real, de los desafíos que genera la ética posmoderna y la falta de una definición convenida sobre el daño o el bien.

Pero observemos con cuidado que Pablo no describió una, sino dos categorías de deseos: la carne y el Espíritu.

Si la carne es nuestro impulso superficial y animal hacia el placer personal, el Espíritu es nuestro deseo más elevado y hasta más profundo de amor y bondad. Es la presencia empoderadora de Dios en lo profundo de la médula de los huesos, que nos lleva suavemente a otros niveles de entrega ágape.

Y el grupo de deseos que decidamos satisfacer moldeará la trayectoria de nuestra alma y nuestra sociedad.

Veamos adónde nos dijo Pablo que nos llevaría la carne:

Las obras de la naturaleza pecaminosa se conocen bien: inmoralidad sexual, impureza y libertinaje; idolatría y brujería; odio, discordia, celos, arrebatos de ira, rivalidades, disensiones, sectarismos y envidia; borracheras, orgías, y otras cosas parecidas. Les advierto ahora, como antes lo hice, que los que practican tales cosas no heredarán el reino de Dios.[10]

¿Algo de esto suena conocido?

"Inmoralidad sexual, impureza y libertinaje" —Tinder, cultura de conquista fácil, una escena en el bar local o algún club.

"Odio, discordia, celos, arrebatos de ira" —Twitter, cultura de la "no censura", y la mayoría de nuestras noticias.

"Rivalidades, disensiones, sectarismos" — la política, desde el chisme de oficina, hasta Washington DC.

"Envidia" — internet, el centro comercial, la publicidad y el gran generador de envidia que es Instagram.

"Borracheras, orgías, y otras cosas parecidas" — Netflix, HBO y otros.

Obviamente estoy insistiendo en los aspectos negativos de nuestra cultura y de estas apps de la realidad virtual; aunque existen muchas cosas maravillosas en Occidente: los derechos humanos, la libertad de culto, la libertad de expresión, el bienestar material, las ciencias, la medicina, la educación, las artes, etcétera. Pero no podemos ignorar el lado oscuro de la cultura. El punto central de Pablo es que este es el tipo de alma y de sociedad que se origina cuando cedemos a la carne.

Para comparar y contrastar, veamos a dónde nos llevará el Espíritu.

En cambio, el fruto del Espíritu es amor, alegría, paz, paciencia, amabilidad, bondad, fidelidad, humildad y dominio propio.[11]

A muchos nos suena como un sueño imposible porque está demasiado lejos de nuestra experiencia, pero es el tipo de "fruto" que crece en el suelo del Espíritu. Cuando las personas caminan en el Espíritu, este es el tipo de individuos en que se convierten: amorosos, alegres, sin ansiedad, relajados, serviciales, almas profundamente bondadosas.

Pablo finaliza con este resumen:

Los que son de Cristo Jesús han crucificado la naturaleza pecaminosa, con sus pasiones y deseos. Si el Espíritu nos da vida, andemos guiados por el Espíritu.[12]

Luego volveremos al ruego de Pablo de crucificar —es decir, ejecutar— nuestra carne. Por ahora, solo quiero que veamos una cosa: las definiciones de Pablo sobre la libertad y la esclavitud son totalmente opuestas a las del mundo occidental.

Una corta reflexión sobre cada una. Primero la libertad…

No creo que haya una palabra en el vocabulario cristiano que se haya malinterpretado más que *libertad*.

Los filósofos distinguen dos tipos de libertad: la negativa y la positiva. La libertad negativa es libertad *de*; es la eliminación de cualquier y todo límite en nuestras elecciones. La libertad positiva es libertad *para*; no solo el permiso de elegir sino el poder de escoger lo que es bueno.

Ocupémonos de una y luego de la otra. Primero, la libertad negativa.

La libertad negativa está mejor ejemplificada en la siguiente obra maestra de esa notable intelectual escandinava, la princesa Elsa (sí, de *Frozen*):

> Ni bien, ni mal
> ni obedecer ¡Jamás!

Mmm…

Y pensaste que iba a citar a Søren Kierkegaard o Dag Hammarskjöld.

Un ejemplo más serio proviene de la opinión mayoritaria de los jueces Sandra Day O'Connor, Anthony Kennedy y David Souter en *Planned Parenthood of Southeastern Pa. v. Casey* (1992):

> En el corazón de la libertad está el derecho a definir el propio concepto de lo que significa la existencia, el sentido, del universo y el misterio de la vida humana".[13]

Este concepto de libertad surge de una cosmovisión posmoderna que no cree en absolutos morales ni tiene un significado último de la vida más allá de la felicidad personal.[14] Según esta perspectiva, lo opuesto de la libertad es la restricción, ya sea que provenga de una fuente de autoridad externa, un texto sagrado como la Biblia, o un compromiso vinculante (como el matrimonio o la paternidad). La libertad, en este plano, es la "liberación" para hacer cualquier condenada cosa que se nos ocurra, (estoy usando estas palabras deliberadamente). Definir el bien por nosotros mismos. Buscar, disfrutar, comprar, vender, dormir con..., y hacer y decir lo que deseemos, obviamente "siempre y cuando no dañemos a nadie".

Esta idea de libertad se ha vuelto predominante en Occidente. Nuestros niños están siendo educados con esta perspectiva, una película de Disney a la vez.

Pero no es el concepto de libertad de Pablo. Ni de Jesús. Ni de la mayoría de las mentes brillantes anteriores a la era moderna. Ellos ponen más énfasis en la libertad positiva. La libertad no solo de elegir, sino de elegir el bien. Para ellos, la libertad no está relacionada con la autonomía de la autoridad, sino con desvincular las relaciones amorosas del pecado. Y la libertad positiva significa que necesitamos cierto poder externo a nosotros (como sería, el "poder superior" de Alcohólicos Anónimos) para superar nuestros (fuertes) deseos de autogratificación y satisfacción de nuestros (profundos) deseos de amor propio.

Ahora hablemos sobre la esclavitud. Escucho la palabra esclavitud y me avergüenzo. Como estadounidense, me trae a la mente el horror del comercio de esclavos y la herida abierta de una nación que, cuatrocientos años después, todavía no ha tenido un gesto de arrepentimiento a nivel nacional. Mucho menos alguna reparación. Y para dejarlo en claro, a pesar de los intentos vacíos de un selecto grupo que usa la Biblia para justificar la esclavitud, la Escritura enseña exactamente lo opuesto. La discriminación racial, la deshumanización y la opresión están mal. Punto final.

Honestamente, a veces incluso dudo al usar la palabra esclavitud en mis textos y enseñanzas. Pero Jesús y los autores del Nuevo Testamento la usaban todo el tiempo. Como descendientes de esclavos, era una provocación emplear esa metáfora. Sin embargo, la usaban para referirse a un tipo de esclavitud espiritual relacionada con el diablo o con la propia carne.

Pedro, en otro pasaje magistral sobre la carne, que vale la pena leer, escribió sobre los falsos maestros que "les prometen… libertad, cuando ellos mismos son esclavos de la corrupción". Luego añade esta genial frase: "Cada uno es esclavo de aquello que lo ha dominado".[15]

Para los autores de la Escritura, cualquier cosa que tenga control sobre ti, ya sea un tirano autocrático, un propietario de esclavos, un comportamiento autodestructivo, una adicción a las drogas, el alcohol o incluso al teléfono, es tu amo. Por eso la sabiduría de la literatura hebrea incluye proverbios que explican que los malos "son atrapados por sus malos deseos".[16] Por eso los teólogos del Nuevo Testamento retrataron nuestra vida previa a Jesús como una en la que "éramos necios y desobedientes. Estábamos descarriados y éramos esclavos de todo género de pasiones y placeres".[17]

Y no solo los autores de la Escritura. Muchos sabios ancestrales coinciden. Andrew Sullivan, por ejemplo, en un trabajo para la revista *New York*:

Para la mayoría de los ancestros, libertad se refería a la libertad de los deseos naturales y las necesidades materiales

que descansaba en el control de los impulsos profundos e instintivos en favor del dominio propio, los límites y la educación
en la virtud… Si ellos vieran nuestra libertad, verían libertinaje,
caos y esclavitud por el deseo. Entonces, podrían predecir
que el resultado sería la miseria, no la felicidad.[18]

La palabra terapéutica para este tipo de esclavitud es
compulsión, que el diccionario define como "inclinación, pasión
vehemente y contumaz por algo o alguien".[19] La compulsión, si
no se controla, se transforma en adicción, que es una forma de
esclavitud por el deseo.

Gerald May, un director espiritual y psiquiatra que quiero
mucho, lo dijo de esta manera:

Sin importar la apariencia externa de una compulsión,
en lo profundo siempre nos roba la libertad. No actuamos
porque lo hayamos elegido sino porque debemos hacerlo.
Nos aferramos a cosas, personas, creencias y comportamien-
tos no porque los amamos, sino porque nos aterra perderlos…

En un sentido espiritual, los objetos de nuestros apegos
y adicciones se convierten en ídolos. Les dedicamos tiempo,
energía y atención, lo queramos o no, incluso —y especialmente— cuando estamos luchando por liberarnos de ellos.
Queremos ser libres, compasivos y felices, pero frente a
nuestros apegos, estamos aferrados, aprisionados y temero-
samente absortos en nosotros mismos.

Esta es la raíz de nuestro problema.[20]

Notemos su lenguaje: "Queremos ser libres". Usa la palabra
libertad en el sentido positivo, no libertad para hacer cualquier cosa
que deseemos, sino libertad de nuestros deseos desordenados
para tomar control de nuestros apetitos instintivos y ser felices.

Esta es la principal forma de atadura en el Occidente democrático. A pesar de lo que se habla sobre el peligro de la tiranía de la Derecha, el antiliberalismo de la Izquierda o el fantasma emergente de la censura digital de China, gran parte de todo esto solo es miedo sin fundamento y una cortina de humo.

La esclavitud a la que nos conduce nuestra carne es el peligro más apremiante. Quizás hasta más que el diablo. Como asegura el dicho popular: "Si el diablo muriera hoy, volverías a pecar mañana". El diablo solo puede engañarnos o tentarnos, pero no obligarnos y controlarnos.

Por supuesto, muchos occidentales últimamente están usando la palabra *opresión* en un sentido mucho más amplio. La opresión ha cambiado su definición original (cosas como el comercio de esclavos, la misoginia codificada, le discriminación legal contra los homosexuales) y ahora significa cualquier y toda forma de autoridad o límite externo, ya sea la ley o una doctrina, una norma social, un padre o incluso Dios; cualquier cosa que evite que hagamos lo que se nos da la gana.

Ahora bien, para dejarlo muy en claro: gran parte de la autoridad externa es opresora, tóxica y cruel. Me viene a la mente Corea del Norte, ISIS, o más cerca de casa, el racismo sistemático, la brutalidad policíaca o los roles de género agobiantes de la década de 1950. Existe un momento y un lugar para oponerse a la autoridad externa. El surgimiento de "Las vidas negras importan", en 2020 fue un gran ejemplo. Pero el problema no es la autoridad externa en sí misma, sino el abuso de la autoridad externa.

Según lo que puedo decir, en la teología bíblica, la autoridad externa es uno de los principales roles del gobierno en la esfera pública y de los padres en la esfera privada. Su función es limitar la carne en aquellos que no pueden dominarse por sí mismos

—puede tratarse de un criminal que asalta un banco, o simplemente un ser humano (bueno, dos) de dos años.

En realidad, aquellos que seguimos a Jesús, elegimos por nuestro libre albedrío, colocarnos bajo autoridad externa; la de Dios, con la Escritura como intermediaria, y la Iglesia, hasta cierto grado. Hacemos esto porque creemos que la autoridad no es opresora en sí misma sino, al igual que los padres para los hijos, es un campo de entrenamiento para aprender a dominar la carne y transformarnos en personas amorosas. Las fuentes confiables de autoridad nos permiten el acceso a la realidad. Y cuando la autoridad se usa bien, con sabiduría y compasión, crecemos y maduramos en el tipo de persona que vive en congruencia con la realidad y, como resultado, tenemos la capacidad de manejar aún más libertad.

Es por eso que no le damos una licencia para portar armas a un niño de diez años, ni alcohol a un adolescente, ni una licencia de conducir a una persona con demasiadas multas por conducir bajo la influencia de bebidas alcohólicas. No es que esas libertades sean necesariamente malas, sino que primero debes convertirte en el tipo de persona que es libre en su interior para disfrutar y expresar esa libertad en el exterior.

También es por esto que los fundadores de nuestra nación concibieron a Estados Unidos como una república, y no técnicamente como una democracia. La verdadera democracia ya se ha intentado al menos en dos oportunidades; en Grecia y Roma antiguas. En ambos intentos, degeneró primero en una mafia y luego en una tiranía. Con el deseo de evitar que la historia se repitiera, Edmund Burke estableció la lógica de la arquitectura estadounidense en una carta de 1791:

> Los hombres están calificados para la libertad civil, en
> la proporción exacta a su disposición para colocar ataduras

morales a sus propios apetitos [léase: carne]… La sociedad no puede existir a menos que un poder controlador sobre la voluntad y el apetito se coloque en algún lugar; y cuanto menos haya dentro, más debe haber afuera. Se ordena en la constitución eterna de las cosas, que los hombres de mentes intempestivas no pueden ser libres. *Sus pasiones forjan sus cadenas.*[21]

Porque la libertad sin dominio propio es un desastre inminente. San Agustín lo expresó muy bien: "La libertad de elección es suficiente para el mal, pero difícilmente para el bien".[22]

Todo eso para decir que gran parte de lo que el mundo llama libertad es lo que el camino de Jesús (y muchos otros) llama esclavitud y viceversa. O, en los términos de Orwell, la libertad es tiranía; la tiranía es libertad.

Timothy Keller, después de décadas de vivir en la meca secular de Nueva York, con astucia lo resumió de esta manera:

Entonces vemos que… la libertad no es lo que la cultura nos dice. La libertad real viene de la pérdida estratégica de algunas libertades para ganar otras. No es la ausencia de restricciones, sino que es elegir las restricciones correctas y las libertades correctas a perder.[23]

El máximo ejemplo de esto es el amor. ¿Existe una mayor restricción que una relación amorosa? Para ganar intimidad, tenemos que ceder autonomía. Como me dijo un mentor hace solo unos días: "La intimidad solo descansa en la seguridad del compromiso".[24]

Pienso en la restricción de mi matrimonio, de mi responsabilidad como padre e incluso en la ética del Nuevo Testamento.

Puedo luchar contra estas restricciones. Hasta podría huir; pero mi yo nunca me dejaría escapar. En mi mente resuena la inolvidable advertencia de Gustave Thibon: "Te sientes oprimido. Sueñas con escapar. Pero guárdate de los espejismos. No corras ni vueles para ser libre… Si huyes de ti mismo, tu prisión irá contigo".[25]

Por otro lado, si permanezco dentro de las restricciones y dejo que obren, si considero que mi deber de cumplir mis compromisos es igual de "auténtico" que mis sentimientos y mis deseos, entonces mis restricciones tienen el potencial de liberarme de la tiranía de mi propia carne y forjar en mí una persona amorosa.

Obviamente, la fuente original de esta visión de libertad y esclavitud es el mismo Jesús, que dijo: "Ciertamente les aseguro que todo el que peca es esclavo del pecado" y "conocerán la verdad, y la verdad los hará libres".[26]

Jesús era increíblemente libre. Como dijo Michael Green, teólogo de Oxford: "En esta era que valora la libertad casi más que ninguna otra cosa, Jesús nos confronta como el hombre más liberado que jamás haya vivido".[27]

Otro profesor de Oxford, C. S. Lewis, dijo alguna vez: "El principal trabajo de la vida es salir de nosotros mismos, de la pequeña y oscura prisión en que todos nacemos", y advirtió sobre los peligros de "llegar a amar la prisión".[28]

Este es el viaje del ser humano —el éxodo de la esclavitud a la libertad, con Jesús como nuestro nuevo Moisés. El ofrecimiento de Jesús era, y sigue siendo, rescatarnos y liberarnos de la prisión del pecado y del *yo*, para llevarnos a una nueva tierra, una nueva vida.

Entonces surge la pregunta: ¿Cómo nos liberamos?

La ley de causa y efecto

En *La huella de los días*, una autobiografía de honestidad conmovedora, Leslie Jamison describió la adicción como un tipo de fantasma que atormenta al mundo occidental. En su lucha por narrar una memoria original sobre la adicción, se dio cuenta de que era una tarea imposible porque la adicción es la condición humana: "… la adicción, (…) siempre es una historia que ya se ha contado, porque se repite inevitablemente, porque —en última instancia y en todos los casos— se limita a un mismo argumento destructivo, reductor y trillado: *deseo, consumo, repetición*".[1]

Resulta que el pecado produce lo mismo en las personas. Cuando cedemos a la carne, claramente nos devolvemos al mismo punto.

Deseo.

Consumo.

Repetición.

Lo llamamos adicción; Jesús y Pablo lo llamaron esclavitud.

Y Pablo aún no había terminado. Continuó su línea de pensamiento sobre la libertad en el Espíritu versus la esclavitud de la carne con una advertencia final a los Gálatas.

No se engañen: de Dios nadie se burla. Cada uno cosecha lo que siembra. El que siembra para agradar a su naturaleza pecaminosa, de esa misma naturaleza cosechará destrucción; el que siembra para agradar al Espíritu, del Espíritu cosechará vida eterna. No nos cansemos de hacer el bien, porque a su debido tiempo cosecharemos si no nos damos por vencidos.[2]

¿Reconoces esto? Apuesto que sí. Es un conocido pasaje, especialmente el final, en el que Pablo nos exhortó a que "no nos cansemos de hacer el bien". Esta frase se cita muy a menudo en tarjetas de condolencias o como palabra de aliento de un amigo o familiar en alguna etapa adversa de la vida. Y aunque es perfectamente legítimo hacerlo, en realidad Pablo no estaba enseñando cómo atravesar una circunstancia difícil; explicaba cómo luchar contra la carne. Y en esta advertencia tan citada, hay información clave sobre el mecanismo por el que somos esclavizados por la carne o liberados por el Espíritu.

Observemos cómo nuestra teoría operativa sobre la estrategia de los tres enemigos vuelve a aparecer en la teología de Pablo:

No se engañen.

Ideas engañosas...

El que siembra para agradar a su naturaleza pecaminosa...

Que apelan a deseos desordenados...

Cosechará destrucción.

Pablo fue levantando la apuesta desde la esclavitud hasta la destrucción hecha y derecha, conectando los puntos para argumentar que la esclavitud no es estática sino dinámica; lleva, al final, a una especie de ruina.

Afortunadamente, lo mismo sucede con el Espíritu.

el que siembra para agradar al Espíritu... del Espíritu cosechará vida eterna.[3]

Muchas personas piensan que la vida eterna se relaciona con una *cantidad* de vida después de la muerte, pero para los escritores del Nuevo Testamento, también implicaba la *calidad* de vida que comienza *ahora* para el discípulo de Jesús, crece en alcance durante el discipulado y luego continúa hacia la eternidad.

Todo porque "cada uno cosecha lo que siembra" —ya sea libertad y vida, o sus contrapartes, esclavitud y muerte.

Ahora, saliendo de la Biblia, la idea se llama ley de causa y efecto. No es tanto una doctrina característica del cristianismo, sino más bien una cuestión inherente sobre la condición humana. Al respecto, escuchamos frases de todo tipo:

"El que las hace, las paga".

"Se obtiene lo que se paga".

"Sacas lo que pones".

"Sin sacrificio no hay beneficio".

"Si entra basura, sale basura".

Y el Karma, justicia poética, "ha tardado mucho tiempo en llegar". Todas estas frases ejemplifican la ley de causa y efecto. El mismo Jesús enseñó con dichos como: "Den, y se les dará: se les echará en el regazo una medida llena, apretada, sacudida y desbordante".[4] O "con la medida que midan a otros, se les medirá a ustedes".[5]

Es una idea muy simple, pero a la vez inmensamente profunda que básicamente consta de dos partes:

1. *Toda causa tiene un efecto.* Cuando tiras una pelota de baseball con tu bate, la pelota avanza. Es tan cierto en el mundo espiritual como en el mundo "no espiritual". La mayoría lo aprende a una edad muy temprana. Pero la parte menos intuitiva es esta:

2. *El efecto a menudo no tiene proporción con la causa.* Existe una especie de efecto amplificador en el que, con el tiempo, nuestras acciones producen mucho más de lo que esperábamos.

Pablo escribió para lectores que vivían de una economía agrícola, por lo que usó la imagen de sembrar y cosechar. No soy granjero, pero muchos estamos familiarizados lo suficiente con lo básico de la horticultura para entender el sentido.

1. Si siembras una semilla de rosa, ¿qué obtienes? Una rosa. Si siembras hiedra venenosa, obtendrás una maleza nociva. Pero lo más importante…

2. Si siembras una semilla (de rosa, hiedra venenosa o grano de trigo), un pequeño punto negro más pequeño que tu uña, con el tiempo obtendrás una planta o un árbol, y quizás toda una cosecha.

Si Pablo hubiera estado escribiendo para lectores de una economía basada en la información como la nuestra, deduzco que habría expresado este concepto con la imagen del interés compuesto.

¿Alguna vez te sentaste con un asesor para planificar tus objetivos financieros a largo plazo y tu retiro? No te preocupes si no lo has hecho; estoy consciente de que se trata de un ejemplo muy de clase media. Pero tengo esta imagen gráfica de cuando apenas tenía veinte años y conseguí mi primer trabajo con sueldo. ¡Qué hermosa sensación! No era mucho, pero todos los meses tenía suficiente para pagar las cuentas y me quedaba un poco. Uno de los ancianos de nuestra iglesia trabajaba como banquero inversionista y era lo suficientemente amable como para sentarse con T y yo, y brindarnos planificación financiera gratis. Era algo bastante básico; gasta menos de lo que ganas, invierte en un fondo de retiro, etcétera. Pero la parte que más recuerdo fue cuando me explicó el interés compuesto. Mis ojos se desorbitaron, no cuando explicó la teoría, sino cuando calculó mis finanzas para los próximos cuarenta y cinco años, y las graficó.

El saldo crece paulatinamente con el tiempo. Suponiendo que no comienzas a invertir hasta después de la universidad o después de los veinte, no hay mucho para entusiasmarse durante los treinta. En los cuarenta, bueno, mejora un poco. Luego, a los cincuenta, el milagro del interés compuesto surte efecto y, *boom*, todos esos fondos que has estado reservando con paciencia comienzan a multiplicarse a un índice exponencial.

Y recuerdo que nuestro anciano/asesor (gracias de nuevo, Steve) me dio el mejor consejo de todos. Me dijo: "No se trata de invertir un gran monto todos los meses, sino más bien de empezar antes". Las estadísticas son una locura. Digamos que invertimos 5 mil por año a partir de los dieciocho, y dejamos de invertir luego de diez años (una inversión total de 50 mil). Tendrás más dinero al retirarte que si invirtieras 5 mil al año a partir de los veintiocho y no te detuvieras hasta tu jubilación (una inversión total de 200 mil).[6] Con un poco de sacrificio, incluso quienes viven al día pueden acumular una modesta fortuna con el tiempo.

Este es el milagro del interés compuesto que —y aquí va mi argumento— no es solo una realidad financiera, sino también una realidad de la vida en general.

El teólogo Cornelius Plantinga dijo esto sobre las palabras de Pablo a los Gálatas:

> No importa qué sembremos, la ley de causa y efecto se cumple. Bien o mal, amor u odio, justicia o tiranía, uvas o espinas, un cumplido amable o una queja malhumorada; cualquier cosa que invirtamos, la obtendremos de vuelta con intereses. El que ama es amado; quien odia, odiado. El que perdona generalmente es perdonado, quien a hierro mata, a hierro muere. "De Dios nadie se burla. Cada uno cosecha lo que siembra".[7]

Así son las cosas en el universo. "De Dios nadie se burla. Cada uno cosecha lo que siembra" no es un mandamiento sino una afirmación sobre la realidad. Tratar de burlar la ley de causa y efecto es como tratar de desafiar la gravedad. Te deseo buena suerte.

Y Pablo no aplicó la ley de acción y reacción a los ahorros para el retiro de algunas personas con privilegios, sino a nuestra formación espiritual. Como recordatorio, formación espiritual es el proceso por el que nos convertimos en determinado tipo de persona, buena o mala.

Cada vez que sembramos para la carne, o, dicho de otro modo, cada vez que cedemos al deseo de la carne que nos mueve a pecar, plantamos algo en el terreno de nuestro corazón que luego echa raíz, crece y, al final, produce la cosecha de una naturaleza deformada.

Afortunadamente, lo mismo sucede con el Espíritu. Cada vez que sembramos para el Espíritu e invertimos los recursos de la mente y el cuerpo para nutrir la conexión de nuestro ser interior con el Espíritu de Dios, plantamos algo en lo profundo del humus de nuestro epicentro que, con el tiempo, echa raíz y produce el fruto de un carácter cristiano.

De nuevo, solo me refiero a cómo funcionan estas cosas.

La idea popular de la ley de Hebb (nombrada así por el doctor Donald Hebb), de acuerdo con la neurociencia, establece que "las neuronas que se encienden juntas, se enlazan entre sí". Traducción: cada vez que piensas o haces algo, se hace más fácil volver a pensar o hacer eso, y mientras más repitas el proceso, más difícil será romper con ese ciclo que se perpetúa a sí mismo. Mediante la repetición, los pensamientos y las acciones se instalan en el sistema de hábitos del cerebro (los ganglios basales pueden ser tus mejores amigos o tus peores enemigos según lo que siembres en ellos), y luego se codifican en el cableado cerebral.[8]

Por eso es tan fácil andar en bicicleta. ¿Recuerdas la primera vez que lo intentaste? Apuesto a que te resultó bastante difícil. Te sentías torpe, incómodo y fuera de control. Pero a medida que practicabas, lo hacías mejor. Ahora bien, si eres un buen ciudadano de Portland y tienes el hábito de usar la bicicleta en lugar del automóvil, ya ni siquiera tienes que pensarlo. Se codificó en tu memoria muscular gracias a la repetición.

También es por eso que, hace unas noches, iba conduciendo a la casa de unos amigos para cenar, y empecé una interesante conversación con T. Cuando me di cuenta, estaba yendo en una dirección totalmente errónea, iba a la antigua casa de mis amigos. Solo porque había conducido hasta allí cientos de veces.

Este es el milagro del cerebro humano, según lo diseñó Dios. Con nuestra libertad de autodeterminación, apuntamos nuestra mente y nuestro cuerpo en la dirección correcta y, al final, nos dirigirá, como un piloto automático.

Desafortunadamente, es por eso que también es tan difícil dejar de pecar. Porque cada vez que sembramos para la carne (es decir, pecamos) creamos una vía en los surcos del cerebro y, desde allí, se comienza a formar nuestra memoria muscular hasta que terminamos directamente en la definición del Nuevo Testamento de esclavitud, o lo que San Agustín llamó "las cadenas de la gratificación".[9]

Aunque hace poco la neurociencia nos ha ayudado a comprender los aspectos técnicos de su funcionamiento, la combinación de la ley de causa y efecto, la formación espiritual y la esclavitud del pecado es algo bastante antiguo.

San Agustín no siempre fue un santo; pasó décadas de su vida como una especie de *playboy* del siglo IV, a la caza de sexo, dinero y poder. Luego, en sus *Confesiones*, algo así como una exposición autobiográfica mezclada con teología, dijo lo siguiente sobre su esclavitud a la lujuria antes de convertirse en discípulo de Jesús:

Por servir a la pasión se formó el hábito, y el hábito que no se resiste, al poco tiempo, se vuelve necesidad. Por este tipo de enlaces... un yugo áspero me mantuvo bajo control.[10]

Y con "yugo áspero" no se refería a César o un comerciante de esclavos del norte de África, sino al pecado. Este simple mecanismo —de la mente al pensamiento, a la acción, al hábito, al carácter, y de allí a la esclavitud o la vida eterna— es el corazón mismo del discipulado de Jesús.

Platinga lo expresa mejor que yo:

Un planteamiento completo de la enorme ley de causa y efecto sería más o menos así: siembra un pensamiento y cosecharás un acto; siembra un acto y cosecharás otro acto; siembra varios actos y cosecharás un hábito; siembra varios hábitos y cosecharás un carácter; siembra un carácter y cosecharás dos pensamientos. Los nuevos pensamientos seguirán sus propias trayectorias.[11]

El ciclo de formación (o deformación) espiritual comienza alimentándose de su propia energía que puede tomar dos rumbos: se sale de control o culmina en un carácter cristiano.

Ahora bien, para ser más claros, analicemos esta idea a través de los lentes de la psicología, la filosofía y la teología. Aunque tendemos a verlas como disciplinas independientes, no siempre es el caso. Y por más que esté agradecido con los expertos de cada campo, no puedo evitar sentir que algo se pierde cuando la experiencia humana se aísla en subdisciplinas académicas. En general, en la historia humana, la psicología, la filosofía y la teología se estudiaban como un todo unificado, estaban dentro del ámbito espiritual, bajo el dominio de un sacerdote o pastor.

Entonces hagamos nuestro mejor esfuerzo para volver a unirlas...

Primero, ahondemos un poco en la psicología.

El periodista Charles Duhigg, en su libro *El poder de los hábitos*, de la lista de los más vendidos, popularizó lo que los psicólogos han estado diciendo durante años: que nuestras elecciones se convierten en nuestros hábitos, nuestros hábitos en nuestro carácter y, como dijo el poeta romano Heráclito quinientos años antes de que Cristo siquiera anduviera por la tierra, el carácter es el destino.

Las cosas que hacemos, nos hacen algo a nosotros. Forman las personas en las que nos convertimos.

Esta idea del poder del hábito es un concepto emocionante y divertido cuando se aplica a la rutina de ejercicios, el tiempo con los correos electrónicos o el flujo de trabajo, pero a menudo es una realidad que nos hace reflexionar cuando la aplicamos a nuestra formación espiritual.

El respetado psicólogo e investigador doctor Erich Fromm vivió durante las dos guerras mundiales y perdió su fe judía como consecuencia del trauma. Después de investigar el nazismo por años, llegó a la conclusión de que nadie comienza siendo malo;[12] al contrario, las personas se vuelven malas "despacio, con el tiempo, debido a una larga serie de elecciones".[13]

Su libro, *El corazón del hombre*, que es un análisis de la maldad y la condición humana, vale la pena que se cite con más detalle:

Cuanto más tiempo sigamos tomando decisiones equivocadas, más se endurece nuestro corazón; cuantas más veces tomemos decisiones acertadas, más se ablanda nuestro corazón, o mejor todavía, recobra vida...

Cada paso en la vida que aumente mi confianza, mi integridad, mi valor, mi convicción, también aumenta mi capacidad para elegir la alternativa deseable, hasta que al fin se me hace más difícil elegir la acción indeseable. Además, cada acto de rendición y cobardía me debilita, prepara el camino para nuevos actos de rendición, y finalmente se pierde la libertad. En medio de los extremos de no realizar un acto equivocado y perder la libertad para actuar bien, hay innumerables grados de libertad de elección...

La mayoría fracasa en el arte de vivir, no porque sean personas intrínsecamente malas o tan carentes de voluntad que no puedan buscar una vida mejor; fracasan porque no despiertan, ni ven en qué momento están en una encrucijada del camino donde deben decidir.[14]

Son nuestras decisiones cotidianas, aparentemente insignificantes, las que cincelan nuestro carácter y lo endurecen como la piedra o lo liberan para que se desarrolle.

Tomemos el ejemplo tan común de una aventura, uno de los pocos tabúes sexuales que todavía se reconoce a nivel general (aunque eso está cambiando). Durante mis años de pastorado, nunca conocí a alguien que una mañana se levantara siendo parte de un matrimonio feliz y saludable, y tuviera una aventura por la noche. En todos los casos, la aventura no comenzó con el acto de infidelidad, sino miles de actos antes. La decisión de evitar la noche especial con el cónyuge, de no ir a la consejería para parejas, de coquetear con un compañero o compañera de trabajo, de permitir cierto tipo de película en la lista de reproducción. La aventura en sí misma no fue resultado de una, sino de miles de elecciones, decisiones que se tomaron durante un largo período de tiempo, que se fueron acumulando y acarrearon ruina desde las capas inferiores hasta la superficie de la vida.

Podemos tomar un ejemplo menos drástico y bastante más común como la negatividad. Puedo hablar de esto como experto. Con cada decisión que tomamos para quejarnos, criticar, victimizarnos, enfocarnos en lo negativo, y así sucesivamente, nos transformamos más y más en el tipo de persona que es por naturaleza negativa, irritable, infeliz, una compañía poco placentera, hasta que al final perdemos la capacidad de vivir felices, agradecidos y llenos de asombro por nuestra existencia en el hermoso mundo de Dios.

La visión de C. S. Lewis al respecto es devastadora:

El infierno… comienza con un estado de ánimo gruñón, y tú mismo tomando distancia de eso, probablemente criticándolo… Pero llegará el día cuando ya no puedas seguir haciéndolo. Ya no quedará nada de esa persona que critique el malhumor, ni siquiera que lo disfrute, solo el gruñido resonando una y otra vez para siempre como un motor.[15]

Pero repito que lo opuesto también es cierto.

La decisión diaria de regocijarnos —de cultivar una manera de ver la vida en el hermoso mundo de Dios, no a través de los lentes de nuestros teléfonos, nuestras nuevas *apps*, o la carne, sino a través de la gratitud, la celebración y el gozo reposado— formará en nosotros, con el tiempo, individuos agradecidos que disfrutan profundamente la vida con Dios y con los demás. Lo que comienza como un acto de voluntad eventualmente se convierte en nuestra naturaleza interna. Lo que comienza como una elección al final se convierte en un carácter.

Confía en mí; he pasado años deshaciendo los caminos neuronales del perfeccionismo, el cinismo y el pensamiento negativo que consolidé durante mis años de universidad y a principios de mis veintes. Y con cada año que paso en el discipulado de Jesús, mi mente se aleja más y más del infierno y se acerca más al lugar donde se hace la voluntad de Dios.

Este es el poder de nuestras elecciones, nuestras decisiones y nuestros hábitos. Para bien o para mal. Para acercarnos a la libertad o a la esclavitud.

Tomamos nuestras decisiones, y luego, ellas nos toman a nosotros.

Al comienzo tenemos una opción, pero al final, tenemos un carácter.

Dicho eso, movámonos hacia la filosofía.

Una de las preguntas más antiguas de la filosofía es la que se relaciona con el libre albedrío. ¿Qué es exactamente? ¿Cómo se relaciona con la soberanía de Dios, las leyes de la naturaleza y nuestra programación genética? Analicemos los actuales debates en la academia y la Iglesia.

La mayoría de los filósofos concuerdan con que los seres humanos tienen libertad de autodeterminación, un tipo de libertad que va más allá del instinto y el impulso. No somos dirigidos por nuestras motivaciones primitivas y evolutivas, ni por el cerebro animal. Cuando los materialistas darwinianos afirmaron que los seres humanos son animales o simios, tenían razón en cuanto a que somos bastante parecidos a los animales, especialmente la clase conocida como primates. Comemos, dormimos, nos reproducimos, peleamos, sentimos miedo, nos enfermamos y morimos. Pero los darwinianos deben admitir que, a diferencia de los animales, tenemos la capacidad de anular esos impulsos.

Los animales no pueden poner la otra mejilla, ni amar a sus enemigos. No pueden contener sus impulsos sexuales para proteger el estado emocional de la pareja cierto día. No tienen manera de interrumpir el ciclo de "hambre" directamente seguido por "comer". O "excitación" directamente seguido por "aparearse".

Los seres humanos podemos anular estos instintos. Podemos decidir comer una ensalada para el almuerzo o no tener una aventura. O al menos, en principio podemos decidirlo. Pero aquí tenemos la contribución de la filosofía a nuestro debate: nuestro nivel de libertad de autodeterminación no permanece igual toda la vida; sube o baja dependiendo de las elecciones que hacemos.

Nos volvemos más libres para amar o más esclavizados por nuestra carne con cada decisión.

Analicemos la explicación de Greg Boyd, educado en Princeton y Yale. Su libro, *Satanás y el problema de la maldad*, es el mejor caso que jamás haya leído sobre el mantra popular "Dios tiene el control". En su sección sobre filosofía, escribió esto sobre la formación espiritual:

> La libertad de autodeterminación al final da lugar a una forma más elevada de libertad —la libertad de ser criaturas cuyo amor los define— o la forma más baja de atadura —la incapacidad de participar en el amor. Nos convertimos en seres irrevocablemente abiertos o irrevocablemente cerrados al amor de Dios. Lo primero es vida eterna; lo segundo es muerte eterna.[16]

C. S. Lewis, otra mente brillante que vivió durante ambas guerras mundiales, pero, a diferencia de Fromm, como resultado se convirtió en cristiano, lo expresó de esta manera:

> Cada vez que haces una elección, estás dándole un giro a tu eje central; esa parte que opta por algo un poco diferente de lo que era antes. Y al tomar tu vida como un todo, con tus incontables elecciones, vas cambiando esta parte central, ya sea para transformarte en una criatura celestial o una criatura demoníaca… Ser un tipo de criatura es el cielo: es decir, gozo, paz, conocimiento y poder. Ser el otro tipo significa locura, horror, estupidez, ira, impotencia y soledad eterna. Todos nosotros, en todo momento, vamos progresando hacia uno de esos dos estados.[17]

Luego continuó diciendo que todos nos transformamos en "horrores inmortales o esplendores eternos".[18] De las personas que rechazan la invitación de Jesús a seguirlo en amor, dijo: "Al principio no quieren, y al final no pueden".[19]

El aporte de la filosofía es el siguiente: nuestra libertad se expande o se reduce con cada decisión que tomamos.

Es por eso que a medida que envejecemos se nos hace más difícil cambiar. Piensa en el dicho: "No puedes enseñar a un perro viejo trucos nuevos". ¿Quién lo dice? Los jóvenes no. Los jóvenes tienden a pensar que la naturaleza humana es más flexible, menos rígida. Porque cuando se tiene menos edad, es así. A los veinte, tenemos esa sensación molesta de ¿en quién me convertiré?

A mis lectores de menos de treinta, les pido que lean con cuidado: esa sensación de molestia desaparece a medida que pasan los años y te haces adulto.

Para cuando llegamos a los cuarenta, es más probable que pensemos: "Bueno, esta es la persona en la que me he convertido".

Todos mis abuelos están muertos, pero mi esposa tiene una abuela de noventa y ocho años, Evelyn, una católica devota que ha seguido a Jesús mucho más tiempo del que yo he estado vivo.

El día de Acción de Gracias, me senté con ella durante unos treinta minutos antes de cenar. Acababa de tener una caída severa. Pasó tiempo en el hospital y estaba sentada en una silla de ruedas, adolorida. Además de todo eso, extraña mucho a su esposo, con quien compartió cincuenta y ocho años, y quien murió hace diez largos años. Pero, aunque lo intenté, no logré que se quejara. Se sentía feliz, agradecida, presente para disfrutar el momento. Lo peor que pude sonsacarle fue esta frase fantástica: "Envejecer es para las aves".

Ella es libre.

Libre de la esclavitud de un estado emocional que depende de las circunstancias. Libre de la necesidad de ser joven, ser bonita, estar casada o tener dinero para disfrutar la vida en el mundo de Dios.

Evelyn es un ejemplo de carne y hueso de lo que los filósofos argumentan en abstracto: mientras más tiempo elijamos un hábito, o incluso solo una disposición, como la negatividad, la gratitud, la preocupación o el gozo, menos tendencia al cambio tendremos.

Finalmente, la teología.

Una de las preguntas más importantes de la teología se relaciona con el infierno. ¿De qué se trata exactamente? ¿Qué realmente enseña la Biblia y qué es especulación? ¿Qué implica?, incluso, ¿estamos usando las palabras correctas? ¿Dura para siempre o solo por un tiempo?

Y, obviamente, la pregunta permanente, ¿cómo un Dios de amor puede enviar a alguien al infierno?

Sin duda, existen todo tipo de ideas absurdas y, francamente, ridículas sobre el infierno. Se remontan al menos hasta *El infierno* de Dante (una obra maestra como libro de poesía, espiritualidad y crítica social, pero como teología bíblica del infierno, un tratado de conjeturas erróneas), y llegan hasta las carteleras interestatales con nubes azules detrás de la palabra *cielo* y llamas rojas detrás de la palabra *infierno*, donde se superpone la pregunta: "¿Si murieras esta noche...?"

(No lo estoy inventando. Esas carteleras han estado a lo largo de la Interestatal 5 de Oregón por años).

Tengo cero deseos de entrar en debate sobre el tormento consciente eterno (ECT por su sigla en inglés) versus el aniquilacionismo, versus el universalismo cristiano de la segunda oportunidad, versus el unitarismo universalista, versus el purgatorio católico. Respiremos profundo. Pero me gustaría hacer un solo planteamiento: lo que a menudo se pasa por alto en el interminable debate sobre el infierno y cómo es que un Dios de amor puede enviar a las personas allí, es la simple consideración de que, para algunos, el cielo podría ser una especie de infierno. Más allá de lo que el reino de los cielos resulte ser en toda su magnitud, será, seguramente, una comunidad de personas que viven bajo el gobierno del rey Jesús.

Es deshonesto y descortés para la dignidad humana simplemente suponer que todos querrían eso.

Muchos de mis amigos seculares parecen bastante satisfechos con su vida sin Dios. No están sentados padeciendo angustia existencial, tratando de llenar un espacio con forma de Dios en su corazón. Muchos parecen muy felices por vivir sin Dios y según su propio código moral. Casarse, tener hijos, hacer algo significativo con su vida y luego enfrentar la muerte cuando inevitablemente llegue.

No emanan la vibra "soy miserable". Más bien sería la vibra "¿Dónde almorzaremos el domingo?". Y muchos son personas buenas, inteligentes y amorosas que respeto y cuya amistad disfruto.

Tengo pocas razones para creer que las personas que no sienten deseos de vivir con Jesús, y la comunidad que lo sigue, desearían ser reclutados en dicho grupo para siempre.

Quizá se te ocurra decir: "Eso es porque no se dan cuenta de lo que se pierden. Una vez que vean la realidad como verdaderamente es, una vez que se disipe el engaño demoníaco para bien, todos querrán vivir con Jesús en su nuevo mundo".

Puede que sea cierto, en cuyo caso lo que expongo a continuación será una cortina de humo. Pero me gustaría ofrecerte otra perspectiva mediante una analogía: Florida.

Sí, Florida.

Les pido disculpas a mis lectores de Florida por los párrafos a continuación, pero sigan leyendo; saldrán ganando al final. Nací y crecí en la costa oeste: clima templado, baja humedad y café "de la tercera ola" que es de la mejor calidad, #lacostaoesteeslamejor.

Nada de esto existe en Florida.

Mi primer viaje a Florida fue un mes de junio. Ochenta por ciento de humedad. Daytona Beach. La estética de la ciudad, como podemos imaginar, encajaba en el estereotipo de la cuna de NASCAR. No había ninguna tienda de café de origen en cientos de millas a la redonda. El calor era sofocante. Esto sucedió hace unos años, cuando los jeans ceñidos eran demasiado ceñidos. Solo recuerdo que intentaba caminar desde el hotel, cruzando por un estacionamiento, hacia el centro de convenciones donde iba a hablar.

Chuic, chuic, chuic

Debo haber parecido un pingüino de clima cálido balanceándose mientras cruzaba la calle.

Y no olvidemos los caimanes. Se comen a las personas.

Ahora bien, mis amigos de la costa este y del medio oeste me dicen que el sueño de muchas personas es retirarse a un campo de golf de Florida. Literalmente, están luchando contra el invierno en Michigan occidental, trabajando horas extra en la planta de producción y haciendo a un lado el pago de vehículo solo para ahorrar sus centavos y, algún día, mudarse a descansar al verdor de Florida. Para algunas personas, sería una especie de cielo en la tierra.

No es mi caso.

Sería más parecido al otro lugar.

La humedad me marchita. No soporto el golf. Menos que los golfistas me juzguen; traté de que me gustara el deporte. A muchos de mis mejores amigos les obsesiona. Amo la idea de pasar tiempo con ellos caminando en una cancha hermosa y verde, hablando de la vida, pero ese deporte me resultó tedioso y exasperante. En realidad, recuerdo un punto decisivo en el que me dije: "Podrías transformarte en el tipo de persona que ama el golf, pero te llevaría miles de horas de práctica, dedicación, dinero y tiempo".

Naaah…

La realidad es que, luego de una larga lista de decisiones tomadas durante muchos años, algunas por mí y otras heredadas de mis ancestros que inmigraron a California, no me he convertido en el tipo de persona que considera que vivir en un campo de golf en Florida sería el cielo en la tierra. Ni siquiera tendría la capacidad de disfrutar aquello por lo que otros han trabajado sin descanso durante toda su vida.

Imaginarás adonde quiero llegar con esto. Willard solía decir: "El infierno solo es lo mejor que Dios puede hacer por algunas personas".[20] Creo que quiso decir que un racista desvergonzado, un mentiroso patológico o alguien que aborrece a Dios con vehemencia simplemente se sentiría miserable en el Reino de los Cielos.[21]

¿Podría ser que la muerte simplemente selle la trayectoria que un alma ya sigue, hacia la esclavitud y la muerte o hacia la libertad y la vida? Timothy Keller dijo que "el infierno es simplemente la identidad libremente elegida por alguien, apartada de Dios, en una trayectoria hacia lo infinito".[22]

Otra vez Lewis: "La cuestión no es que Dios nos 'envía' al infierno. En cada uno de nosotros hay algo que crece y que se convertirá en un infierno a no ser que sea cortado de raíz".[23]

Crecí en un hogar protestante, de modo que siempre creí que la idea católica del purgatorio no tenía sentido, (les pido a mis lectores católicos que perdonen esta grosería). "¿Dónde está eso en la Biblia?", preguntaba.

Sin embargo, siempre me intrigaba el enigma del libre albedrío. Según como Génesis cuenta la historia, el motivo principal por el que la maldad está en el mundo es porque los seres humanos somos libres, pero hemos abusado de esa libertad y la hemos usado para el mal. Pero en Apocalipsis, ya no hay maldad en el mundo, aunque sí hay seres humanos. ¿Eso significa que ya no somos libres?

La posición evangélica parece ser que, al morir, se acciona algún tipo de interruptor y nos volvemos incapaces de hacer el mal, pero de algún modo conservamos el libre albedrío. En realidad, nunca leí esto en la Biblia, así que simplemente supuse que el plan debe ser más o menos así.

Es probable que así sea.

Pero hace unos años, leí un ensayo de Ronald Rolheiser (mi autor católico favorito) sobre el purgatorio que me voló la cabeza. Expuso los argumentos más convincentes a su favor, no fundamentados en la Biblia —fue muy honesto al admitir que no está en la Biblia— sino basado en la lógica y el sentido común. Para transformarnos en el tipo de persona que (1) disfrutará el reino de los cielos y (2) será el mayordomo de la libertad de autodeterminación para bien y no para mal, debemos ser "purgados" (de allí el nombre "purgatorio"), liberarnos de la influencia del pecado sobre nuestra alma, para que podamos realmente vivir libres en el nuevo mundo de Dios.[24] Es la mejor explicación del purgatorio que este protestante jamás haya escuchado.

No estoy argumentando en favor del purgatorio. Solo estoy diciendo que, sin importar quién tiene razón sobre cómo funciona el libre albedrío en la eternidad, parece que el momento de comenzar este camino es ahora. ¿Y si luchar contra la carne fuera una especie de purgatorio voluntario en la vida actual? ¿Y si seguir a Jesús fuera un entrenamiento ahora para la vida eterna, algo así como una escuela donde nos transformamos en el tipo de persona tan libre que tiene la plena capacidad de "reinar para siempre"?[25]

Este es el poder y el potencial de la libertad. Y el peligro.

Repito, pueden ser terribles o excelentes noticias, según lo que sembremos. Cada pensamiento, cada deseo que seguimos, cada elección que hacemos es una inversión para nuestro futuro, para el tipo de persona que queremos ser. ¿Cómo se cultiva una arboleda? Una semilla a la vez. ¿Cómo se cultiva una vida? Una pequeña, simple decisión a la vez.

Entonces, querido amigo, ten cuidado con lo que siembras. Examina con atención lo que piensas, lo que dices, lo que haces y con quién lo haces. Te estás convirtiendo en lo que serás para siempre.

El carácter es el destino.

Entonces digo: vive por el Espíritu

Cuando era pequeño, era sensible. Puedo identificarme con la frase inicial de la autobiografía de Ruth Burrows: "Nací en este mundo con una sensibilidad que me torturó".[1] También era un poco rebelde, solía meterme en problemas y luego me sentía muy mal.

Había muchas personas amables, entre ellas mis amorosos padres, que intentaban mitigar mi culpa.

"La culpa es del diablo, no de Jesús".

Jesús "pagó por todo" y ocupó mi lugar, decían. "No tienes que sentirte mal por tu pecado".

"Eres una buena persona".

Sin embargo, siempre me parecía que no era tan así. Sonaba atractivo, pero ¿era verdad?

Los autores del Nuevo Testamento nunca afirmaron que toda la culpa es mala. En realidad, muchos estudiosos argumentan que algunas palabras griegas traducidas como "pecado", "deuda" o "error", deberían traducirse como "culpa".[2]

Esto está al límite de la herejía en el Occidente moderno donde, para una generación educada en la dieta constante de la autoestima, lo más perverso es sentirse mal sobre uno mismo. Pero hasta donde puedo decir, hay dos tipos de personas que ya no sienten culpa:

Los santos, personas que llegaron a la "perfección cristiana" de John Wesley y pecan con tan poca frecuencia que viven una especie de existencia libre de culpa.

Y los sociópatas que pecan sin impunidad. Hacen lo que los demonios quieren y no se sienten mal. Los más moderados mienten sobre sus compañeros de trabajo para conseguir un ascenso y luego salen a tomar una cerveza. Los más extremistas asesinan a alguien y luego… salen a tomar una cerveza. Sin culpa. Sin un sentimiento de incomodidad persistente. Sin dar vueltas y vueltas en la cama antes de dormir. Como diría Pablo: "Tienen la conciencia cauterizada como pasadas por el fuego de un hierro candente",[3] y "han perdido conexión con la cabeza".[4]

Diría que la manera más útil de plantear la dicotomía es dibujar una línea entre la culpa y la vergüenza.

La culpa se relaciona con el *qué*; la vergüenza se relaciona con el *quién*.

La culpa dice: "Lo que hice estuvo mal".

La vergüenza dice: "Yo soy malo".

La culpa piensa para sí misma: "Actué alejado del amor, y necesito hacer lo correcto".

La vergüenza piensa: "No merezco amor y no hay esperanza para mí".

La vergüenza casi nunca es útil y la mayoría de las veces es tóxica.[5] Todos vivimos desde una identidad, o un sentido del yo, que nos brinda pertenencia a una comunidad y un propósito en la vida. La vergüenza dice que nuestra identidad es mala, que no merece amor o que no se puede redimir. Entonces, como resultado, hacemos realidad esa identidad y —sorpresa, sorpresa— vivimos mal.

Pero diría que la culpa en realidad puede ser algo bueno. A veces y en ciertas situaciones, la culpa es la respuesta emocionalmente saludable, madura y amorosa para nuestro propio pecado. La culpa es para el alma lo que el dolor es para el cuerpo. Una especie de incomodidad moral. El dolor solo es malo cuando permanece indefinidamente; a corto plazo, es un regalo de Dios para nuestro cuerpo, un mensajero cuya tarea es decirnos que necesitamos arreglar algo y rápido.

La culpa solo es insana cuando nos revolcamos en ella. Cuando merodea en lo profundo de la mente, como una fijación permanente en nuestro pensamiento que desempeña el papel de acusadora. Pero también es insano ignorarla o reprimirla con un diálogo interno condescendiente, a través de un amigo con buenas intenciones, aunque equivocado, o distrayéndola a través de los narcóticos culturales que elijamos.

Todas las personas sanas experimentan culpa de vez en cuando. Porque todos, incluso los sanos, cometen errores. Rasgamos la tela moral de nuestro mundo. La culpa es una pista sutil de que debemos reparar algo. También es parte de nuestro proceso de maduración hasta convertirnos en personas de amor.

Todos los padres saben esto. Todos los padres, en secreto (o no tan en secreto) procuran un nivel adecuado de culpa cuando sus hijos se meten en problemas y dejan que ese sentimiento de incomodidad establezca el tono de la disciplina.

La familia Comer es pacifista en la teología, pero no siempre en la práctica. Tenemos dos hijos maravillosos; sin embargo, y, sin decir sus nombres, hace poco uno de ellos le pegó al otro. Un debate acalorado sobre qué hermano era el propietario de cierto Lego se volvió físico. Sucede. ¡Son hermanos! Pero cuando me senté con el ofensor, como padre amoroso, quería que se sintiera culpable. No porque yo sea sádico y disfrute ver que se siente miserable, sino porque lo amo y quiero que crezca y madure para ser una persona de amor.

En realidad, un secreto que los padres ocultan a los hijos es que la disciplina a menudo es proporcional al nivel de culpa que intuimos en el niño. Si se siente muy mal y se regaña por sus propios errores, tendemos a ser indulgentes y desempeñar un papel compasivo que conforta, el de alguien que dice la verdad sobre la identidad, más que la versión del padre que es jurado y juez. Pero si desplaza la culpa y la minimiza, si nuestro hijo no parece preocuparle si lastimó a alguien, aumentamos el nivel de disciplina, no con el objetivo de castigarlo sino de que se purifique.

No lo hacemos porque somos crueles, sino porque lo amamos. Sabemos que si incorpora el hábito de reprimir la culpa (que se basa en el autoengaño), podría dominar el arte de acallar la voz persistente, pero tranquila de la conciencia, apagando su sensibilidad ante el dolor moral, y eso abriría la puerta a la ruina para su vida y para el mundo.

Con todo eso quiero decir que, si esta charla sobre la carne te hace sentir mal, examina atentamente qué harás con ese sentimiento. Si determinado hábito, cierta elección de entretenimiento, el artículo de determinada línea presupuestaria o alguna relación ha estado molestándote desde lo profundo de la mente, te invito a que le prestes atención. No para regodearte con eso, ni acallarlo, sino para abrir tu corazón a la forma en la que te está hablando el Espíritu de Dios.

Me viene a la mente la frase de Santa Teresa de Lisieux: "Si estás dispuesto a soportar con serenidad el proceso de ser menos complaciente contigo mismo, entonces serás un agradable refugio para Jesús".[6]

Entonces, si sientes algún tipo de culpa saludable en este momento, hagamos algo al respecto.

Con relación a eso, queda una pregunta final: ¿Cómo? ¿Cómo luchamos contra la carne?

Y en esta área la obra de Pablo vuelve a resultar increíblemente útil. Al final de Gálatas 5 habíamos dejado de lado sus palabras que explican cómo luchar contra la carne, y ahora estamos listos para retomar el tema:

Los que son de Cristo Jesús han crucificado la naturaleza pecaminosa, con sus pasiones y deseos. Si el Espíritu nos da vida, andemos guiados por el Espíritu.[7]

Primer paso: debemos "crucificar" la carne.

En el mundo de Pablo, la crucifixión era la forma de ejecución más brutal, visceral y emotiva conocida entre los hombres. Así murió Jesús. Y es así que luchamos contra la carne. No la mimamos, ni consentimos, ni aplacamos; la crucificamos. Mis amigos calvinistas usan la palabra *mortificación*, un vocablo del siglo XIV, que proviene de la raíz latina *mors*, que significa "muerte", (mors también es la raíz del sustantivo *mortal*).[8] Debemos mortificar la carne, es decir, matarla.

Como vimos en el capítulo anterior, el evangelio del control del pecado no funciona porque la carne no es una realidad estática, sino dinámica. En Génesis 4, en la historia sobre Caín, quien asesina a su hermano Abel luego del pecado de Adán y Eva, Dios describió el pecado como una fiera interna,[9] que crece o mengua según cuánto alimento le damos o le negamos.

Y aquí es donde me vuelve a resultar útil, aunque suene secular, la idea de la neurobiología, que dice que tenemos un cerebro animal. El doctor Jeffrey Schwartz, que ya cité anteriormente, en una carta a una joven huérfana, de quien era tutor, lo expresó de esta manera:

El cuerpo no es para ser complacido ni satisfecho, porque mientras más lo consientas y te sometas a sus deseos, más crecerán los anhelos insaciables, (una papa frita—o un orgasmo— tiende a hacer que quieras más). Y de esa manera se termina siendo nada menos que un animal.[10]

Cada vez que sembramos para la carne, alimentamos la parte animal en nosotros. A medida que crece, tiene más control sobre nuestra libertad y amenaza con comernos vivos desde adentro. Por eso Pedro, al escribir sobre "los que siguen los corrompidos deseos de la naturaleza humana", dijo que, con el tiempo, se vuelven "como animales irracionales, se guían únicamente por el instinto… Lo mismo que esos animales, perecerán también en su corrupción".[11] Aunque sus palabras suenen ásperas, no estaba siendo agresivo, sino honesto y amoroso. Mientras más indulgente es una persona con la carne, más control toma esta sobre todo el ser y lo transforma en alguien irracional, por muy socialmente sofisticado que sea.

Por eso Pablo no se andaba con rodeos. No intentes controlar a la carne ni mantenerla bajo estricta supervisión —lanza una agresiva campaña militar para matarla.

Pero la pregunta sigue siendo la misma: ¿cómo?

Segundo paso: "mantengamos el paso, guiados por el Espíritu".

Esto, amigos, es oro puro.

"Anden guiados por el Espíritu" es el último de tres mandamientos equivalentes de Gálatas 5, que Pablo coloca al comienzo, en la mitad o al final de sus enseñanzas sobre la carne.

1. "Caminen por el Espíritu" (v16).

2. "Sean guiados por el Espíritu" (18).

3. "Vivan por el Espíritu" y "anden guiados por el Espíritu" (25).

Este es el aporte exclusivo de Pablo a nuestro tema. Como ya dije, todas las otras religiosas, filosóficas, incluso científicas tradiciones tienen una categoría similar a la idea del Nuevo Testamento de la carne contra el Espíritu. Las personas que no son religiosas, y hasta los que no son espirituales, reconocen una jerarquía de deseos, muchos de los cuales están en conflicto entre sí y muchos de los cuales deben ser reprimidos. Este no es un problema cristiano ni un problema nuevo, sino uno humano y antiguo.

Lo nuevo fue la solución de Pablo. Para él, la forma de luchar contra la carne y ganar no es mediante la fuerza de voluntad sino a través de la fuerza del Espíritu.

Pablo no nos alienta a combatirla a los puñetazos, darnos una bofetada en el rostro, levantarnos por esfuerzo propio, sino simplemente vivir "por el Espíritu".

Ahora bien, la fuerza de voluntad no es mala en absoluto. En realidad, a medida que seguimos a Jesús, nuestra capacidad de elegir el bien debería aumentar y expandirse con cada año que pasa. Tareas que resultaban terriblemente difíciles y demandaban un alto nivel de responsabilidad y una vigilancia permanente, con el tiempo se vuelven, esperamos, más fáciles, gracias al desarrollo natural del carácter cristiano dentro de nosotros.

Pero muchos todavía no estamos ahí; seguramente yo no. Por eso mi estrategia es que, cuando la fuerza de voluntad funciona, la uso.

Solo que no funciona tan a menudo como quisiera. Al menos no con mis problemas más profundos.

La fuerza de voluntad *versus* una galleta más es una cosa.

Pero ¿la fuerza de voluntad contra un trauma que se activó? O ¿la fuerza de voluntad *versus* la adicción? O ¿la fuerza de voluntad frente a una herida paterna? No hay comparación y pareciera que no hay posibilidad de tener tanta fuerza de voluntad para ganar esa batalla. Siempre y cuando la tentación se cruce con la corteza prefrontal, la fuerza de voluntad es un gran recurso al que podemos recurrir. Pero en el momento que empezamos a lidiar con la amígdala, la parte del cerebro o el alma que tiene una herida profunda o está programada con pecaminosas formas de ser, la carne nos supera en número y armas.

Si estás intentando usar la fuerza de voluntad contra tu comportamiento autodestructivo arraigado en un trauma o un dolor del pasado, y sientes que fracasas, no te castigues; cambia tu estrategia.

La fuerza de voluntad no es la respuesta para tu problema. Leslie Jamison lo explicó al relatar su combate contra la adicción:

> Necesitaba creer en algo más fuerte que mi fuerza de voluntad...

> Esta fuerza de voluntad era una máquina ajustada con precisión, intensa y en ebullición: había logrado mucho; me había dado las mejores calificaciones, había hecho que escribiera mis artículos, me había llevado a carreras de entrenamiento por todo el país, pero cuando la quise utilizar con la bebida, lo único que sentía era que estaba convirtiendo mi vida en un pequeño puño estrecho, apretado y triste. El Poder Superior que hizo que la sobriedad fuera algo más que una privación simplemente no vino de mí. Era lo único que sabía.[12]

Para vencer, necesitamos acceso a un poder que está más allá de nosotros. Necesitamos un aliado en la lucha para caminar a nuestro lado y cambiar el rumbo. Ese poder es el Espíritu de Jesús.

Y ¿cómo accedemos a ese poder?

Simple: a través de las prácticas.

La fuerza de voluntad está en su apogeo cuando hace lo que puede (sumergir mi cuerpo en las prácticas espirituales), entonces, el poder del Espíritu puede hacer lo que la fuerza de voluntad no puede (vencer a los tres enemigos del alma).

Hemos estado trabajando según la hipótesis de que las disciplinas espirituales son la guerra espiritual. Dicho de otro modo, las prácticas de Jesús son la manera en que nos enfrentamos al mundo, la carne y el diablo.

Pensemos en el trabajo que hicimos en el capítulo anterior sobre el poder de los hábitos y cómo lo que hacemos produce algo en nosotros. Las prácticas de Jesús son, en efecto, hábitos opuestos a los de la carne. Son hábitos basados en la vida y las enseñanzas de Jesús que resisten los hábitos de nuestra carne. Cada vez que practicas los hábitos de Jesús, tu espíritu (una forma de verlo es pensar que es tu musculatura interior de fuerza de voluntad) se fortalece un poco y tu carne (tu animal interior) se debilita un poco.

Dicho esto, las prácticas no son simplemente hábitos opuestos a la carne para desarrollar tus músculos de fuerza de voluntad. Son medios por los que accedemos a un poder que está más allá de nosotros. Nos permiten vivir impulsados por una energía estimulante y una fuerza neumática mucho más poderosa que cualquiera de nuestros recursos internos. Por eso, muchos las llaman disciplinas espirituales: son espirituales porque nos abren al Espíritu, que el respetado erudito Pentecostal Gordon Fee definió como "presencia empoderadora de Dios".[13]

En Romanos 8, otro pasaje sobre la carne, Pablo estableció un hilo conductor entre la muerte y la resurrección de Jesús y nuestra nueva capacidad de victoria en la lucha contra la carne. Escribió que, antes de Jesús,

> la ley no pudo liberarnos… porque la naturaleza pecaminosa anuló su poder.[14]

Significa que los seres humanos no podían vivir según los mandamientos de Dios porque su voluntad para hacer el bien había sido saboteada por su propia carne. Pero Dios nos salvó cuando envió a su propio Hijo en condición semejante a nuestra condición de pecadores… a fin de que las justas demandas de la ley se cumplieran en nosotros, *que no vivimos según la naturaleza pecaminosa, sino según el Espíritu.*[15]

El énfasis con itálicas es mío para demostrar la sinergia del pensamiento de Pablo. La solución para enfrentar el control que la carne tiene sobre nosotros no es animarnos, sino confiar en el Espíritu. Luego Pablo continuó diciendo que vivimos "conforme al Espíritu" gracias al simple hecho de colocar nuestra mente en Dios:

> Los que viven conforme a la naturaleza pecaminosa fijan la mente en los deseos de tal naturaleza; en cambio, los que viven conforme al Espíritu fijan la mente en los deseos del Espíritu. "La mentalidad pecaminosa es muerte, mientras que la mentalidad que proviene del Espíritu es vida y paz".[16]

Es así de simple: pequeños y constantes hábitos (prácticas/disciplinas) abren nuestra mente al Espíritu y la cierran a la carne.

Permíteme enfatizar dos que considero de especial importancia porque son pertinentes a la carne: el ayuno y la confesión.

Primero, el ayuno

Ninguna práctica de Jesús es más extraña y rechazada en la Iglesia occidental moderna como el ayuno. En el paisaje intelectual posilustración, donde los seres humanos son considerados *res cognitans,*[17] o "cosas pensantes", la idea de tomar el poder del Espíritu, no a través de la mente sino del estómago, suena absurda.

Son pocos los seguidores de Jesús que siguen ayunando con frecuencia.

Aun así, hasta hace poco, el ayuno era una de las prácticas centrales del camino de Jesús. Durante cientos de años, la Iglesia ayunaba dos veces por semana: los miércoles y los viernes. Eso era simplemente lo que hacía cualquier cristiano. En el siglo cuatro, cuando la Iglesia desarrolló la práctica de la Cuaresma, el ayuno originalmente era similar al Ramadán del islamismo. Como una preparación para la Pascua, los seguidores de Jesús se levantaban y permanecían sin alimentarse hasta el atardecer. Durante cuarenta días. Todos los años.

Tengamos en cuenta: permanecían sin comida.

A menudo escucho que las personas utilizan el término ayuno para otras formas de abstinencia, como "hago ayuno de redes sociales/televisión/compras en línea".

Eso es muy bueno, pero no es ayunar; es abstinencia, y sigue siendo una práctica útil con una tradición de larga data en el camino de Jesús. Estoy totalmente a favor. Pero el ayuno es una práctica por la que le niegas a tu cuerpo alimentos en un intento de hacerle pasar hambre a la carne. Es un acto psicosomático, en el verdadero sentido de la palabra, desarrollado en torno a una teología bíblica del alma como tu persona completa. En contra de lo que muchos cristianos occidentales suponen, el alma no es tu parte inmaterial e invisible (una mejor palabra para eso es tu espíritu o tu voluntad); es la persona completa, que incluye todo tu cuerpo (el cerebro, el sistema nervioso y el estómago).

Para asegurarme de que nos quedó claro, el cuerpo no es diabólico. Ese es el punto en el que el movimiento monástico medieval se equivocó por completo. Tu cuerpo es un regalo, como lo es el placer en el momento, el lugar y la forma adecuados. Tu cuerpo, como el resto de tu alma, fue corrompido por el pecado. Como resultado, a menudo obra en tu contra, en tu lucha contra la carne, mediante los impulsos sexuales, el sistema lucha-huida, o los instintos de supervivencia.

El ayuno es una manera de convertir tu cuerpo en un aliado en la pelea contra la carne en lugar de un adversario.

Si no me crees, inténtalo. Observa lo que sucede.

Al comienzo, es muy probable que el ayuno no se sienta como ese gran acceso al poder. Richard Foster dijo con astucia: "Más que cualquier otra disciplina, el ayuno revela aquellas cosas que nos controlan".[18] Muy pocas prácticas tienen la capacidad de humillarnos como el ayuno. Cuando se comienza a ayunar, es común sentirse triste, hasta ansioso, o simplemente con hambre. Con la práctica habitual, estos sentimientos (la mayoría) desaparecen y son reemplazados por gozo, satisfacción, una sensación de intimidad con Dios, y poder espiritual. Pero lleva un tiempo liberar el alma de su adicción a los dioses occidentales del placer, la gratificación inmediata y los apetitos sensoriales. Lo primero que normalmente hace es revelar dónde tienes alguna atadura.

El ayuno entrena al cuerpo para no obtener lo que desea. Al menos no todo el tiempo.

Esta es también otra razón por la que, en una cultura tan gobernada por los sentimientos y deseos, el ayuno es una idea descabellada hasta para los cristianos. Asumimos que debemos tener lo que deseamos para ser felices, y con *deseamos* normalmente queremos decir, lo que desea nuestra carne.

Simplemente, no es verdad.

Al ayunar, decidimos, por voluntad propia, no darle al cuerpo lo que desea (comida); como resultado, cuando alguien (o las circunstancias de la vida, o incluso Dios…) decide no darnos lo que deseamos, no enloquecemos, no nos llenamos de furia, ni perdemos el juicio en Twitter. Hemos entrenado a nuestra alma para estar feliz y en paz, incluso cuando no nos salimos con la nuestra.

Es por eso que el ayuno —lejos de ser una forma medieval de autodesprecio— bien practicado, es un pasaje a la libertad. Ayunar es practicar el sufrimiento; es enseñarle al cuerpo a sufrir. El sufrimiento es inevitable en la vida; no así el gozo. Al ayunar aprendemos a sufrir con gozo.

Lo que la lectura de la Escritura es para la lucha contra el enemigo (una manera de llenar la mente con la verdad para combatir la mentira) el ayuno lo es para la lucha contra la carne (una manera de privar a la carne y debilitar su dominio sobre nosotros).

A veces doy orientación espiritual, y cuando estoy sentado con un amigo espiritual que lucha con cualquier tipo de pecado habitual, le recomiendo que adopte el ayuno periódico (lo ideal es semanalmente).

Especialmente si tiene una naturaleza sexual. No porque el ayuno sea la bala de plata que mata al vampiro; no lo es. Estoy muy consciente de que la mayoría de las adicciones y cualquier conducta autodestructiva inmune a nuestros esfuerzos por superarlos tienen su raíz en un trauma. La maldad está ligada a las heridas. Todos necesitamos sanar. Se podría decir mucho al respecto. Sin embargo, a través del ayuno, quizás más que por cualquier otra práctica, se libera en nuestro cuerpo un poder liberador: el poder del Espíritu Santo para romper las cadenas del pecado.

Acabo de desayunar (sí, una ironía) con un amigo querido que hace poco comenzó a ayunar todos los miércoles. Es amante de la comida, tipo siete en el eneagrama, aficionado al vino, con una personalidad que ama la diversión, por lo que cuando le pregunté cómo le estaba yendo, esperaba un informe negativo. En cambio, me dijo con entusiasmo que es una de las cosas más transformadoras que jamás haya hecho.

No debería haberme sorprendido.

¿Es una sorpresa que cuando Jesús se enfrentó cara a cara con el diablo, estaba ayunando? En realidad, fue después de cuarenta días de ayuno. Es fácil malinterpretar esta historia; lo hice durante años. Creí que significaba que el diablo esperó hasta que Jesús estuviera exhausto y débil para dar el paso. Pero esta es una idea muy equivocada de la relación recíproca entre el ayuno y el poder espiritual. Cuarenta días después, Jesús estaba espiritualmente más poderoso, por lo que pudo discernir con sabiduría las mentiras del diablo y rechazar sus tentaciones con destreza.

Ese es el potencial del ayuno.

Segundo, la confesión

Para nosotros, los occidentales de la corriente protestante de la Iglesia, esta es quizá la segunda práctica de Jesús que más descuidamos. Parecido a lo que sucedió con el ayuno, la Iglesia católica abusó de la confesión a finales de la Edad Media (y todavía sucede en algunas iglesias de hoy). Fue siniestramente reducida a algo privado y terapéutico entre la persona y el sacerdote, no la comunidad; un proceso a través de una rejilla para resguardar la identidad y, en esencia, el penitente la usaba como un boleto de impunidad. En su peor modalidad, era una forma de abuso espiritual o de financiamiento de un clero corrupto. Como se puede imaginar, fue una de las tantas cosas que encendió la ira de Martín Lutero y los reformadores; como resultado, muchos protestantes simplemente la desecharon por completo.

Sin embargo, los reformadores reaccionaron en contra del abuso, no del uso correcto.

Lo que queda de la práctica en la Iglesia protestante generalmente gira en torno a la Cena del Señor, en la que se le pide perdón a Dios con la mente antes de recibir el pan y la copa en la iglesia. El problema con esta forma de practicar la confesión es similar a lo que ocurría en la iglesia medieval: es privada.

Para que la confesión produzca, no solo perdón sino también libertad, debe arrastrar nuestros pecados a la luz, no mantenerlos en un confinamiento solitario.

Dietrich Bonhoeffer lo expresó muy bien:

El pecado exige que un hombre lleve una vida autónoma. Lo separa de la comunidad. Entre más aislada esté la persona, más destructivo será el poder del pecado sobre ella. El pecado quiere permanecer en lo desconocido. Esquiva la luz. En la oscuridad de lo no expresado, envenena todas las áreas de la vida de una persona.[19]

Es una cita de *Vida juntos*, ampliamente considerado uno de los mejores libros que jamás se haya escrito sobre la comunidad. Basado en su experiencia en Finkernwalde —una colectividad que fundó intencionalmente para resistir la influencia cancerígena del Tercer Reich en la Iglesia— él llegó a considerar que la confesión era un aspecto crucial de la comunidad o, para el caso, de cualquier relación.

Porque encontramos nuestras intimidades más profundas en nuestras vulnerabilidades más grandes.

El hermano de Jesús, Santiago, nos mandó: "Confiésense unos a otros sus pecados, y oren unos por otros, para que sean sanados".[20]

Resaltemos: *unos a otros*.

Energía pura y libertad genuina llega cuando se declara el pecado en la presencia de una comunidad amorosa. El simple hecho de decir el pecado en voz alta ante personas conocidas y de confianza, tiene el poder de romper cadenas.

Es por eso que pedir perdón a Dios con la mente mientras se recibe la Cena del Señor (como se practica en la mayoría de las iglesias hoy) ni siquiera llega a tener el poder que tiene una reunión de AA, donde te sientas, a menudo en un lúgubre sótano de iglesia lleno de personas que beben café malo, luchan contra el pecado y dicen: "Hola, mi nombre es…, y soy alcohólico. Anoche me emborraché".

Lo último es mucho más parecido a la práctica de la confesión descrita en el Nuevo Testamento que mucho de lo que hacemos en las iglesias. No es ninguna sorpresa que "el gran libro de AA originalmente se llamaba *La salida*", no solo de la bebida, sino del "pequeño espacio claustrofóbico del yo".[21]

Mi objetivo para nada es devaluar la comunión, sino acercarte a la práctica de la verdadera confesión en la comunidad.

Pero lo que espero que extraigas de este capítulo es que la forma de luchar contra la carne y vencerla no es a través de la fuerza de voluntad sino del poder del Espíritu. Y tenemos acceso a ese poder mediante las prácticas de Jesús. El ayuno y la confesión solo son dos de esas prácticas especialmente útiles en la guerra contra la carne, pero hay muchas más con las que puedes experimentar. La clave es encontrar maneras de vivir con confianza en la presencia y el poder del Espíritu en tu vida cotidiana.

Si no deseas escuchar nada más, escucha esto: todos enfrentamos una guerra contra la carne. Es ineludible. Pero no tiene que ser un estira y encoge en el que ambos lados están en igualdad de condiciones, por lo que sin importar qué tan fuerte luches, solo permaneces en una especie de estancamiento, exhausto y resignado a la mediocridad.

Volvamos a la frase con la que comenzamos la segunda parte del libro: "El corazón quiere lo que quiere". Seguramente hay algo de verdad en esta afirmación. Específicamente porque no podemos controlar los deseos del corazón que, literalmente, no tiene mente propia. Lo que esta frase deja de lado es que, aunque no podemos controlar nuestros deseos, podemos influir en ellos y llegar al punto donde ellos ya no nos controlen.

El deseo es hermano de las emociones y funciona de la misma forma. No hay ningún interruptor para las emociones. Cuando estamos tristes, temerosos o enojados, no podemos simplemente girar el interruptor hasta la felicidad y hacer que desaparezcan todos los sentimientos no deseados. Pero no significa que no tengamos nada que decir (o ninguna responsabilidad) sobre nuestras emociones. Como regla general, los sentimientos siguen a los pensamientos; entonces, si deseas mejorar tus emociones debes cambiar tus pensamientos. No podemos cambiar lo que sentimos, pero podemos, dentro de lo razonable, cambiar lo que pensamos.

Los deseos siguen la misma línea. No podemos controlar lo que deseamos, pero podemos controlar qué hábitos permitimos en nuestra mente y nuestro cuerpo y, al hacerlo, alejamos el corazón de la carne y lo acercamos al Espíritu. Esto está bajo nuestro control, por lo que es una forma de responsabilidad ante Dios y nuestros semejantes.

Por eso el escritor Santiago tuvo cuidado de resaltar que, aunque el deseo en sí mismo no es necesariamente una forma de pecado, seguimos siendo culpables ante Dios por el tipo de deseos que engendramos.

Que nadie, al ser tentado, diga: "Es Dios quien me tienta". Porque Dios no puede ser tentado por el mal, ni tampoco tienta él a nadie. Todo lo contrario, cada uno es tentado cuando sus propios malos deseos lo arrastran y seducen. Luego, cuando el deseo ha concebido, engendra el pecado; y el pecado, una vez que ha sido consumado, da a luz la muerte.[22]

Santiago nos advierte sobre el peligro de no controlar los deseos; a la vez, nos exhorta a entrenar nuestros deseos para amar y querer lo que el Espíritu ama y quiere. Esto es lo que la biblioteca de la Escritura llama guardar tu corazón. Como centinelas, debemos vigilar el tráfico hacia nuestro ser interior. El corazón, en la literatura bíblica, es donde se define qué orden tienen los pensamientos, los sentimientos y los deseos de una persona. O, dicho de otra manera, la mente, las emociones y la voluntad. Debemos custodiar a los tres.

Henri Nouwen escribió: "El corazón es la sede de la voluntad... el órgano central y unificador de nuestra vida personal. Nuestro corazón determina nuestra personalidad y es, por tanto, no solo el lugar donde reside Dios, sino también el lugar al que Satanás dirige sus ataques".[23] Es por eso que debemos guardarnos de los deseos carnales "que combaten contra la vida"[24] y de los "afanes insensatos y dañinos que hunden a la gente en la ruina y en la destrucción".[25]

Y lo logramos practicando hábitos. A través de los actos periódicos de la mente y el cuerpo sembramos para la carne, y al hacerlo seguimos consolidando nuestra esclavitud a ella, o sembramos para el Espíritu y aumentamos nuestra capacidad de vivir en libertad y gozo con Dios en su mundo.

Entonces, debemos cotejar cada hábito, cada pensamiento y cada relación (todo) con esta simple lista:

¿Eso siembra en mi carne o en mi espíritu?

¿Me esclavizará más o me dará más libertad?

¿Me hará más bestial o más humano?

Recordemos que la clave de la formación espiritual es cambiar lo que podemos controlar (nuestros hábitos) para que influya en lo que no podemos controlar (nuestra carne).

Para terminar, me impacta una de las últimas cosas que Pablo dijo en su pasaje a los Gálatas sobre la carne:

No nos cansemos de hacer el bien, porque a su debido tiempo cosecharemos si no nos damos por vencidos.[26]

Observemos nuevamente que la exhortación de Pablo no es permanecer en un empleo difícil o seguir tus sueños para comenzar un pequeño negocio. En el contexto, "hacer el bien" se refiere a la lucha en contra de la carne.

La primera aplicación de esta bella frase es no darnos por vencidos en la lucha para liberarnos de nuestra naturaleza animal. Porque —y esto es lo más hermoso— "a su debido tiempo cosecharemos". Repito, en el contexto, se refiere a cosechar el carácter cristiano y la libertad. Volviendo a la metáfora del interés compuesto, si seguimos depositando nuestros recursos, solo es cuestión de tiempo...

Mientras escribo esto, estoy terminando una semana bastante difícil. Algunos asuntos de relaciones personales me alteraron bastante, y para cuando mi Sabbat se acababa, estaba muy afectado. Durante toda mi vida de adulto he luchado contra la ansiedad, que, aunque está mejor que nunca, sigue levantando su desagradable cabeza de vez en cuando. Sentado en mi terraza trasera, en un bello día de Sabbat, me gustaría decirte que simplemente estaba disfrutando del shalom de Dios, profundamente feliz y en paz. No era así. Estaba agotado, furioso con un amigo y sintiendo la tensión en todo el cuerpo. Como linda añadidura, sentía ansiedad por mi ansiedad, con una gran culpa por mi incapacidad de soltarla. Y en ese momento de desánimo, cuando literalmente pensaba: "¿Alguna vez maduraré y superaré la influencia de la ansiedad en mi alma?", sentí que el Espíritu me traía a la mente la gráfica del interés compuesto de mi amigo Steve y lo aplicaba, no a mi retiro, sino a mi paz.

Aquí está John Mark y la paz a los veinte... No hay mucho para destacar. Un joven muy ansioso con una "sensibilidad torturadora".

Aquí está John Mark y la paz a los treinta... Mejor, pero todavía falta mucho.

Cuarenta... *Wow*, veo un notable incremento. Pero todavía hay mucho camino por recorrer.

¿Y cuando llegue a los sesenta? Profundo shalom, amigos, profundo shalom. Venga lo que viniere, mi alma estará en paz en Dios.

Entonces, con esa visión de mi futuro yo en mente, practico el Sabbat todas las semanas. No puedo bajar el interruptor y controlar mi ansiedad, pero puedo apagar el teléfono. Puedo descansar y confiar en que, a su tiempo, Dios utilizará la práctica del Sabbat para llenarme más y más de su Espíritu, liberarme de la ansiedad y producir una cosecha de paz en mi alma. Estoy practicando el camino de Jesús lo mejor que puedo y tengo una estrategia a largo plazo.

Mi padre fue pastor más tiempo del que yo he vivido. En su escritorio hay un pequeño marco con una frase simple, un recordatorio diario: "Visualiza a largo plazo".

¿Qué estás enfrentando en este momento? ¿Dónde necesitas una salida? ¿Cuál es ese patrón de pensamiento del que no puedes liberarte? ¿Hay alguna compulsión o adicción que está aniquilando tu gozo? ¿Cuál defecto se filtra de maneras que te avergüenzan a pesar de tus mejores esfuerzos por cortarlo de raíz?

¿Cómo te sientes sobre eso? ¿Triste? ¿Derrotado? ¿Resignado?

¿Existen áreas de tu vida y de tu carácter en las que has reducido tus expectativas? ¿Te has conformado con el estira y encoge en lugar de la victoria? ¿Te has adormecido?

No lo permitas.

No te canses de hacer el bien.

Llegará, a su tiempo.

Visualiza a largo plazo.

Resumen de la segunda parte

Definiciones:

- **La carne:** nuestros impulsos básicos, primitivos y animales de autogratificación, especialmente relacionados con la sensualidad y la supervivencia.
- **El Espíritu:** la presencia empoderadora de Dios en nosotros.
- **Libertad de acuerdo con Occidente contemporáneo:** el permiso para hacer lo que se nos dé la gana.
- **Libertad en el Nuevo Testamento:** el poder de querer y hacer lo que es bueno.
- **Amor de acuerdo con Occidente contemporáneo:** deseo; a menudo es el deseo sexual.
- **Amor en el Nuevo Testamento:** el compromiso misericordioso del corazón de deleitarse con el alma de otro y desear el bien de esa persona por encima del propio, sin importar el costo personal.
- **La ley de causa y efecto:** toda acción provoca una reacción, y esas reacciones normalmente no son proporcionales a la acción.

Textos clave para meditar: Gálatas 5 y 6; Romanos 8:1-13 y 1 Pedro 2:9-22

Teoría operativa sobre la estrategia del diablo: Las ideas engañosas apelan a deseos desordenados, que se normalizan en una sociedad pecadora.

Teoría operativa sobre la ley de causa y efecto aplicada a la formación espiritual: Siembra un pensamiento y cosecharás una acción; siembra una acción y cosecharás otra acción; siembra varias acciones y cosecharás un hábito; siembra un hábito y cosecharás un carácter; siembra un carácter y cosecharás un destino, ya sea la esclavitud a la carne o la libertad en el Espíritu.

Teoría operativa sobre cómo luchamos contra la carne: Alimentamos nuestro espíritu y privamos de alimentos a la carne mediante la práctica de hábitos establecidos por Jesús, específicamente el ayuno y la confesión del pecado. A medida que hacemos esto, con el tiempo no solo fortalecemos nuestros músculos de fuerza de voluntad, sino que, más importante, abrimos nuestra mente y nuestro cuerpo a un poder que está más allá de nosotros: el del Espíritu de Dios.

Prácticas clave para vencer a la carne: Ayuno y confesión.

En resumen: Las ideas engañosas del diablo no son al azar; apelan a nuestros deseos desordenados o, lo que los autores del Nuevo Testamento llaman *la carne*, que es nuestro lado animal, los impulsos primitivos e instintivos de autogratificación y autopreservación. La solución no es abrirnos paso a los puñetazos sino vivir por el Espíritu, mediante prácticas que nos permitan nutrirnos del poder de Dios para vivir en libertad.

Parte 3

El MUNDO

No te pido que los quites del mundo, sino que los protejas del maligno. Ellos no son del mundo, como tampoco lo soy yo. Santifícalos en la verdad; tu palabra es la verdad. Como tú me enviaste al mundo, yo los envío también al mundo.

—Jesús, en Juan 17:15-18

No amen al mundo ni nada de lo que hay en él. Si alguien ama al mundo, no tiene el amor del Padre. Porque nada de lo que hay en el mundo —los malos deseos del cuerpo, la codicia de los ojos y la arrogancia de la vida— proviene del Padre, sino del mundo. El mundo se acaba con sus malos deseos, pero el que hace la voluntad de Dios permanece para siempre.

—Juan, en 1 Juan 2:15-17

Un amigo me la prestó.

—Shawn Fanning

La brutal honestidad
sobre lo normal

7 de septiembre de 2000, los MTV Video Music Awards.
El célebre presentador Carson Daly está en el escenario, a punto
de presentar a Britney Spears. Pero primero tiene una sorpresa
para la audiencia. Entra al escenario por la izquierda: Shawn
Fanning, creador de Napster. Junto con sus holgados jeans típicos
de la época, está usando una camiseta negra de Metallica.

Daly dice: "linda camiseta".

Fanning: "Un amigo me la prestó".[1]

Ahora bien, para los nativos digitales que son demasiado
jóvenes para recordar a Napster o Metallica, esta es la historia:
pocos meses antes, los dioses del *heavy metal* estaban en el estudio trabajando en una canción llamada *I Disappear* (Desaparezco)
para la siguiente película de *Misión imposible*. Se levantaron una
mañana y descubrieron que su canción sonaba en las estaciones
de radio de todo el país. Esta era la cuestión: todavía no la habían

lanzado. Ni siquiera estaba mezclada. Alguien la robó y la divulgó, inconclusa, en el éter digital. Rastrearon el robo hasta Napster, un programa para compartir archivos que en ese momento estaba iniciando. Allí encontraron no solo *I Disappear* sino todo el álbum disponible para descargar. Gratis.

Así comenzó una de las más infames peleas callejeras de la historia musical.

Metallica presentó una demanda por infracción de los derechos de autor y crimen organizado por la nada mínima suma de 10 millones de dólares. Ganaron en la Corte de Distrito de Estados Unidos, pero perdieron en la corte de la opinión pública. Los fanáticos de Metallica (muchos se volvieron exfanáticos), los medios de comunicación, los críticos de música y otros arremetieron contra ellos acusándolos de rufianes codiciosos. La controversia generó uno de los primeros videos virales; una parodia de dibujos animados de Metallica como exchicos heavy metal que se vendieron por Lamborghinis de oro.[2]

El argumento básico de Napster era este: "¡Metallica es rica! Asquerosamente rica. Nosotros somos unos pobres chicos universitarios. Y no tenemos el dinero para comprar el disco. ¿Cuál es el gran problema si tomamos un poquito de nata de la superficie del vaso de leche?".

La defensa de Metallica era simple: "No importa si le robas a los ricos o a los pobres; robar es ilegal y está mal. Además, queremos mantener el control sobre nuestro arte".

Ahora bien, para especificar lo obvio, no se trataba de un área moral gris. No se convocaron expertos en ética para debatir el asunto o diferentes puntos de vista. En casi todas las culturas que los sociólogos han estudiado, robar es un tabú moral, una especie de fundamento moral para la vida en comunidad. Y Napster no era Robin Hood, sin importar lo mucho que tratara de posicionar su modelo de negocio como tal.

(Después, Napster fue vendido por 121 millones de dólares. Entonces no eran tan pobres…)

Napster, obviamente, fue uno de los primeros sitios de piratería, al principio para la música y luego para la televisión y las películas, que se propagó por internet a la velocidad de la luz hacia la cultura en general. En pocos meses: "todos lo hacen".

¿Recuerdas los comerciales contra la piratería que pasaban antes de las películas?

No robarías un automóvil…

Seguido de imágenes de personas que robaban cosas, entre ellas un tipo en una tienda de videos que escondía un DVD en su chaqueta de cuero.

Descargar películas pirata es robar.
Robar va en contra de la ley.
Piratería. Es un delito.[3]

(Este texto se leía con esa tipografía rudimentaria en blanco y negro; aunque el video no era tan viejo, se veía como si lo hubieran hecho en 1991).

Ahora bien, esto es ética de jardín de infantes, pero durante años pasaron estos comerciales antes de cualquier otra cosa. ¿Por qué? Porque, aunque es claro como el agua qué está bien y qué está mal para la ley y la ética, muchas personas siguen traspasando la línea moral para que se acepte socialmente la piratería.

¿Por qué harían eso?

De nuevo, tú, nativo digital que no tienes memoria preSpotify o Apple Music; yo sí. En 2000, cuando toda esa tecnología impactó, yo estaba en la universidad, pero mi pasión era tocar la guitarra en una banda de rock independiente. Después de Jesús, la música era mi vida. Ganaba $6.50 la hora trabajando medio tiempo como camarero después de clases y un CD normalmente costaba unos $18 en Music Millenium o Burnside. Eso significaba que, después de los impuestos, necesitaba entre tres y cuatro horas de trabajo para un solo disco. Ahora bien, una cosa era pasar medio día de trabajo para *A Rush of Blood to the Head* (Un torrente de sangre a la cabeza) de Coldplay, pero ¿qué tal pagar eso por la música de una banda desconocida? ¿Sigur Rós? Era mucho tiempo y dinero para arriesgarlo en lo desconocido.

Entonces, es natural que Napster fuera bien recibido entre mi grupo de amigos. Todos mis compañeros de rock independiente se compartían *CD*s grabados con el nombre de alguna banda nueva garabateada con marcador Sharpie en la parte superior (en el mundo después del CD, Sharpie cayó en picada económicamente hablando…) y, no voy a mentirles, me dejé llevar varias veces.

Sí, yo, John Mark Comer, solía escuchar *CD*s grabados.

Con el tiempo, llegué a la convicción de que estaba robando y que lo correcto era dejar de recibirlos o darlos. A lo que quiero llegar es que de allí en adelante, cada vez que rechazaba el ofrecimiento de alguno de mis amigos, era como tirarle un fósforo a un cilindro de gas —realmente se enojaban conmigo. Es probable que fuera por mi forma inmadura, personalidad santurrona de decir algo ofensivo e inútil como: "Lo siento, yo no robo". Independientemente de mi tono, casi siempre terminaba siendo el lado receptor del desprecio: "¿Quién eres tú para juzgarnos?".

Porque vivíamos en un ecosistema donde "juzgar" a tus amigos por grabar CDs era mal visto, pero robar estaba bien. El bien y el mal habían sido redefinidos en función de la opinión popular —o, mejor dicho, el deseo popular— y la línea moral se movió en unos pocos años.

Y eso, amigos, es un claro ejemplo de lo que Jesús y los autores del Nuevo Testamento llaman *el mundo*.

Finalmente, llegamos al tercer enemigo del alma.

No, no es grabar CDs.

El mundo.

Comencé la tercera parte con la historia pasada de moda, pero sin carga emocional de Napster (pocos sentimos los archivos compartidos como un detonante) con la idea de preparar la mente para la categoría final —nuestra lucha con el mundo.

¿Qué queremos decir exactamente con el mundo? Bueno, comencemos con lo que Jesús tenía que decir sobre el tema...

Probablemente su frase más conocida sobre el mundo sea una advertencia de no caer bajo su hechizo:

¿De qué le sirve a uno ganar el mundo entero si se pierde o se destruye a sí mismo?[4]

Sin embargo, Jesús enseñó que el mundo no solo es una tentación que debemos evitar sino también una amenaza de la que debemos protegernos:

Si el mundo los aborrece, tengan presente que antes que a ustedes, me aborreció a mí. Si fueran del mundo, el mundo los amaría como a los suyos. Pero ustedes no son del mundo, sino que yo los he escogido de entre el mundo. Por eso el mundo los aborrece. Recuerden lo que les dije: "Ningún siervo es más que su amo". Si a mí me han perseguido, también a ustedes los perseguirán.[5]

Les estaba advirtiendo a sus discípulos que el mundo, el que al final lo crucificó, los trataría de manera muy similar. La relación es hostil.

Y tiene sentido si seguimos la lógica de Jesús. Veía que el mundo estaba bajo el gobierno del diablo, no de Dios, y sabía que su muerte inminente y su resurrección serían la liberación de la humanidad de la tiranía del diablo:

El juicio de este mundo ha llegado ya, y el príncipe de este mundo va a ser expulsado.[6]

Pero a pesar de la casi hostil relación entre Jesús y el mundo, la intención de Jesús nunca fue que sus discípulos abdicaran a sus responsabilidades allí. Aunque amo mucho el movimiento monástico, Jesús no era un monje. No se escapaba ni se escondía en una celda. Se fue al desierto, sí, pero luego volvió. Ese es el modelo. Escuchemos algunas de sus últimas palabras, cuando intercedía ante su Padre por los discípulos:

Yo les he entregado tu palabra, y el mundo los ha odiado porque no son del mundo, como tampoco yo soy del mundo. No te pido que los quites del mundo, sino que los protejas del maligno. Ellos no son del mundo, como tampoco lo soy yo. Santifícalos en la verdad; tu palabra es la verdad. Como tú me enviaste al mundo, yo los envío también al mundo.[7]

Este es un pequeño ejemplo de lo que Jesús tenía que decir sobre el mundo. Hay muchos más. Como es de esperar, este importante tema en la obra de Jesús fue retomado y desarrollado profundamente por los autores del Nuevo Testamento. A continuación, tenemos al escritor Juan con una advertencia muy esclarecedora sobre el mundo y su atracción gravitacional que nos jala aprovechándose de los deseos de nuestro corazón:

No amen al mundo ni nada de lo que hay en él. Si alguien ama al mundo, no tiene el amor del Padre. Porque nada de lo que hay en el mundo —los malos deseos del cuerpo, la codicia de los ojos y la arrogancia de la vida— proviene del Padre, sino del mundo. El mundo se acaba con sus malos deseos, pero el que hace la voluntad de Dios permanece para siempre.[8]

El mundo, aunque puede sonar bastante nuevo para los seguidores modernos de Cristo, es una idea central presente a partir de Jesús, a través de todo el Nuevo Testamento.

Entonces, combinemos todos estos conceptos en una especie de definición. ¿A qué se refieren exactamente estos escritores cuando hablan del mundo?

En griego, es la palabra κόσμος, de donde proviene el vocablo español *cosmos*. Aunque tiene más de un significado, tal como ocurre con la palabra griega para *carne*.

A modo de recordatorio, pensemos en la palabra *pista*. Puede referirse a:

(1) el rastro que dejan los animales o personas por la tierra donde pasan; (2) el espacio destinado al baile de salón; o (3) cada una de las bandas sonoras para registrar información en una cinta magnética.

De la misma forma, la palabra griega κόσμος puede tener al menos tres significados en el Nuevo Testamento.[9]

A veces solo significa el universo o, más específicamente, el planeta tierra como en Romanos 1:20:

> Porque desde la creación del mundo las cualidades invisibles de Dios, es decir, su eterno poder y su naturaleza divina, se perciben claramente a través de lo que él creó, de modo que nadie tiene excusa.

Es claro que aquí el mundo no es ningún enemigo. Es un escenario para que Dios muestre "su eterno poder y su naturaleza divina", lo que significa que es un indicador diario de la realidad de Dios, la sabiduría, generosidad y creatividad de su inteligencia y amor. Mientras escribo este capítulo, estoy en Melbourne, Australia, una de mis ciudades favoritas en la tierra. Acabo de volver de mi rutina matutina de trotar por Yarra Bend Park y fue impresionante. Con cada paso sentía que mi alma despertaba a la gloria de Dios.

Pero otras veces, la palabra κόσμος no se refiere a la belleza de Yarra River o el planeta tierra, sino a la humanidad, como en la emblemática frase de Juan 3:16:

> Porque tanto amó Dios al mundo que dio a su Hijo unigénito, para que todo el que cree en Él no se pierda, sino que tenga vida eterna.

Aunque estoy seguro de que Dios ama mucho las Montañas Rocosas o los Alpes australianos, evidentemente aquí no se refiere a nuestro planeta sino al masivo grupo de humanos que pueblan nuestro planeta y, como parte de su creación, atraen la amorosa mirada de la compasión del Creador.

En este pasaje, el mundo nuevamente es algo positivo, no negativo. Un objeto de amor, no de angustia ni amargura.

Pero a lo que nos referimos cuando hablamos de "el mundo, la carne y el diablo" es a un tercer significado de la palabra κόσμος, coloreada con una sombra mucho más peyorativa.

Un lexicógrafo griego la define simplemente como

el sistema de prácticas y estándares asociados con la sociedad secular.[10]

(Recordemos que definimos sociedad secular como la que intenta vivir como si no hubiera Dios.)

El mundo es un lugar donde, con la terminología de Abraham Joshua Heschel, la gente cree que el hombre reina como campeón supremo, cuyos únicos posibles adversarios son las fuerzas de la naturaleza. El hombre está solo, libre, y es cada vez más fuerte. Dios no existe o no está interesado. Lo que hace a la historia es la iniciativa humana, y es principalmente por la fuerza que las constelaciones cambian. El hombre puede lograr su propia salvación.[11]

Pero el mundo es más que algo "sin Dios"; es "anti Dios".

Valoro la amable pero contundente definición del mundo de Dallas Willard:

Nuestras prácticas culturales y sociales, que están bajo el control de Satanás y, por tanto, opuestas a Dios.[12]

Mi mentor teológico Gerry Breshears lo expresó de esta manera:

El mundo es el dominio de Satanás, donde reinan su autoridad y sus valores, aunque su engaño hace que sea difícil que nos demos cuenta. Si eres del mundo, todo te parece bien.[13]

Rara vez leo libros políticos, pero no puedo dejar de pensar sobre *Por qué ha fracasado el liberalismo*, de Patrick Deneen. En contexto, escribe sobre la crisis social de la moderna Estados Unidos, pero honestamente, no puedo concebir un mejor párrafo de teología bíblica del mundo:

En este mundo, la gratitud hacia el pasado y las obligaciones con el futuro son reemplazadas por una persecución casi universal de la gratificación inmediata: la cultura, en vez de transmitir la sabiduría y la experiencia del pasado con el fin de cultivar las virtudes del autodominio y la urbanidad, se convierte en sinónimo de excitación hedónica, crudeza visceral y distracciones, todo ello orientado hacia la promoción del consumo, el apetito y el desapego. El resultado es que conductas sociales superficiales y destructivas cuyo fin es la maximización del yo comienzan a dominar la sociedad.[14]

En términos laicos, el mundo es lo que sucede cuando muchas personas ceden a la carne, entonces se normalizan los deseos básicos y primitivos.

Quizás el mejor ejemplo del mundo con el que muchos podemos coincidir es el racismo sistemático del comercio de esclavos —lo que muchos han llamado el pecado original de Estados Unidos. Más que una simple idea, un sentimiento y un pecado, el racismo se infiltró en el entramado del ámbito social, moral, legal, económico y, trágicamente en algunos círculos espirituales de la sociedad estadounidense. Primero lo practicaron pocos, luego muchos. Más tarde fue aceptado por la sociedad como un necesario, codificado por la ley, escrito en la Constitución,[15] incluso justificado en algunos círculos de la Iglesia (aunque ferozmente combatido en otros). Con el tiempo, simplemente se convirtió en "así son las cosas". Como resultado, se normalizó un mal atroz. Un mal que, aunque hemos avanzado tanto, sigue siendo trauma multigeneracional en el alma colectiva del país.

Pero el mundo es más que un simple sistema que está allá afuera en el cosmos sociopolítico. Es, como Eugene Peterson destacó, "una atmósfera, un humor",[16] que ha avanzado en nosotros como una podredumbre cancerosa. Un contaminante emocional en la atmósfera que inhalamos todos los días, un impulso anti-Dios que circula en nuestros pulmones. Es "la sociedad de seres humanos orgullos y arrogantes que desafían y tratan de eliminar el gobierno de Dios y su presencia en la historia".[17]

En resumen, definiría *el mundo* como

un sistema de ideas, valores, principios morales, prácticas y normas sociales integrados en la corriente principal y, a la larga, institucionalizados en una cultura corrompida por los pecados gemelos de la rebelión contra Dios y la redefinición del bien y el mal.

Con pecados gemelos me refiero a nuestro trabajo anterior sobre el Jardín del Edén y la tentación paradigmática de Adán y Eva. Recordemos que su tentación tenía, en esencia, dos partes: (1) rebelión o autonomía de Dios, para secularizar la vida y vivir separados de Dios, y (2) redefinición del bien y el mal con base en la voz en su cabeza (personificada por la serpiente, que luego fue identificada como el diablo) y los deseos desordenados de su corazón.

El mundo es lo que sucede cuando el pecado de Adán y Eva se viraliza y se extiende por la sociedad. ¿El resultado? Lo distorsionado se vuelve la norma. El pecado se transforma en una infinidad de cosas: libertad, derechos humanos, justicia reproductiva, "así son las cosas", la naturaleza, la ciencia, "así son los chicos", cualquier cosa, menos pecado.

Y la perspectiva clave para nosotros es esta: todo tiene un efecto en nuestro razonamiento moral y espiritual o, para ser más precisos, falta de razonamiento.

Mucho antes de la controversia de la serie *13 Reasons Why*, de Netflix, las personas estaban en pie de guerra en contra de la trágica novela *Las penas del joven Werther*, de Johann Wolfgang Von Goethe porque el héroe se suicida. Una ola de suicidios se propagó por Europa cuando fue publicada en 1774.[18] Casi parecía que el suicidio se estaba comportando como una enfermedad contagiosa y debía aislarse, aunque esto suene muy irracional. Muchos países prohibieron el libro, lo cual era un anatema contra el incipiente valor que la Ilustración otorgaba a la libertad de expresión.

Sin embargo, un campo emergente de investigación de los psicólogos sociales sobre los contagios sociales ha confirmado su intuición: las conductas, tanto buenas como malas, se propagan a través de las redes de amigos, familiares y conocidos, muy similar a como se contagia un virus.

El ejemplo clásico es el bostezo. Cuando alguien cercano bosteza, ¿qué haces? También bostezas. Es un fenómeno bien documentado. No solo es cierto sobre las conductas sociales como bostezar, temblar, sonreír, sino también sobre las conductas morales. Fumar, no fumar, comer saludable o comida chatarra, beber con moderación, ser alcohólico, ser amable o grosero, casi cualquier conducta que puedas imaginar se comporta de forma extraña y tiene el potencial de contagiarse. El doctor

Paul Marsden, psicólogo especialista en comportamiento del consumidor, resaltó que "los fenómenos socioculturales pueden propagarse y transmitirse entre poblaciones más parecido a los brotes de sarampión o varicela que a través de un proceso de elección racional".[19]

La información clave aquí es que estos fenómenos se propagan, no a través de una costosa campaña de mercadotecnia, legislación gubernamental, o ni siquiera de una elección racional, sino mediante alguna otra motivación menos lógica y más insidiosa. "La investigación empírica tiende a confirmar... la hipótesis de que la conducta humana se agrupa en el tiempo y en el espacio, incluso en ausencia de coerción y justificación".[20]

Traducción: lo que el mono ve, el mono hace.

La mentalidad de manada está literalmente entretejida en nuestro cerebro. Todos los búfalos caminan por el mismo lado de un campo; todos los adolescentes usan el mismo calzado. Los habitantes de ciudades de la costa tienden a votar por la Izquierda; los de la zona central, por la Derecha. Hemos sido creados por nuestro Dios relacional para vivir en comunidad, pero después de la caída, volvimos a ser como animales de carga. Así es como a menudo las ideas engañosas del diablo tienen tanta influencia en la sociedad durante tanto tiempo. "Lo quiero" y "todos lo hacen" tienen un poder abrumador; juntos son prácticamente irresistibles.

Renée DiResta, directora de investigación técnica del Observatorio de Internet de Stanford, hizo un resumen de la ética posmoderna: "Si lo puedes hacer tendencia, lo puedes hacer real".[21] Pero la aceptación social generalizada de una idea o una conducta no la convierte en verdadera, mucho menos que contribuya con el progreso. Si la historia nos enseña algo, es que la mayoría a menudo se equivoca. "Las multitudes mienten. Mientras haya más gente, habrá menos verdad", como dijo Eugene Peterson.[22] A menudo, las multitudes son más insensatas que sabias.

El doctor Jeffrey Schwartz habló de la "ecósfera" y la "etósfera", y definió la última como "el reino compartido de actitudes, conductas y éticas". Explicó que nuestra generación corre contra el tiempo para preservar las capas de hielo polar, los glaciares y las especies en peligro, sin embargo, trágicamente se queda de brazos cruzados mientras los recursos morales y espirituales desaparecen con rapidez.[23]

Afortunadamente, el contagio social es en ambos sentidos. La investigación de los científicos sociales Nicholas Christakis y James Fowler demostró que "permanecer saludable aparentemente no es solo una cuestión de los genes y la dieta. La buena salud también es producto, en parte, de la auténtica proximidad con otras personas saludables".[24]

Aunque resulta agradable citar un científico o dos, esta idea no es para nada nueva. Hace dos mil años, Pablo citó un proverbio de sabiduría que probablemente ya haya sido antiguo: "Las malas compañías corrompen las buenas costumbres".[25]

En Oriente, en la lista de Buda de las treinta y ocho "mayores bendiciones de la vida", la primera es "evitar la compañía de los necios". ¿La segunda? "Asociarse con los sabios".[26]

La cuestión es que no necesitas seguir a Jesús para creer esto; simplemente *es así*. Nos convertimos en las relaciones que cultivamos y la cultura a la que pertenecemos.

Pero especialmente para los seguidores de Cristo, que desean mantenerse fieles a los mapas mentales de Jesús en una cultura que está cayendo en una especie de espiral decadente de la moral, esta información es crucial.

El profeta/pastor de mediados de siglo A. W. Toze una vez dijo: "La causa de todas nuestras miserias es nuestra radical dislocación moral".[27] Usó la analogía de un marinero y su sextante; así como un marinero solía guiarse por las estrellas, nosotros alguna vez nos guiábamos por el verdadero norte de Dios y su visión del bien y el mal. Pero en el mundo, especialmente secular, (en su mayoría) progresista occidental, ya no nos orientamos por Dios.[28] Los antiguos absolutos morales se han puesto en duda. La nueva autoridad es, como analizamos antes, el auténtico yo, definido como deseo y sentimientos. El resultado es que hemos perdido por completo un sentido de orientación que no sean nuestros timones emocionales internos, los que, con mucha frecuencia, nos llevan por mal camino.

Yuval Noah Harari, el popular historiador y principal ateísta de nuestro tiempo describió la esencia del problema bastante bien:

En épocas anteriores, era Dios quien podía definir el bien, lo correcto y la belleza. Hoy esas respuestas están dentro de nosotros. Nuestros sentimientos dan significado a nuestra vida privada, pero también (a) nuestros procesos sociales y políticos. La belleza está en los ojos del observador, el cliente siempre tiene la razón, el votante sabe más, si te hace bien hazlo y piensa por ti mismo: estos son algunos de los credos humanistas.[29]

Por más que estos aforismos suenen lindos, realmente no nos brindan una Estrella Polar que guíe nuestra vida.

El siempre perspicaz David Foster Wallace, al ver a muchos de sus amigos seculares envejecer, señaló: "Esta es una generación que no ha heredado absolutamente nada que se parezca a valores morales significativos".[30]

Pero, aunque esto puede parecer un problema especialmente agudo en el tardío Occidente moderno, es tan antiguo como el jardín del Edén.

Observemos la triple definición del mundo que da Juan y que leímos hace unos minutos:

Nada de lo que hay en el mundo —los malos deseos del cuerpo, la codicia de los ojos y la arrogancia de la vida— proviene del Padre, sino del mundo.[31]

La elección de las palabras *malos deseos* es reveladora. Los malos deseos son una distorsión del amor; son deseos que vuelven sobre sí mismos.

Juan advirtió contra tres deseos del mundo:

"Los malos deseos del cuerpo" —claramente, lo que tenía en mente era la tentación sexual, la representación del amor deformado, en el que la persona a quien deberíamos dar amor sacrificial, se convierte en objeto de deseo de quien tomamos placer, aun si es consensuado. Pero esto incluye más que solo deseo sexual; es cualquier deseo de nuestra carne: alimentos, bebida, gratificación inmediata, control, dominación sobre otros y así sigue la lista.

"La codicia de los ojos" —evidentemente, Juan se refería a los malos deseos de los ojos, pero también a la envidia, los celos, la insatisfacción y la "inquietud cancerígena" de nuestra era.[32]

Finalmente, "la arrogancia de la vida": la inclinación humana que todos tenemos de hacer lo que queremos, rebelarnos contra la autoridad y pensar que sabemos más que nuestros antepasados. "¿Quién eres tú para decirme algo?" es el himno del proyecto del yo.

Estas son las tres grandes tentaciones que Jesús mismo enfrentó en el desierto. Los términos son diferentes, pero la oferta del diablo era la misma. Pensémoslo…

"Los malos deseos del cuerpo": la tentación de transformar las piedras en pan, ceder a los deseos de la satisfacción gastrointestinal y el anhelo de la carne de placer.

"La codicia de los ojos": la tentación de inclinarse y adorar al diablo para, a su vez, recibir "todos los reinos del mundo con toda su grandeza";[33] tenerlo todo, deseos sin límites.

Y "la arrogancia de la vida": la tentación de arrojarse del pináculo del templo y al hacerlo, recibir la gloria y admiración de la humanidad; transformar su vida en un espectáculo, volverse una celebridad.

¿Se ven los paralelismos?

Estas son las tres tentaciones paradigmáticas del mundo. Y son muy, pero muy antiguas.

Los estudiosos del Nuevo Testamento señalan que tanto Juan como el autor del Evangelio de Mateo aludían a la tentación del jardín en Génesis 3. ¿Recuerdas la terminología?

Cuando la mujer vio que el árbol era hermoso y los frutos que daba eran buenos para comer, y que además ese árbol era atractivo por la sabiduría que podía dar, tomó algunos frutos del árbol y se los comió. Su esposo se encontraba con ella, ella le dio, y él también comió.[34]

¿Puedes ver cómo se alinean?

"Los malos deseos del cuerpo" = "buenos para comer" = piedras en pan.

"La codicia de los ojos" = "tenía buen aspecto" = los reinos del mundo con toda su grandeza.

"La arrogancia de la vida" = "deseable para adquirir sabiduría" = el espectáculo en el templo.

Se remiten a la historia del jardín porque es el arquetipo de la historia humana. Nos advierten que abramos los ojos porque, en el mundo, los malos deseos del cuerpo, la codicia de los ojos y la arrogancia de la vida no son tolerados; son celebrados. Es más probable que los encontremos en un desfile que en un lugar de repudio contundente.

Theo Hobson, en su libro *Reinvención del cristianismo liberal*, usó este silogismo para resumir las tres características de la revolución moral moderna:

Lo que se condenaba universalmente ahora se celebra.
Lo que se celebraba universalmente ahora se condena.
Los que no celebran son condenados.[35]

Es muy interesante: en su libro, él está a favor de la revolución. Está tratando de articular una moralidad progresiva en curso. Hoy, estas tres características son lo que la mayoría de las personas, al menos en mi ciudad, llaman progreso. Y en algunos aspectos, coincido. Especialmente en cuanto al progreso sobre la igualdad de derechos para la mujer y las minorías. Pero en otros aspectos, lo que llamamos progreso es lo que el libro de *Efesios* llama "los poderes de este mundo". Tomemos nota: lo contrario al camino de Jesús.

Pablo escribió sobre "la sabiduría de este mundo". Quiso decir que lo que el mundo considera inteligente, astuto y hasta virtuoso, a los ojos de Dios "es tontería".[36] Esto hace eco a palabras de Jesús: "Aquello que la gente tiene en gran estima es detestable delante de Dios".[37]

A modo de aclaración, Jesús y Pablo no estaban diciendo que todo lo que las personas tienen en gran estima es detestable; muchas cosas que se valoran, aun en nuestra sociedad secular, son maravillosas. Tampoco querían decir que no se puede encontrar sabiduría fuera del círculo cristiano. Pero lo que sí parecían decir es que hay algunas cosas que muchos valoran, promueven, celebran y exhiben sobre las que Dios tiene una idea totalmente diferente. Jesús, en particular, parece operar a partir de un conjunto diferente de cálculos y ecuaciones morales.

Sería muy sensato que nos detuviéramos a indagar con honestidad sobre la sabiduría de Jesús en cuanto a los temas morales actuales —una sabiduría que surge de su inteligencia, criterio con discernimiento, y de sus amorosas intenciones sin precedentes. Si lo hiciéramos, inevitablemente descubriríamos al menos algunos ejemplos que harían evidente la notable diferencia entre Jesús y la visión de la Izquierda, así como la visión de la Derecha sobre el desarrollo y el progreso humano.

El doctor Larry Hurtado, difunto historiador de los comienzos del cristianismo, en su muy aclamado libro *Destructor de los dioses*, cuenta cómo una pequeña secta judía de seguidores de Jesús se sobrepuso al baluarte del paganismo y venció al Imperio Romano en unas pocas décadas. Su tesis es que no fue la relevancia ni la identificación de la Iglesia con la cultura lo que la hizo tan convincente para muchos, sino su diferencia y distinción. La Iglesia se caracterizaba por cinco elementos distintivos que hacían que se destacara frente al telón de fondo del Imperio:

1. Era multirracial y multiétnica, con una alta estima por la diversidad, la equidad y la inclusión.

2. Se extendía también a través de los estratos socio-económicos, y valoraba la atención de los pobres; se esperaba que los que tenían más compartieran con los que tenían menos.

3. Era firme en su resistencia activa contra el infanticidio y el aborto.

4. Era categórica en su visión del matrimonio y la sexuali-dad, que consideraba debía ser entre un hombre y una mujer, y de por vida.

5. Era no violenta, tanto a nivel personal como político.

Ahora bien, si colocamos estas cinco características en el mapa de la política moderna, las dos primeras parecen posicionamientos liberales, ya que tratan sobre la raza y la clase social; las dos segundas suenan conservadoras; y la última no concuerda con ninguna de las dos posturas.

Ningún partido político ni ideología intelectual fuera de la iglesia de Jesús —hasta donde yo sé— reúne a las cinco características.

Sin embargo, las cinco son básicas de acuerdo con la historia del cristianismo ortodoxo. Ninguna de las cinco se halla al margen o fuera del eje de un discípulo de Jesús.

Si tu ideología política es de Izquierda, es probable que sientas una abrumadora presión para priorizar las primeras dos e ignorar el resto; si es de Derecha, para priorizar la tercera y la cuarta. Pero si capitulamos en ambos lados, dejamos que el nombre de Jesús se vuelva capellán del mundo en lugar de posicionarse como una alternativa convincente para el *statu quo*.

Allá por la década de 1970, Lesslie Newbigin, pensadora influyente sobre el poscristianismo de Gran Bretaña, predijo —¿o quizás profetizó?— que a medida que Occidente se seculari-zara, la religión no desaparecería, sino que sería redirigida hacia la política. Advirtió sobre el surgimiento de las religiones políticas.

Estamos viviendo su predicción; nuestra nación está más dividida de lo que ha estado desde la guerra civil. La Izquierda y la Derecha ya no son dos lados opuestos que se equilibran mutua-mente; son dos religiones rivales enfrentadas en una guerra santa con fanáticos que luchan en el ecosistema digital y, cada vez más, en las calles de ciudades como Portland y los pasillos de DC.

Como dijo David Brooks en un artículo de opinión del *New York Times*: "Durante los últimos cincuenta años, hemos trans-formado la política, de una manera de solucionar problemas comunes, en un terreno cultural para exhibir resentimientos".[38]

Las personas importan a la política una devoción religiosa y frenética. *The Economist* la llamó "La nueva guerra religiosa de Estados Unidos".[39] Y en esta locura arrolladora, muchos han quedado cautivos de la ideología, que es una forma de idolatría. Un creciente número de personas son más fieles a su ideología o partido político que a Jesús y sus enseñanzas. Siento este tirón en mi corazón, y debemos resistirlo. Nos saca a un territorio fuera del reino de Dios y desmagnetiza nuestra brújula moral, llevándonos en una dirección que no conduce a la vida y la paz.

Los seguidores de Jesús necesitan volver a la realidad de que el bautismo es su principal promesa de lealtad,[40] que el desprecio tiene cero espacio en el corazón de los que declaran ser discípulos de Jesús, y que la prueba de fuego de nuestra fe es hasta qué grado amamos a nuestros enemigos.

Esto es lo que quiero decir: la idea de Jesús de una vida plena a menudo está a 180 grados de distancia de las normas morales de hoy en día.

Pienso en la famosa frase de John Milton, de *El paraíso perdido*: "¡Oh Mal!, sé mi bien".[41] Milton la puso en la boca del diablo, pero es un eco del lamento del profeta Isaías del siglo VIII antes de Cristo: *"Ay de los que llaman a lo malo bueno y a lo bueno malo"*.[42]

Ay es una fascinante elección de vocabulario. En realidad, no es una palabra, sino una expresión onomatopéyica que indica emoción. La versión positiva es *ohh*, una manera de expresar sorpresa o alegría al ser sorprendido por un bien inesperado. *Ay* es la versión negativa, un suspiro del corazón.

Durante años leí este pasaje con un tono de voz de "fuego del infierno y azufre" y con el altavoz a máxima potencia: "Ay de los que llaman a lo malo bueno y a lo bueno malo". Y, honestamente, esa vehemencia podría estar bien. Pero a medida que paso más tiempo con el Padre, el Hijo y el Espíritu Santo, y experimento su amor y compasión, más lo escucho en el tono de un llanto paterno, con el corazón en la mano por la insensatez del hijo y las consecuencias que inevitablemente cosechará.

Solo puedo maravillarme ante la respuesta emocional de Dios por la redefinición del bien y el mal en nuestra sociedad. Una sociedad donde…

La lujuria se define como amor.

El matrimonio, no es un pacto de fidelidad de por vida, sino un contrato para la satisfacción personal.

El divorcio, un acto de coraje y autenticidad en lugar de una ruptura de votos.

La transformación de la mujer en un objeto sexual a través de la pornografía es empoderamiento femenino.

La codicia es responsabilidad de resultados hacia los accionistas y empresarios.

La injusticia flagrante hacia los obreros del mundo en desarrollo es globalización.

El daño ambiental es progreso.

La destrucción de las economías locales que en algún momento fueran prósperas es capitalismo de mercado libre.

El racismo es un tema del pasado.

El marxismo es justicia.

Honestamente, no puedo pensar en un ejemplo más desgarrador que el aborto, donde el mayor infanticidio de la historia humana se reformula como "justicia reproductiva".[43] El descaro de usar la palabra *justicia* para referirse a la deshumanización (no es un bebé; sino un "feto") y la destrucción de millones de niños es inexplicable. El razonamiento moral aquí es simplemente asombroso pues se aleja completamente de la lógica y la sabiduría, hasta de la ciencia, aun así tiene amplia aceptación social.

Mi película favorita en 2019 fue *The Peanut Butter Falcon* (La familia que tú eliges). ¡Muy divertida! Con reminiscencias de Huck Finn, describe las travesuras de un huérfano vagabundo llamado Tyler (interpretado por Shia LaBeouf) y Zack (interpretado por el mismo Zack Gottsagen), un adolescente con síndrome de Down que se escapa de una casa de acogida estatal. La trama se desarrolla mientras ambos avanzan por el río en su fuga y la persecución de las autoridades. La vimos muchas veces en familia, pero la primera vez me sorprendió: hacía años que no veía a una persona con síndrome de Down.

Desde la década de 1980, cuando se volvió más común el análisis en embarazadas en busca del síndrome de Down, muchos bebés han sido abortados en silencio lejos de la mirada pública. No tenemos estadísticas confiables, pero muchos cálculos indican que en Estados Unidos se aborta el 67% de los bebés con un diagnóstico prenatal de síndrome de Down; en Francia es el 77%, y en países escandinavos como Dinamarca, el índice es alrededor de un 98%. Debido a las pruebas generalizadas y al aborto a disposición de todos, Islandia está cerca del 100%. Un médico islandés dijo hace poco: "Básicamente hemos erradicado, casi, el síndrome de Down de nuestra sociedad".[44] Con *erradicado* quiso decir: "Hemos asesinado todos los bebés con síndrome de Down". Lo llamó *asesoramiento genético*. Ahora tenemos pensadores destacados como Peter Singer —filósofo moral y profesor de bioética en Princeton— construyendo un caso para asesinar bebés con discapacidades[45] y otros que piden el "aborto postnatal", bajo el argumento de que los padres deben esperar unos días después del parto para decidir si desean terminar con la vida del niño.[46]

Aun así, la actual iteración del infanticidio no solo es aceptada socialmente, sino que también es celebrada como forma de liberación y un derecho humano. Y he aquí el truco: si te atreves a insinuar que este pensamiento está arraigado en una lógica complicada o que no tiene defensa científica o filosófica (mucho menos escritural), al instante se te etiqueta como regresivo o, peor, opresor. Si intentas aseverar que todos los bebés, independientemente de su capacidad intelectual, merecen amor y regocijo, al instante te etiquetan de antiprogresista. Porque en la nueva jerarquía moral, la elección, el deseo y la sexualidad libre de responsabilidad son más importantes que la vida del nonato. Un bebé no es considerado un alma humana sino una responsabilidad indeseable que se debe terminar.

La periodista británica Antonia Senior, en su artículo para el periódico *The Times*: "Sí, el aborto es asesinato. Pero es el mal menor", llegó a esta conclusión después de su experiencia personal con el embarazo y el parto:

> Mi hija se formó en la concepción... Cualquier otra conclusión es una mentira conveniente para que nos sintamos mejor por el acto de tomar una vida los que estamos del lado proelección en el debate... Sí, el aborto es asesinato. Pero es el menor de los males.

Ella concluye su argumento en favor del aborto en nombre de los derechos de la mujer con esta frase escalofriante: "Debes estar preparada para asesinar".[47]

Es salvaje pensar que esto sucede en una época caracterizada por la igualdad y la inclusión. Solo desearía que ese espíritu de justicia por el que se clama tanto se extendiera a estos hermosos niños nonacidos que son imagen de Dios.

Sin embargo, "los que no celebran son condenados".

Es prácticamente el mejor ejemplo que se me ocurre de la lógica distorsionada del mundo, con la carga emocional que implica. También es ejemplo de la forma en que las ideas engañosas apelan a nuestros deseos desordenados y, por desgracia, a menudo se instalan en toda la sociedad.

¿Qué sentirá Dios sobre todo esto?

Imagino que dirá: "¡Ay!"

¡Ay!, no solo ante la dislocación moral que significa el aborto, sino ante la posibilidad perdida de una familia. La belleza de *The Peanut Butter Falcon* reside en la forma en que pone en tela de juicio, proféticamente y con humor, los supuestos seculares sobre las personas con síndrome de Down y también sobre los hijos no deseados en general (personificados por Shia LaBeouf). Como padre adoptivo, soy muy consciente del dolor y la complejidad de la pobreza generacional, el embarazo en la adolescencia, la salud mental y el abuso de sustancias; sin embargo, también tengo un asiento en primera fila para ver a mi adorable hija desarrollarse y florecer. Y nuestra familia es inmensamente más rica por tener a Sunday como otra Comer.

Busca en Google el video de Shia LaBeouf y Zack Gottsagen en los premios Oscar. Zack fue la primera persona con síndrome de Down de la historia en tener tal honor.[48] Dime si ese premio no conmueve tu corazón y lo hace cantar.

Sé que toda esta charla puede resultar agobiante y pronto llegaremos a la esperanza para el futuro. Pero por ahora, lo que quiero decir es que a gran parte de lo que llamamos cultura (o arte, entretenimiento, economía, política, o forma de vida occidental) Jesús y sus seguidores lo llamaron el mundo. Y ellos veían que el mundo era un enemigo para el alma.

Ahora voy a ser claro: las personas del mundo no son nuestro enemigo; son objeto del amor de Jesús. Como dijo Pablo: "Nuestra lucha no es contra carne ni sangre",[49], no es contra personas de diferentes perspectivas religiosas, éticas o políticas. "Porque tanto amó Dios al *mundo* que dio a su Hijo unigénito";[50] nuestra lucha no es contra ellos sino por ellos.

Sin embargo, y debemos ser honestos en esto, el mundo es algo de lo que ya no hablamos en la Iglesia occidental.

¿Por qué no?

Mi teoría es que hemos sido colonizados.

Un remanente

Tengo edad suficiente como para recordar algunos predicadores de la vieja escuela que clamaban contra los males del mundo. ¡Eran lo que ahora, en lenguaje de la calle, llamaríamos los *meros, meros; los tipos duros!*

Apenas salí de la escuela secundaria, pasé unos años entre el personal de una iglesia que era una mezcla ecléctica de reuniones *hippy* de Oregón y avivamiento pentecostal. Imaginemos calzados Birkenstocks, música folclórica y un poco de fuego del infierno y azufre. De nuevo me ubico en el tiempo, termina la década de 1990, cuando Abercrombie & Fitch impuso el estilo de buen gusto en las masas mediante una campaña de mercadotecnia sexualizada, no tan común para la época. Un joven pastor colega fue de vacaciones y gastó $500 en todo un guardarropa de Abercrombie; su primer domingo de vuelta, ese pastor literalmente dio un sermón criticando la depravación moral de Abercrombie & Fitch.

Una historia real.

Por más ridículo que nos pudiera sonar hoy, estamos tan al otro lado del espectro que me pregunto si podríamos ser lo suficientemente sabios como para indagar el porqué de un sermón sobre el peligro de las camisetas Abercrombie en lugar de reírnos de la idea.

En las *Cartas del diablo a su sobrino*, C. S. Lewis (que era cualquier cosa menos un fundamentalista enojado) hace que Escrutopo, el demonio veterano, escriba esto a Orugario, el demonio aprendiz, (si no estás familiarizado con este libro, te cuento que es la historia desde el punto de vista del diablo, por lo tanto, el "Enemigo" es Jesús).

Como los servidores del Enemigo llevan dos mil años predicando acerca del "mundo" como una de las grandes tentaciones, esto podría parecer difícil de conseguir... Pero, afortunadamente, han dicho muy poco acerca del tema en las últimas décadas. En los modernos escritos cristianos, veo muchos (más de los que quisiera) acerca de Mammón, pero veo pocos sobre las viejas advertencias respecto las vanidades mundanas, la elección de amigos y el valor del tiempo. Tu paciente, probablemente, calificaría todo esto de "puritanismo". ¿Puedo señalar, de paso, que el valor que logramos darle a esa palabra es uno de nuestros triunfos verdaderamente sólidos de los últimos cien años? Gracias a ello rescatamos anualmente de la templanza, la castidad y la austeridad a millares de humanos.[1]

A modo de aclaración, con *rescatar*, Escrutopo quiere decir *arruinar*.

A propósito, Lewis publicó este libro en 1942. Por más de un siglo, la Iglesia occidental ha hablado menos y menos sobre el peligro del mundo. Como resultado, muchos discípulos de Jesús están ciegos a la amenaza que plantea el ambiente cultural en que vivimos —nuestras relaciones, nuestras elecciones de entretenimiento, nuestros sistemas operativos económicos y nuestra ingesta de noticias, información y sabiduría de Google que nos conducen por la vida.

Entonces, la atracción gravitacional del mundo es mayor ahora que en siglos.

El intelectual más sobresaliente, Philip Rieff, sociólogo de religión y una de las mentes más brillantes del siglo XX, dividió la historia de Occidente en tres fases: (1) primera cultura, (2) segunda cultura, y (3) tercera cultura. O, para nuestros fines...

1. Cultura precristiana

2. Cultura cristian(izad)a

3. Cultura poscristiana[2]

La cultura precristiana era el Imperio Romano antes del Evangelio, Irlanda celta antes de San Patricio o las tribus nórdicas de la leyenda vikinga. Era una cultura cargada de espiritualidad y superstición, aunque tribal, violenta y cruel.

Pero cuando el Evangelio se arraigó en cada una de estas culturas, cambiaron para siempre. Avanzaron a un nuevo modo cristianizado. Digo cristianizado, y no cristiano, porque no existe cosa semejante a la cultura cristiana; lo que Rieff llamó la segunda cultura fue siempre una mezcla cristiana y pagana, que luego fue mezcla cristiana y secular de ideas, valores y prácticas. Pero existió una época en Occidente cuando el marco básico de pensamiento cristiano era aceptado en todo el espectro social.

Hace poco, estaba leyendo una novela histórica ambientada en Inglaterra victoriana donde se lee que el horario de un banco del centro de Londres iniciaba a las 8:30 de la mañana con una plegaria matutina. Todos, desde el presidente hasta el cajero del vestíbulo, tenían que estar allí treinta minutos antes de abrir para orar a Jesús. ¿Se imaginan si eso sucediera en Wells Fargo o Chase hoy?

Eso es tiempo pasado; ahora avanzamos a una cultura poscristiana. Y la información clave de Rieff es que la cultura poscristiana no es lo mismo que la cultura precristiana. Nadie ha vuelto a adorar a Odín o sacrificar a su primogénito a los espíritus del bosque.

La cultura poscristiana es un intento de dejar atrás la visión cristiana mientras sigue reteniendo gran parte de su andamiaje. Es una reacción en contra del cristianismo; el momento de rebeldía adolescente de Occidente. Somos el estereotipo de adolescente que va en contra de la autoridad de los padres y critica sus defectos mientras sigue viviendo en su casa y comiendo su comida.

Mi amigo Mark Sayers lo expresó muy bien:

El poscristianismo no es precristianismo; en realidad, el poscristianismo intenta dejar atrás el cristianismo, mientras, simultáneamente, sigue deleitándose con sus frutos.

La cultura poscristiana intenta retener el consuelo de la fe, a la vez que la destripa del costo que implica, de los compromisos y restricciones que el Evangelio pone sobre la voluntad individual. El poscristianismo intuitivamente anhela la justicia y la paz del Reino, a la vez que defiende el reinado de la voluntad individual.[3]

Con las palabras de Mark, queremos el Reino sin el Rey.[4]

En realidad, la cultura poscristiana sigue siendo muy moral, dolorosamente moral algunas veces. Hay una defensa sin precedentes de los derechos humanos y la igualdad que elogio y aplaudo. Pero observemos que ese surgimiento viene con la cultura de la cancelación y la vergüenza en línea, donde la mafia de internet es jurado, juez y ejecutor, y la opinión de la mayoría es árbitro moral. Occidente heredó del cristianismo estándares increíblemente elevados sobre los derechos humanos, pero sin la presencia y el poder de Cristo, cada vez están más desprovistos de los recursos necesarios para alcanzar sus objetivos morales. El resultado es una cultura que casi nunca puede vivir a la altura de sus propios estándares. Y, sin un medio de redención, además de una creciente hostilidad hacia la idea del perdón, una vez que pecas (según la definición de la nueva moralidad), eres un paria.

Como expresó Nathan Finochio, pastor de enseñanza y cantante principal de *Le Voyageur*, en una historia de Instagram: "Todo es ético. Cada *millennial* es ético. La siguiente generación será dolorosamente ética. La próxima generación después de esa abrazará un totalitarismo ético. Esto sucede cuando las personas no tienen un propósito y su marco cultural es cristiano. El resultado final no es el retorno divertido al paganismo; es la militante marcha al legalismo".

También está Tim Keller, en un ensayo excelente sobre cómo las diferentes visiones de la justicia social se alinean (o no alinean) con la teología bíblica:

La perspectiva posmoderna considera que toda injusticia sucede a nivel humano y entonces demoniza a los seres humanos en lugar de reconocer las fuerzas del mal —el mundo, la carne y el diablo— que obran en toda vida humana, incluso en la propia. Los partidarios de esta perspectiva terminan siendo utópicos; se ven como salvadores en lugar de reconocer que solo un Salvador verdadero y divino podrá finalmente traer justicia.[5]

Este es el aporte al que quiero llegar: lo que Rieff y Sayers resaltaron es que si vas de una cultura cristianizada a una cultura precristiana —por ejemplo, de Inglaterra del siglo XIX a África o Nueva Zelanda como misionero— entonces el gran peligro es que colonices la cultura. Que deshonres y perjudiques la cultura indígena en lugar de honrarla y servirla. Podríamos llenar una biblioteca con historias de misioneros occidentales que cometieron ese terrible error. Se ha dicho mucho al respecto últimamente, y el ajuste de cuentas todavía está muy pendiente.

Pero —y sígueme en esto— si vas de una cultura cristianizada a una cultura poscristiana —por ejemplo, si eres un inmigrante de Nigeria en Inglaterra, un refugiado de Siria en Estados Unidos o un discípulo de Jesús de Bridgetown Church en una ciudad como Portland— el gran peligro no es que colonices la cultura, sino que seas colonizado por ella. Obviamente estoy aludiendo a la "colonización ideológica" del papa Francisco, no a la explotación económica del antiguo dominio colonial.

Esto se ve en una novela como *Dientes blancos* de Zadie Smith o en una película como *The Big Sick* (*Por eso lo llaman amor* o *La gran enfermedad del amor*) con Kumail Nanjiani, en donde la inmigración a las ciudades occidentales divide familias multigeneracionales. A medida que los integrantes más jóvenes de la familia son asimilados por la vida occidental, el secularismo corroe la moral y las normas religiosas de la cultura anterior. Los padres lloran; sus hijos apóstatas se conectan en Tinder; todos están a la deriva.

Como seguidores de Jesús, somos la representación de una minoría cognitiva, sea cual fuere nuestro origen étnico. Y la atracción gravitacional del mundo es difícil de resistir. En parte, porque a menudo es tan sutil que la pasamos por alto.

El politólogo Joseph Nye, de Harvard acuñó el término "poder duro", contraponiéndolo a "poder blando" para hablar sobre diferentes tipos de influencia sociopolítica. Sus ideas se convirtieron en la base de estrategias para la Casa Blanca tanto de Clinton como de Obama. Básicamente, el poder duro es la coerción mediante la fuerza bruta. En el caso de un gobierno, sería la violencia militar o las sanciones económicas. Es la política de Estado de Corea del Norte, los campos de trabajo o los tanques en la plaza Tiananmen de China, y la "desradicalización" de los uigures mediante los campos de concentración.

El poder duro al final desata una reacción violenta. Como dijo Foucault: "Donde hay poder hay resistencia".[6] Si se empuja a las personas con demasiada fuerza, inevitablemente empujarán de vuelta.

Pero el poder blando es una bestia diferente. Es la "capacidad de moldear las preferencias de los otros" y la "capacidad de atraer".[7] Hollywood es personificación del poder blando. Ha hecho más para cambiar las costumbres occidentales sobre el sexo, el divorcio, el adulterio, el lenguaje vulgar y el consumismo que casi cualquier otra cosa, simplemente con películas divertidas. Otro ejemplo es la industria de la publicidad, que es un intento de controlar nuestra conducta, no a través de la coerción, sino del consumismo, simplemente apelando a nuestros deseos.

El analista cultural Rod Dreher dijo que la cultura emergente de Occidente era un "totalitarismo blando", y escribió: "Este totalita- rismo no se parecerá al de la URSS. No se está estableciendo a través de medios 'duros' como la revolución armada, o imponién- dose con Gulags. Más bien, ejerce el control, al menos al principio, de forma suave. Este totalitarismo es terapéutico. Enmascara su odio hacia los disidentes de su utópica ideología con el pretexto de ayudar y sanar".[8]

Para los seguidores de Jesús en Occidente democrático, el poder suave es la más grande amenaza. Es sutil, sí, pero corrosiva. Desgasta tu corazón, apelando a tu carne, hasta que te levantas un día y te das cuenta: "Maldición, he sido colonizado".

Cada seguidor de Jesús, en cada cultura, debe preguntarse constantemente: "¿En qué maneras he sido asimilado en la cultura anfitriona? ¿Dónde me he desviado de mi identidad y mi herencia?".

En Occidente, nuestra tentación es menos el ateísmo y más la fe en el "hazlo tú mismo", que sería una mezcla de consumismo, el camino de Jesús, la ética sexual secular y el individualismo radical.

Todo lo cual cierra el círculo hasta Jesús como el revelador de la *realidad*. Finalmente estamos listos para reconsiderar el argumento central del libro y reunir las tres piezas.

Todo comienza con ideas engañosas, o mentiras en las que creemos (en las que depositamos nuestra confianza y por las que vivimos) sobre la realidad —mapas mentales que provienen del diablo, no de Jesús, y conducen a la muerte, no a la vida.

Pero las ideas engañosas llegan tan lejos porque apelan a nuestros deseos desordenados, o sea, la carne.

Y luego el mundo llega para completar el circuito de los tres enemigos. Nuestros deseos desordenados son normalizados en una sociedad pecaminosa, que funciona como un tipo de cámara de eco de la carne. Es un ciclo que se retroalimenta y valida a sí mismo, en el que todos nos decimos, unos a otros, lo que queremos (o lo que la carne quiere) escuchar.

Es como cuando le pregunto a mi esposa si le gustaría un postre. Como cualquier pareja casada sabe, en realidad mi intención no es llevarle algo dulce sino tener una excusa para comerlo yo sin sentirme culpable. Si puedo engañar a mi cerebro para que piense que estoy comiendo mi antojo como un acto de amor hacia T, justifico mi conducta (comer helado de fresas un lunes por la noche). El mundo aplica esta dinámica ampliamente en la sociedad.

Entonces, dejemos la crítica. Volvamos a nuestros asuntos. ¿Cómo resistimos al enemigo del mundo?

Bueno, nuestra teoría operativa es que las disciplinas espirituales son la guerra espiritual. O, dicho de otro modo, las prácticas de Jesús son cómo nos enfrentamos al mundo, la carne y el diablo.

Ahora vayamos a la práctica más básica. Tan básica que a menudo no la considero tanto una práctica, sino que la veo más como el ambiente en el que practicamos el camino de Jesús: la Iglesia.

Sea cual fuere la definición de Iglesia; una reunión dominical frente a un escenario, una comunidad mucho más pequeña alrededor de una mesa o, como recomendaría yo, una mezcla de ambas, no podemos seguir a Jesús solos. Jesús no tenía un discípulo (singular); tenía discípulos (plural). El llamado a seguir a Jesús era, y sigue siendo, un llamado a unirse a su comunidad. Y al seguir a Jesús juntos, no solos, podemos (1) discernir la verdad de Jesús de las mentiras del diablo, (2) ayudarnos a anular la carne mediante el Espíritu y (3) conformar una sólida comunidad unida por profundas relaciones que funcione como contracultura del mundo. Al hacerlo, podremos resistir la atracción gravitacional de los tres enemigos del alma.

Esta es la idea crucial que debemos recuperar en nuestra generación: la Iglesia es una contracultura. Es, como dijo mi amigo Jon Tyson, de la ciudad de Nueva York, una "hermosa resistencia"[9] al mundo y a su visión de la vida de rebelión contra Dios.

Ya que el mundo occidental y secular actualmente es más una anticultura que una cultura, que se relaciona más con derribar que con levantar, más con destruir que con construir, entonces probablemente sea mejor decir que la Iglesia es la contra-anticultura. En palabras del pensamiento anabaptista, la Iglesia es una "sociedad alternativa".[10] Un grupo al margen de la cultura anfitriona, que vive de manera alternativa, pero convincente y hermosa. Una señal profética de la vida en el Reino en medio de la cultura de muerte.

La visión de Jesús sobre la Iglesia es como una "ciudad en lo alto de una colina" cuyo llamado es "brillar delante de todos, para que puedan ver las buenas obras de ustedes y alaben al Padre que está en el cielo".[11] Es el llamado de Pedro para ser "peregrinos" en la Babilonia de hoy y mantener "entre los incrédulos una conducta tan ejemplar que, aunque los acusen de hacer el mal, ellos observen las buenas obras de ustedes y glorifiquen a Dios en el día de la salvación".[12] Es la Iglesia de Hechos 2, Romanos 13 y Apocalipsis 3. Es la Iglesia confesional bajo el Tercer Reich, el movimiento de iglesias en casa en la China de Mao, los cristianos ortodoxos de hoy en Siria. Cada vez más, somos tú y yo.

En este momento tenemos la tremenda oportunidad de que la Iglesia vuelva a sus raíces como una contra-anticultura. Y aunque espero no terminar crucificado en cincuenta años en algún tipo de distopía huxleyana, secular y progresista, ya he hecho las paces con la realidad evidente:

Nunca encajaré.

Nunca seré genial.

Nunca resultaré atractivo, muy respetado o admirado por la cultura.

Y está bien.

La misma palabra Iglesia (ἐκκλησία en griego) se refiere a los que son "llamados".[13] No se trata de una comunidad para la comodidad, sino del llamado.

Pero a qué nos referimos cuando decimos que participar como Iglesia no es solo asistir regularmente a los servicios dominicales en un edificio religioso. Estoy totalmente en favor de las reuniones dominicales, ahora más que nunca. Luego de cientos de horas de programación secular que llega a nuestra mente durante toda la semana, necesitamos el ancla de nuestros domingos para centrar de nuevo nuestra mente en la verdad y abrir el corazón a Dios, quien puede sanarnos y renovarnos. Cada vez que llego un domingo y veo otros discípulos de Jesús a mi alrededor, recuerdo: no estoy solo. Soy parte de la nueva humanidad; los futuros gobernantes del mundo, por muy ordinarios y defectuosos que seamos.

Aunque la Iglesia no es menos que los servicios dominicales, sino que es mucho más, incluso debe ser aún algo más para que podamos sobrevivir al apocalipsis espiritual de Occidente. La Iglesia debe volverse una densa red de relaciones interdependientes entre discípulos resilientes de Jesús profundamente leales al camino que nos muestra.

No importa si tu Iglesia es anabaptista o anglicana; urbana, suburbana o rural; una megaiglesia o una iglesia en casa; un teatro, una catedral o la sala de un hogar; debemos ir más allá de los servicios dominicales y dejar de ser una red débil para transformarnos en esa contracultura robusta que se opone al mundo para ayudar al mundo. Porque además de estar en contra del mal; estamos en favor del bien. Estamos en favor del amor, del gozo, de los matrimonios y las familias integradas, de los hijos criados con alegría y ternura, estamos en favor de los adultos que se alejan del sistema egocéntrico para convertirse en personas de amor, verdadera libertad, justicia para todos y unidad en la diversidad.

Permíteme darte tres claros ejemplos que considero como claves en este momento cultural. Si deseamos transformarnos en una iglesia para nuestra época, debemos ser…

1. Una comunidad con profundos lazos relacionales en una cultura de individualismo y aislamiento

En un mundo de "tú te construyes a ti mismo", "aleja tus leyes y reglas de mi cuerpo" y "no pases sobre mí", debemos elegir —por libre voluntad propia— vivir bajo la autoridad de los estatutos del Nuevo Testamento, como lo ejemplifica muy bien el Sermón del Monte, y debemos hacerlo juntos. En relaciones profundas, vulnerables e interdependientes que se oponen con fuerza a la superficialidad y la autonomía de nuestros días. Pensemos en la inviolable honestidad e intimidad de Alcohólicos Anónimos, no en las poses del club de golf; pensemos en la confesión de los pecados, no en las habladurías; pensemos en la confianza dentro de las relaciones que ha durado décadas, no en las conexiones sociales que se queman rápido bajo el criterio de "los iguales se atraen".

Esto podría verse como el compromiso riguroso con un pequeño grupo, una comunidad de origen o con una mesa de convivencia.

Podría parecer el comienzo de un grupo de afinidad multigeneracional y la forma de dar la bienvenida a las personas para que disfruten de una experiencia familiar.[14]

Podría parecer una reunión espontánea con otros dos o tres seguidores de Jesús para desahogar el corazón, confesarse sus fracasos y extenderse amor mutuo, compasión y sabiduría.

Podría parecer un tiempo para elaborar su presupuesto anual juntos en comunidad, de forma que cada uno establezca un límite de lo que puede gastar sin la aprobación de los demás. En mi caso, es de mil dólares. Para gastos mayores, recurrimos al grupo.

O simplemente podría parecer una comida alrededor de la mesa con personas con quienes sigues a Jesús y que te sostienen en esa búsqueda.

El siguiente...

2. Una comunidad de santidad en una cultura de hedonismo

La palabra *santo*, en hebreo ק ־ ָוׁ֫שׁ (qadosh), literalmente significa "apartado", "único" o "diferente". Vivir en santidad significa vivir diferente al mundo, en cuanto a la forma de utilizar el tiempo o el dinero, la forma de administrar el poder (pista: lo cedemos), la forma de comprometerse (o rehusar comprometerse) con los sistemas del mal y la injusticia, la forma de hablar, la forma de participar en redes sociales (pensemos: "estar listos para escuchar, y ser lentos para hablar y para enojarse"[15]), y por supuesto, la forma de llevar adelante el matrimonio, la familia, el sexo, el romance, las citas, la soltería y lo que los cristianos durante mucho tiempo llamaron *castidad*.

En un mundo donde el cuerpo "solo es carne", el sexo "es simplemente un juego de adultos" y el género "es solo un sistema excretor", debemos elegir ofrecer nuestro "cuerpo como sacrificio vivo, santo y agradable a Dios" y "no amoldarnos a este mundo, sino ser transformados".[16]

Debemos abrazar lo que Juan Pablo II llamó la "teología del cuerpo",[17] según la cual debemos tratar nuestro cuerpo, no solo como vehículos biológicos de placer, o lo que Melinda Selmys llamó una "máquina húmeda, una herramienta que puedes usar e intercambiar para cualquier propósito que te apetezca",[18] sino como "templo del Espíritu Santo",[19] el lugar físico de nuestra relación con Dios. Debemos rechazar el neognosticismo de nuestros días y honrar a Dios con el cuerpo. "Así podrán comprobar cuál es la voluntad de Dios, buena, agradable y perfecta".[20]

Sé que he atacado mucho la sexualidad en este libro; he vacilado en hacerlo, sabiendo lo complejo y delicado que resulta para todos y porque me molesta mucho cuando se usa a las personas para lograr posiciones ideológicas. Pero sigo volviendo a la sexualidad porque (1) creo que es la prueba número uno de la fidelidad de nuestra generación al camino de Jesús o a las ideas e ideologías del mundo, (2) es uno de los ejemplos más comunes del Nuevo Testamento de conducta no cristiana, y (3) la sexualidad siempre ha sido un ámbito donde los seguidores de Jesús se posicionan en evidente contraste con el mundo. Desde la acrópolis de Atenas hasta las aceras de Brooklin.

The Economist, dijo que la escritora Nancy Pearcey es "la intelectual protestante evangélica más preeminente de Estados Unidos".[21] En su impactante libro *Ama tu cuerpo*, Pearcey escribió: "Lo que los cristianos hacen con su sexualidad es uno de los testimonios más importantes que le brindan al mundo".[22]

Es importante; esto importa mucho.

Recordemos, que lo que ahora consideramos valores tradicionales, como el matrimonio entre un hombre y una mujer hasta
que la muerte los separe, eran radicales cuando fueron introdu-
cidos por Jesús y los autores de la Escritura. Para los judíos, en
una cultura patriarcal donde era fácil divorciarse (es decir, para los
hombres), las enseñanzas de Jesús sobre la igualdad de la mujer
(que ahora damos por sentado) y la perversidad del divorcio
eran sorprendentes. Para los grecorromanos, que consideraban
correcta casi cualquier forma de promiscuidad que pudieras imaginar, el llamado de Jesús a limitar la sexualidad a un compañero
(del sexo opuesto) de por vida era desconcertante. Estas ideas
se volvieron tradicionales porque muchísimas personas se dieron
cuenta de que conducían al progreso humano. Pero en el espíritu
de nuestra época deconstructivista poscristiana, se volvieron
radicales de nuevo.

Debemos descubrir "el gozo de la convicción en una cultura
de compromiso".[23] Finalmente…

3. Una comunidad de orden en una cultura de caos

Cuando lees la historia de la Iglesia, notas una tendencia: en
tiempos de caos, la Iglesia se movía hacia el orden.

Por ejemplo, en el siglo IV, cuando el Imperio Romano cayó en
el desorden y el mundo mediterráneo comenzó a separarse, los
seguidores de Jesús empezaron con los monasterios. Primero,
se alejaron de las ciudades y se adentraron en los desiertos del
norte de África y Siria; luego, con San Patricio y los cristianos
celtas en Irlanda, se transformaron en ciudades. Pero el monas-
terio siempre fue una roca de orden en un mar de caos.

Muchas personas muy inteligentes han establecido paralelismos entre la declinación del Imperio Romano en los siglos IV y V

y la cultura occidental actual. No sé si estamos viviendo el final de la civilización occidental o solo unos años difíciles (espero que sea lo segundo); pero sí creo que el impulso del Espíritu en este momento es hacia lo que los antiguos llamaron *stabilitas*, una especie de estabilidad, estructura y paz en nuestra época de ansiedad, exceso de libertad y transitoriedad.

La manera como los discípulos de Jesús han hecho esto durante mucho tiempo es desarrollando una "regla de vida". Si esta terminología te resulta poco familiar, no pienses en reglas (plural), sino en regla (singular). La voz latina era *regula*, de donde provienen las palabras *regulador* y *reglamento*. Se usaba para nombrar un recto trozo de madera.[24] Muchos estudiosos piensan que era el vocablo griego usado para el enrejado de un viñedo.[25]

Una regla de vida es simplemente un cronograma y un conjunto de prácticas y ritmos relacionales que organizan nuestra vida en torno a la invitación de Jesús de permanecer en la vid. Es la manera de vivir alineados con nuestros deseos más profundos de una vida con Dios en su Reino.

Antes de San Benedicto, en el siglo VI, el nombre *regla de vida* se usaba indistintamente para *camino de vida*. Tu regla simplemente es la manera como vives y sigues a Jesús en la comunidad.

Hemos pasado los últimos años en nuestra iglesia en Portland desarrollando una regla de vida, específicamente diseñada para crear una "hermosa resistencia" en la ciudad que llamamos hogar y en los días que estamos viviendo. Luego, estamos trabajando para comenzar una iglesia neomonástica en orden con otras iglesias en todo el mundo.

Tú puedes hacerlo.

Reúnete con tu comunidad y escriban su propia regla.[26] Hey, comienza tu propia mini orden. Hazlo con amigos; yo soy uno. Lo importante no es tomar el control del mundo, sino permanecer firmes en nuestro lugar en el mundo y seguir siendo leales a Jesús, sin importar lo que venga.

Para terminar, déjame explicarte una última idea...

Hace unas páginas, dije que la Iglesia es una minoría en Occidente; no una minoría étnica sino moral y espiritual. Pero el tipo de minoría de la que estamos hablando es lo que el historiador Arnold Toynbee llamó una *minoría creativa*, que describió como un grupo pequeño pero influyente de ciudadanos que, motivados por el amor, bendicen la cultura anfitriona, no desde el centro, sino de los márgenes.[27]

Esta es la definición de Jon Tyson:

Una comunidad cristiana en un entramado de relaciones obstinadamente fieles, entrelazadas en una red viva de personas, en un entorno cultural complejo y retador, que están comprometidas con avanzar juntas por el camino de Jesús para la renovación del mundo.[28]

Obviamente, los judíos son el ejemplo por excelencia de una minoría creativa. Nuestros ancestros espirituales durante mucho tiempo crecieron al margen de la sociedad, no solo como sobrevivientes espirituales, sino también como algunos de los escritores, poetas, científicos, filósofos, políticos, empresarios y ejecutivos más influyentes que jamás hayan vivido.

Pero como puede decir cualquier judío, el exilio no es fácil.

Conocí la idea de la Iglesia como minoría creativa a través del rabino en jefe Jonathan Sacks. En una conferencia para *First Things*, Sacks dijo:

> Transformarse en una minoría creativa no es fácil, porque implica mantener lazos fuertes con el mundo exterior y a la vez permanecer fiel a tu fe, procurando no solo que la llama sagrada siga ardiendo, sino también trasformar la gran sociedad de la que eres parte. Esto es, como pueden testificar los judíos, una elección demandante y arriesgada.[29]

Lo que Sacks llamó *minoría creativa*, los autores de la Biblia denominaron *remanente*.

El remanente es el nombre usado en toda la biblioteca de la Escritura para referirse al pequeño grupo dentro de Israel (y luego la Iglesia) que era fiel a Dios cuando la mayoría de las personas no lo eran, lo que Barna llamó *discípulos resilientes*.

Pablo a los Romanos: "Así también hay en la actualidad un remanente escogido por gracia".[30]

La Palabra de Dios a Elías, en 1 Reyes 19:18: "Sin embargo, yo preservaré a siete mil israelitas que no se han arrodillado ante Baal ni lo han besado". Siete mil es un número simbólico que significa "hay más de los que crees". No estamos solos, aun cuando, como Elías, así lo sentimos.

El remanente son aquellos con una valiente fidelidad a lo ortodoxo en un tiempo de sincretismo generalizado tanto en la Izquierda como la Derecha.

Obviamente, Jesús es el máximo ejemplo de remanente. El suyo fue una expresión que surgió de la minoría dirigido a la cultura anfitriona; un desafío de compromiso y complicidad al *statu quo*, y a la vez un catalizador de sanidad y renovación desde los márgenes hacia la toda la sociedad. Y a través de su vida, sus enseñanzas, su sufrimiento, su persecución, su muerte y su resurrección para colocarse a la derecha del Padre como Señor y Rey, literalmente cambió el curso de la historia; no solo para Israel sino para el mundo.

La pregunta por delante es: ¿Nos uniremos a Jesús en el remanente?

Aunque muchos somos nuevos en el manejo de este nivel de hostilidad y oposición de la cultura secular hacia los discípulos de Jesús, la Iglesia ha estado en el exilio antes. Creció allí. No perdió su identidad; la descubrió. No se quedó dormida; despertó.

Esto podría parecer mil cosas diferentes...

En Portland, podría parecerse a Every Child Oregon, una organización sin fines de lucro de carácter religioso, que está uniendo a las iglesias y acoge niños. Una combinación letal de ética sexual occidental, ruptura de familias, pobreza generacional, epidemia de opioides y guerra contra las drogas ha dejado miles de pequeños sin hogar. Las familias de nuestra Iglesia están confrontando esta crisis, no con un *tweet* de desahogo contra algún político, sino con amor apacible y humilde, recibiendo a los niños en su hogar durante el tiempo que las familias de los pequeños necesiten para sanar. Alrededor de mil doscientas de las mil quinientas familias de acogida de mi ciudad son cristianos reclutados de las iglesias locales.

Algo similar es el grupo de más de setenta personas de nuestra Iglesia que organiza el evento mensual *Foster Parents' Night Out* (Salida nocturna de los padres adoptivos), donde ponen en marcha una tremenda fiesta para los niños y les dan a los padres de acogida una noche para salir a distraerse a la ciudad o simplemente recuperar el aliento.

Mis amigos Pete y Gav, de Londres, comenzaron Ark, un espacio de trabajo en conjunto para creativos y emprendedores en el vecindario de Kings Cross. Ellos están creando comunidad en una ciudad donde la idea de colectividad ha sido efímera, y están donando una buena parte de las ganancias a las organizaciones benéficas locales.

Mis amigos de Praxis, de Nueva York, comenzaron un acelerador de negocios para "redimir al espíritu empresarial",[31] que le da a la nueva generación de cristianos en el borde más sangriento del reino una visión de empresa, comercio y negocios.

Podría seguir llenando páginas con ejemplos de discípulos de Jesús inteligentes, humildes, apasionados que viven como una minoría creativa justo en medio de algunas de las ciudades más seculares del mundo.

Ellos despiertan mi corazón para volver a soñar, para pasar de la ansiedad a la posibilidad.

Me muestran el camino de fidelidad a Jesús en la Babilonia digital.

Me regalan una visión de lo que es posible en el exilio.

Honestamente, en este momento tengo más esperanzas de las que he tenido en años. El Occidente poscristiano está cayendo. Los desafíos de 2020 casi nos exterminan. La ansiedad y la rabia todavía están por las nubes. La polarización en mi país es profunda y descarnada. La brecha entre los que tienen y los que no tienen es desgarradora y empeora en lugar de mejorar. La utopía prometida se está convirtiendo en algo más parecido a *Un mundo feliz* o *Los juegos del hambre* que a la visión de Jesús del reino de Dios. Esta cultura no está cumpliendo con su promesa de un reino sin el Rey. Y con el fantasma emergente de China, la expansión de internet y la creciente diversidad de naciones occidentales, estamos ingresando a una verdadera globalización, que ahora perturba al perturbador: el poscristianismo. Mientras las ciudades occidentales sigan diversificándose a través de la inmigración, la etiqueta "poscristiano" cada vez se vuelve menos adecuada.

¿Y si todo esto no fuera una amenaza a la que debemos temer sino una oportunidad para que nazca algo nuevo?

¿Y si hubiera alguna conspiración de Dios en todo esto?

Cualquier cosa podría suceder después.

Los ídolos de la ideología están cayendo. ¿Y si en la secuela las personas se volvieran al Dios viviente?

La gente no puede vivir sin sentido, propósito y comunidad. Parece que el mundo secular no puede ofrecer eso; Jesús puede y lo hace. ¿Y si la Iglesia regresara a su llamado como radiante comunidad llena del amor de Dios?

Nadie sabe a dónde irá Occidente en los años por venir. Los más inteligentes solo pueden hacer conjeturas.

Pero este podría ser nuestro mejor momento.

Podríamos estar a días de una renovación radical en toda la Iglesia occidental. Ya ha pasado antes, en el momento menos probable.

Podría volver a suceder.

Entonces, mañana me levantaré y continuaré con mi vida en Portland. Llevaré las penas y alegrías de la ciudad en lo más recóndito del corazón. Criaré a mis hijos aquí. Pagaré los impuestos, haré las compras e invitaré a mis vecinos a cenar. Haré voluntariado con mis hijos para ayudar a los desprotegidos. Ofreceré mi pequeña y poco visible contribución para la paz y la prosperidad de la ciudad que llamo hogar.

Y combatiré a los tres enemigos que rondan en las calles.

Me afirmaré en una hermosa resistencia.

Viviré, y, si así debo hacerlo, moriré con esperanza.

Pero no estaré solo.

Resumen de la tercera parte

Definiciones:

- **El mundo:** un sistema de ideas, valores, principios morales, prácticas y normas sociales predominantes e institucionalizadas en una cultura corrompida por los pecados gemelos de la rebelión contra Dios y la redefinición del bien y el mal.
- **Cultura precristiana:** cultura de dioses y diosas.
- **Cultura cristianizada:** momento cultural en el que las normas sociales te empujan hacia una visión que mezcla las ideas de Jesús con otros enfoques paganos o seculares.
- **Cultura poscristiana:** reacción contra la cultura cristianizada que intenta aferrarse a algunos elementos centrales de la visión de Jesús, mientras que rechaza otros, y trata de establecer el reino de Dios sin el Rey. Distopía utópica muy actual.
- **Poder duro:** fuerza de coerción, como la fuerza legal o militar.
- **Poder blando:** intento de controlar o influenciar la conducta apelando a los deseos sensuales de las personas.
- **Minoría creativa:** pequeño grupo que funciona en los márgenes de la sociedad, personas que viven juntas en una densa red de relaciones, y con su vida y obra, bendicen a la cultura anfitriona con sanidad y renovación.

Textos clave para meditar: Juan 17 y Juan 2:15-17.

Teoría operativa sobre la estrategia del diablo: Las ideas engañosas apelan a deseos desordenados, que se normalizan en una sociedad pecadora.

Práctica clave para luchar contra el mundo: Reúnete con tu Iglesia.

En resumen: Las ideas engañosas del diablo llegan tan lejos porque apelan a los anhelos instintivos de nuestra carne que encuentran un lugar en nuestro cuerpo gracias a la cámara de eco del mundo, que nos permite mitigar la culpa o la vergüenza para vivir como se nos dé la gana. Como resultado, al mal a menudo se le llama bien, y al bien se le llama mal; el alma y la sociedad involucionan hasta un reino de anarquía por la pérdida de un verdadero norte espiritual. En dicho momento exílico, la Iglesia, como contra-anticultura, tiene el potencial no solo de sobrevivir sino también de florecer como minoría creativa que, desde los márgenes, se interesa amorosamente por la cultura anfitriona donde se encuentra.

Epílogo: Autonegación en una era de autorrealización

Antes de Gandhi.

Antes de Luther King.

Antes de Madiba.

Estuvo Jesús de Nazaret.

Quien —hace dos mil años— dijo cosas como

"Amen a sus enemigos".[1]

"Oren por quienes los maltratan".[2]

"Los que a hierro viven, a hierro mueren".[3]

No se me escapó la ironía de luchar contra los enemigos en un libro basado en la vida y las enseñanzas de un rabino que nos mostró cómo amar a tales enemigos.

Aun así, Jesús era un guerrero, como las antiguas profecías predijeron que sería. Era el Mesías, el Rey tan esperado. A diferencia de los líderes políticos de hoy, en el mundo antiguo, rey era sinónimo de guerrero a la cabeza de un ejército; pensemos en el rey David o Julio César. En Estados Unidos, al presidente lo llamamos comandante en jefe, aunque nunca lo dejaríamos acercarse a una batalla real. Sin embargo, en la época de Jesús, se esperaba que el rey liderara del ataque, literalmente.

No es ninguna sorpresa que los seguidores más fervientes de Jesús simplemente asumieran que tomaría la espada, reuniría un ejército, e iniciaría una guerra contra Roma. Era el rey y eso era lo que hacían los reyes: usaban la violencia para conquistar el poder y tomar lo que quisieran.

En cambio, un tema central de la enseñanza de Jesús fue la no violencia y el amor hacia los enemigos: una idea que sigue siendo muy radical para muchos en nuestro moderno e iluminado mundo, incluyendo a varios cristianos de la Izquierda y de la Derecha. Y en lugar de derramar sangre, fue a la cruz para dar su propia sangre, por las mismísimas personas que se burlaban de él desde la multitud.

Al hacerlo, Jesús redefinió radicalmente la naturaleza de la guerra y también los medios para pelearla.

Para Él, nuestra lucha no es contra Roma, los "bárbaros" del norte, o ni siquiera la aristocracia judía corrupta que apoyó su tortura y muerte en nombre de la religión, como tampoco en este momento lo es contra Rusia, ISIS o el "otro" partido político. En cambio, es contra el triunvirato del mundo, la carne y el diablo. Y nuestra victoria no se logra con espadas, lanzas ni ataques de drones depredadores, sino con la verdad encarnada en un amor abnegado.

Por eso es absolutamente crucial que recuperemos la idea de una guerra espiritual; porque mientras neguemos la realidad del mal demoníaco, demonizaremos a las personas, a quienes debemos amar y servir. En lugar de luchar contra Satanás, haremos que las personas, o quizá grupos enteros, se vuelvan hacia Satanás. Como resultado, en lugar de contener el odio, la violencia y la oscuridad de los tres enemigos, simplemente añadiremos más odio, violencia y oscuridad a una cultura con una profunda necesidad de sanidad.

Entonces, no es ninguna sorpresa que Jesús llame a sus discípulos, no a tomar una espada y asesinar, sino a seguir su ejemplo y morir:

Sí, morir.

Escucha la invitación más común de Jesús:

"—Si alguien quiere ser mi discípulo —les dijo—, que se niegue a sí mismo, lleve su cruz y me siga".[4]

Jesús colocó un símbolo evocativo en el centro del discipulado; no una espada, sino una cruz. La cruz era símbolo de muerte. El llamado de Jesús a seguirlo era un llamado a morir; si no lo era literalmente a nivel físico, al menos lo era figurativamente mediante la autonegación. Como dijo Dietrich Bonhoeffer: "Cuando Cristo llama a un hombre, le pide que venga y muera".[5]

Bonhoeffer, luego, fue martirizado por la Gestapo.

En su caso, fue literal.

Pero este llamado a la autonegación suena extraño para nuestros oídos modernos, ¿cierto? La avalancha de mensajes culturales que recibimos constantemente mediante 4G en la infinidad de dispositivos dice exactamente lo contrario: todo se trata de la autorrealización, no de autonegación. Finalmente, la idea de decirle que *no* a tu *yo* para decirle que *sí* a Jesús suena descabellada. Muchos simplemente no podemos comprender una perspectiva de la buena vida que no incluya obtener lo que se nos antoja.

Entonces, ¿qué es exactamente lo que Jesús nos pide que neguemos?

La mejor manera como puedo enmarcar esto es diciendo lo siguiente: debemos negar nuestro *yo*, no a nosotros.

El yo en el llamado de Jesús no es nuestra esencia interior, nuestro tipo de personalidad, ni nuestro número de eneagrama. Bajo nuestra rúbrica del mundo, la carne y el diablo, el yo es el equivalente de la carne; el punto de ataque para el asalto que intentan hacer esos tres enemigos a nuestra alma. El yo es donde se encuentran las ideas engañosas del diablo por un lado y las conductas pecaminosas normalizadas de la sociedad por el otro, por lo que dirigen su ataque contra el epicentro de nuestros deseos desordenados.

Obtenemos algún indicio en la famosa declaración de Pablo:

He sido crucificado con Cristo, y ya no vivo yo, sino que Cristo vive en mí.[6]

Evidentemente el apóstol todavía respiraba. Entonces, ¿qué parte de Pablo fue crucificada? La respuesta viene en un párrafo posterior:

Los que son de Cristo Jesús han crucificado la carne, la naturaleza pecaminosa, con sus pasiones y deseos.[7]

Pablo había muerto a la carne y, al hacerlo, había resucitado.

Una felicidad profunda y un espíritu apacible invaden a quienes han muerto al yo. Sus deseos han sido aniquilados o, al menos, puestos en el lugar adecuado debajo de Dios. Como resultado, han sido liberados de la dominación del *querer*.

Para Jesús, la cruz es el punto de entrada a la vida plena del Reino. Así es como caminamos hacia la vida —morimos.

Pero tomemos nota de que lo opuesto también es cierto: evitar la negación del yo es el punto de entrada del diablo en nuestro minireino. Cuando rechazamos la cruz, abrimos el alma para que el enemigo logre infiltrarse.

Por eso Jesús coloca la cruz directamente frente a la invitación a ser sus discípulos. Por eso también encontramos esta invitación de "venir y morir" en los cuatro Evangelios. Se repite una y otra vez. No es una idea secundaria sino central del camino de Jesús. Juan Calvino alguna vez usó la frase autonegación para resumir todo el camino espiritual.[8]

Decir que sí a la invitación de Jesús es decir que no a miles de otras cosas. Como solían decir los monjes: "Cada elección es una renuncia".[9] Decir que sí a Jesús es decir que no a vivir según mi propia definición del bien y del mal, a usar mi tiempo y mi dinero como se me ocurra, al hiperindividualismo, a la actitud antiautoridad y la hedonista búsqueda de satisfacción cada día.

Se trata de mil pequeñas muertes que en conjunto conducen a una enorme y abundante vida. No es una vana búsqueda del control sino la libertad de rendirse al amor. Es decirle a Jesús: donde sea, como sea y para lo que sea: yo te pertenezco.

Vemos a las Cruzadas como un punto bajo en la historia de la Iglesia (aunque los historiadores cuentan una historia mucho más compleja que la instalada en la imaginación popular). La leyenda relata que antes de ir a la batalla, los caballeros templarios eran bautizados, pero debían sostener la espada sobre su cabeza al sumergirse en el agua. Era una forma de decir: "Jesús, puedes tener todo de mí, excepto esto. No mi violencia. No mi búsqueda de gloria".

Leyenda o historia, la imagen es penosa. Todos hacemos esto. Quizá no sostengamos una espada; en nuestro caso podría ser una tarjeta de débito, una relación, una ética sexual, una herida, un hábito de entretenimiento, una posición política o hasta teológica. Podría ser cualquier cosa. Pero con cuánta frecuencia decimos, quizás no con palabras, sino con nuestros actos: "Esto no, Jesús. Esto no".

Muchos seguidores de Jesús todavía no se dan cuenta de que la cruz no solo es algo que Él hizo por nosotros, sino algo que nosotros hacemos con Él. Aun en tradiciones de iglesias que tienen la cruz en alta estima, la interpretación de la muerte de Jesús en la cruz a menudo es más transaccional que transformadora. No estoy ni remotamente cuestionando la doctrina de la expiación por sustitución: la muerte de Jesús por nuestros pecados es central en el Evangelio. Pero pensemos en esto: seguimos muriendo. Jesús no lo hizo para que no tengamos que hacerlo nosotros; murió para enseñarnos cómo hacerlo: cómo seguirlo a través de la muerte hacia la vida.

Puedo adivinar que, para muchos de ustedes, esto suene difícil de vender (sin mencionar que es una manera deprimente para terminar un libro). Es probable que tu escéptico ser interior piense: "¿Por qué yo haría eso?".

Jesús, el más experto de los maestros, se anticipa a tu pregunta y prosigue para explicarte el motivo:

Porque el que quiera salvar su vida la perderá; pero el que pierda su vida por mi causa y por el evangelio la salvará.[10]

La palabra *vida* también puede traducirse como "alma".[11] Jesús nos advierte sobre la importancia de nuestra decisión de practicar la autonegación para lograr la autorrealización, y sobre la trayectoria de esa decisión para nuestra alma.

Observemos que es una afirmación, no un mandamiento. La perderás o salvarás. No es que podrías perderla o salvarla. Jesús a menudo no terminaba sus enseñanzas con un mandamiento sino simplemente con una afirmación de la realidad. Él tiene acceso al conocimiento moral que necesitamos para crecer. Si confiamos o no en los mapas mentales de Jesús por encima de los nuestros o de los de nuestra cultura es algo que debemos decidir.

Para Jesús, tienes dos opciones:

Opción A: *niegas a Jesús y sigues tu yo.* Dicho de otro modo, pones los deseos en el trono de tu vida. Haces que obtener lo que quieres sea la máxima autoridad y la principal motivación de tu existencia.

Opción B: *niegas tu yo y sigues a Jesús.* Esto significa que crucificas los deseos de la carne y accedes a los deseos más profundos de Dios.

¿El resultado?

Perder tu vida, o salvarla.

De acuerdo con Jesús, esas son tus opciones.

Ahora bien, el pensamiento dicotómico es anatema en nuestra era posmoderna. Odiamos los enfoques de blanco o negro; preferimos el gris. Sin embargo Jesús, subversivo como siempre, no permite que optemos por la salida más cómoda. Sus opciones binarias están diseñadas para sacar a los oyentes de su apatía e inducirlos a tomar una decisión.

Seguirlo o no.

Volviendo a Bonhoeffer, su obra *El costo del discipulado* fue uno de los grandes libros del siglo XX. Para seguir un poco con su lenguaje, sí, debemos considerar el costo del discipulado. Y al mismo tiempo debemos calcular el costo del no discipulado.

Esto significa que es verdad que nos costará seguir a Jesús, pero nos costará aún más no seguirlo.

Jesús solo intenta invitarte a hacer un simple análisis de costo-beneficio: tu alma o tu *yo* en la balanza.

¿Realmente estás dispuesto a intercambiar la felicidad a largo plazo por el placer a corto plazo?

¿Intercambiar los mapas mentales de la realidad por la autonomía de la autoridad?

¿El amor por un encuentro sexual fugaz?

¿La intimidad y la confianza de un matrimonio por la emoción momentánea de una aventura?

¿El contentamiento con lo que tienes por la emoción de comprar alguna reluciente novedad?

¿El interés acumulativo compuesto de la bendición y la recompensa devengada durante décadas de fidelidad a Jesús y su camino por la salida fácil de darte por vencido cuando tropiezas con una mala racha?

Haz el cálculo.

¿Cuánto vale tu alma para ti?

Hemos cerrado el círculo para llegar de nuevo a la necesidad de confianza.

Cuando Jesús explicó las buenas noticias de que el reino de Dios estaba disponible para todos, terminó con esta convocatoria: "¡Arrepiéntanse y crean las buenas nuevas!".[12]

O, dicho de otro modo: "Reconsideren todo lo que piensan que los lleva a una buena vida, y pongan su confianza en mí".

Creer "las buenas nuevas" es confiar, comprometerse y vivir en fidelidad inquebrantable a Jesús. Para entrar a su Reino, debemos confiar en que los mapas mentales de Jesús son la guía verdadera y exacta hacia la vida que anhelamos.

¿Por qué otro motivo el diablo apuntaría a debilitar nuestra confianza en Dios? Desde Eva en el jardín hasta tú y yo hoy, su ataque más encarnizado es a la confianza en Jesús. Porque sin una confianza profunda en Él, nunca tomaremos nuestra cruz, y eso significa que nunca entraremos en el Reino.

¿Por qué resistimos la crucifixión de nuestros deseos? ¿Por qué esta visceral y profunda resistencia al llamado de Jesús? No es necesariamente porque seamos malos o ni siquiera narcisistas; es porque tenemos miedo. Nos da miedo perder algo que valoramos; algo que pensamos (o sentimos) que necesitamos para disfrutar de una vida feliz. Hasta que no lleguemos al lugar de confianza genuina en los esquemas mentales de Jesús por encima de nuestra intuición y sentimientos, y creamos que Dios es un Padre amoroso y sabio con buenas intenciones para nuestro gozo, la muerte al *yo* seguirá siendo imposible, entonces no ganaremos esta guerra desgastante entre las facciones desgarradas de nuestras almas fragmentadas.

Para ganar debemos liberarle nuestro corazón a Jesús, cedérselo en rendición radical.

Y para aclararlo por última vez, Jesús no te llama a vivir por fe. Ya estás haciendo eso. Todos vivimos por fe; todos confiamos en que algo o alguien nos conducirá a la vida que anhelamos; nuestra fe puede estar puesta en un político, un profesor, un científico, una subcultura, una ideología o simplemente en nuestra interna brújula de deseos. La pregunta no es si vives por fe, sino en qué o en quién pones tu fe. Jesús te llama a vivir por fe en Él.

Incluso si eso significa que debemos morir.

Tres semanas antes de que Hitler se suicidara y el Tercer Reich se desmoronara, desnudaron y ejecutaron a Bonhoeffer en los bosques alrededor del campamento de prisioneros. Ahora tenemos un registro de su muerte, del guardia de la prisión, que quedó completamente cautivado por el sacrificio de Bonhoeffer. Presta atención al relato de la mañana en que ese guardia fue enviado a llevar a Bonhoeffer al pelotón de fusilamiento:

A través de la puerta medio abierta de una habitación de una de las cabañas, vi al pastor Bonhoeffer, todavía con la ropa de prisionero, arrodillado en oración ferviente al Señor su Dios. Su devoción y la evidente convicción de ser escuchado que vi en la plegaria de este hombre cautivador me conmovió profundamente.[13]

Esta imponente vida sigue moviendo a las personas, no solo a vivir por fe, sino también a morir en fe.

Para terminar, una última y profunda bocanada de aire...

El pastor y escritor Eugene Peterson dijo: "Sinceramente escritas y valientemente presentadas, las palabras revelan la realidad y exponen nuestros intentos egoístas por violar la belleza, manipular la verdad y dominar a la gente, desafiando en todo esto a Dios... La escritura sincera nos muestra lo mal que vivimos y lo buena que es la vida".[14]

En este libro, he hecho lo mejor posible para exponer "lo mal que vivimos y lo buena que es la vida". Pero no soy un experto; soy un pastor, un acompañante y guía para el viaje espiritual del regreso del alma a su hogar en Dios. Mi tarea es "aconsejar y enseñar a todos con toda sabiduría, para presentarlos plenamente maduros en Cristo".[15]

He seguido a Jesús por más de tres décadas, y aun con la hostilidad cultural en aumento en los últimos años, puedo decirte con total honestidad: la vida es difícil, pero es muy buena. Con cada año que pasa, con cada pequeña muerte al *yo*, con cada pequeña victoria sobre los tres enemigos, siento que aumenta más y más ese gozo de la vida interior de la Trinidad. Me siento en paz, feliz y más vivo de lo que pensé que fuera posible.

Y no es en mí que debes confiar; es en Jesús.

¿Recuerdas la definición de pecado de Ignacio? "La renuencia a confiar en que Dios desea para mí la más profunda felicidad".

Hasta que no lleguemos a ese lugar de profunda confianza en que lo que Dios quiere es nuestra mayor felicidad, y que lo que realmente queremos —el deseo subyacente a los demás deseos— es Dios mismo, lucharemos por controlar nuestra vida. Seguiremos pensando que sabemos más que Dios qué nos conduce a la felicidad. Seguiremos sembrando viento y cosechando tempestades.

Pero amigos, he aquí las buenas nuevas, y realmente son las mejores noticias: ya tenemos todo lo que necesitamos para una vida feliz, libre y hermosa —el acceso a la vida con el Padre, a través de Jesús, por el Espíritu.

Honestamente, eso es.

Todo lo demás es adicional.

Entonces, ¿cómo peleamos la guerra por el alma en esta era secular que afirma que ni siquiera tenemos una? ¿Cómo vencemos a los tres enemigos: el mundo, la carne y el diablo?

Morimos,

y luego…

vivimos.

Vengo pronto. Aférrate a lo que tienes,
para que nadie te quite la corona.
Al que salga vencedor lo haré columna
del templo de mi Dios, y ya no saldrá jamás de allí.
Sobre él grabaré el nombre de mi Dios y
el nombre de la nueva Jerusalén, ciudad de mi Dios,
la que baja del cielo de parte de mi Dios;
y también grabaré sobre él mi nombre nuevo.
El que tenga oídos, que oiga lo que
el Espíritu dice a las iglesias.

—Jesús, en Apocalipsis 3:11-13

Apéndice:
Un manual monástico
para combatir demonios

Te dejo una pequeña guía para que redactes tu propio manual para combatir demonios. Evagrio lo hizo; tú también puedes. Su manual tenía quinientas anotaciones; el tuyo puede tener cinco. Solo comienza donde estás.

El objetivo es seguir el ejemplo de Jesús en Mateo 4. Estos apuntes te ayudarán a entrenar tu mente de manera que pase de los pensamientos obsesivos arraigados en mentiras del enemigo a la verdad de la Escritura. Cuando las mentiras lleguen, no dialogues con ellas. Simplemente "cambia de canal" hacia la verdad. Resiste con la redirección. Evagrio y los ancestros lo denominaban *antirrhesis*, o "contraargumentación."

En el recuadro 1, escribe un pensamiento obsesivo y recurrente en tu mente, una mentira de la que no puedas sacudirte, un sentimiento tóxico (como la vergüenza o la preocupación) o una sensación en tu cuerpo (como una opresión en el pecho, la respiración agitada o una sensación de temor). Pensamientos, emociones y sensaciones solo están separadas cuando se las describe en diferentes capítulos de un libro. En tu cuerpo, se superponen, chocan y se mezclan como una reacción química.

¿Cuál es el pensamiento, el sentimiento y/o la sensación?

Me preocupa perder mi trabajo y no tener recursos para pagar mi auto.

En el recuadro 2, observa si puedes articular la mentira detrás del pensamiento, el sentimiento o la sensación. Si sientes miedo y una presión en el pecho, podría ser una mentira como *no estoy a salvo si la gente me critica.* Si es así, ¿qué hay debajo de la ansiedad? ¿Podría ser la necesidad de una vida libre de sufrimiento donde todos hablen bien de ti? La seguridad no es mala, pero la necesidad de seguridad permanente puede transformarse en una prisión que nos mantenga presos del miedo y alejados del amor.

¿Cuál es la mentira debajo del pensamiento, sentimiento y/o sensación?

Mi seguridad está en mi trabajo, y tener cosas más nuevas y bonitas me hará feliz.

En el recuadro 3, escribe un versículo o palabra del Espíritu que contrarreste la mentira. Luego, vuelve mentalmente a esta verdad cada vez que la mentira aparezca en tu pensamiento. Lo hará y muchas veces. Pero no te desalientes. Nos sucede a todos, permanentemente. Resiste.

¿Cuál es la verdad?

"Mantened vuestras vidas libres del amor al dinero y conténtense con lo que tienen, porque Dios ha dicho: 'Nunca os dejaré, nunca os abandonaré'". (Hebreos 13v5)

Bueno, querido lector, te llegó el momento de comenzar a redactar tu propio manual monástico para combatir mentiras:

¿Cuál es el pensamiento, el sentimiento y/o la sensación?

¿Cuál es la mentira debajo del pensamiento, sentimiento y/o sensación?

¿Cuál es la verdad?

Agradecimientos

Detrás de cada libro que hayas leído hay un ejército de almas amables e inteligentes que hacen que un autor como yo suene mucho más brillante y mejor de lo que en realidad es. Este fue, por mucho, el proyecto más difícil que jamás haya hecho, y no lo hice solo. Entonces, en el exceso de gratitud de mi corazón, permíteme referir algunos nombres.

Gracias a mi agente literario, Mike Salisbury, y a todo el personal de Yates & Yates; esto nunca habría sucedido sin su apoyo. Mike, eres mi Yoda. Aprecio tanto cómo has ido más allá de lo esperado.

Gracias al repertorio de hermosas personas de WaterBrook y Penguin Random House. A mi editor, Andrew Stoddard, ¿podemos empezar el siguiente proyecto de inmediato, por favor? Amo trabajar contigo —tu sabiduría, tu agudeza teológica y cordialidad son un verdadero gozo. Laura Wright y Tracey Moore, literalmente me ahorraron semanas de trabajo. Los editores son los héroes anónimos de todos los amantes de los libros. Prometo que un día realmente sabré de qué número de página es una cita. Tina Constable, ¡finalmente puedo trabajar con una neoyorkina! Tu fe en este libro fue el comienzo de todo. Laura Barker, gracias por tu paciencia con todas las demoras. Douglas Mann —tantas llamadas telefónicas, ¡qué hombre paciente eres!—. Lisa Beech, programadora profesional de podcasts, bien hecho. Y tantas personas más que nunca llegaré a conocer. Gracias a todos.

Gracias a Ryan Wesley Peterson por las infinitas revisiones sobre el diseño. Amigo, este tardó una eternidad, pero lo amo.

Gracias a mis hermanos de Searock Fraternity; no creo que yo siguiera haciendo nada de esto sin su permanente presencia en mi vida. Su "valiente fidelidad a lo ortodoxo", su fuego interior de amor por Dios, su inteligencia cultural, sus palabras proféticas sobre mi vida y, sobre todo, su amistad, hicieron posible recorrer la distancia.

Aquí en Portland, gracias a Bridgetown Church. Los últimos dieciocho años han estado repletos de momentos en que me he pellizcado para saber si no estoy soñando; sí, también hemos tenido nuestras dificultades, pero seguimos juntos. Este libro nació de nuestra práctica del camino de Jesús, juntos, en esta ciudad. Los amo tanto. Gracias a los ancianos por el regalo del tiempo para escribir, y especialmente a Gerald Griffen y Bethany Allan por tantos años de compañerismo. Trabajar con todos ustedes ha sido uno de los mayores gozos de mi vida.

Gracias a todos ustedes que han desempañado el papel de mentores para mí. En gran medida soy lo que sembraron en mí: Chris y Meryl Weinand, Dr. Jim Lundy, John Ortberg, Jim McNeish y muchos más.

Gracias a mi familia y mi comunidad: todo el clan Comer, especialmente a mi madre y mi padre por su apoyo durante toda mi vida, y a ti, Beks, básicamente por trabajar media jornada como segunda editora en todos mis proyectos; ¡Por mucho, eres la Comer/Opperman/Kenn más inteligente! Y a todos los que se sientan a nuestra mesa las noches de Sabbat y durante la semana —Yinka, Christian, Jay, Pam, Hannah, Hooks, Normans— nos ven como realmente somos, y aun así nos aman; con ustedes nos sentimos seguros y cobijados.

Gracias a ti, Dave Lomas, por ser el tipo de amigo ante quien puedo desnudar mi alma en un momento, y reír al siguiente, mientras me instruyes en toda la cultura de internet. Eres un amigo para toda mi alma.

Por último, gracias a mi familia: T, veinte años, te amo. No creo que hubiera tenido el coraje de lanzar este libro sin tu fuerza como un ancla cada día. Jude, Moses y Sunday; escribí gran parte de este libro para ustedes. No son el futuro de la Iglesia; son la Iglesia. Mi mayor sueño de toda la vida es verlos seguir a Jesús sin importar lo que pase. Estoy para ustedes en todo el camino.

Notas

La guerra contra la mentira

1. "'The War of the Worlds' Radio Script from October 30, 1938", ["'La guerra de los mundos' guion radial del 30 de octubre de 1938"], Wellesnet, 9 de octubre de 2013, www.wellesnet.com/the-war-of-the-worlds-radio-script. Se puede escuchar una grabación en YouTube: www.youtube.com/watch?v=nUsq3fLobxw.

2. "'The War of the Worlds' Radio Script from October 30, 1938". ["'La guerra de los mundos' guion radial del 30 de octubre de 1938"].

3. Dawn Mitchell, "Hoosiers Swept Up in Martian Invasion of 1938", IndyStar, 30 de octubre de 2019, www.indystar.com/story/news/history/retroindy/2015/10/28/hoosiers-swept-up-martian-invasion-1938/74755844.

4. Bueno, esta última todavía podría ser verdad.

5. A. Brad Schwartz, "The Infamous 'War of the Worlds' Radio Broadcast Was a Magnificent Fluke", ["La infame emisión radial de la 'Guerra de los mundos' fue un golpe de suerte magnífico"], Smithsonian Magazine, 6 de mayo de 2015, www.smithsonianmag.com/

history/infamous-war-worlds-radio-broadcast-was-magnificent-fluke-180955180. En 1877, el astrónomo italiano Giovanni Schiapparelli dibujó un mapa detallado de la superficie de Marte y marcó una serie de líneas oscuras como canali, palabra del italiano que significa "canales". Schiaparelli era agnóstico en cuanto a la naturaleza de las líneas, pero su trabajo fue traducido al inglés como "canals", que sonaba como si hubieran sido construidas por algún tipo de inteligencia. Astrónomos posteriores especularon con la posibilidad de que Marte fuera el hogar de una raza en extinción, cuyos habitantes construyeron abundantes canales para extraer agua de las capas de hielo polar para sobrevivir. Pocos científicos tomaron esta teoría con seriedad, pero aun así se difundió en la imaginación pública. Traducción: muchas personas parecían pensar que había alienígenas en Marte y a algunos les preocupaba que vinieran a nuestro hogar.

6. "The Great New England Hurricane of 1938". ["Gran Huracán de Nueva Inglaterra de 1938".] Servicio meteorológico nacional, 21 de septiembre de 2020, www.weather.gov/okx/1938HurricaneHome.

7. Schwartz, "The Infamous 'War of the Worlds' Radio Broadcast Was a Magnificent Fluke". ["La infame emisión radial de la 'Guerra de los mundos' fue un golpe de suerte magnífico"].
Es realmente interesante ver el cambio de dirección de la ciencia ficción desde sus orígenes, como comentario social y político redactado por críticos e intelectuales (por ejemplo, H. G. Wells, George Orwell, Aldous Huxley, Isaac Asimov, C. S. Lewis y Ursula Le Guin), hasta un género más conocido por las palomitas de maíz y las bromas tontas que por la crítica literaria.

8. Su anunciante comenzó la transmisión diciendo: "El Sistema de Transmisión de Columbia y sus estaciones asociadas presentan a Orson Welles y el Mercury Theatre en el aire, en La guerra de los mundos, por H. G. Wells". "'The War of the Worlds' Radio Script from October 30, 1938". ["'La guerra de los mundos' guion radial del 30 de octubre de 1938"].

9. Christopher Klein, "How 'The War of the Worlds' Radio Broadcast Created a National Panic", ["Cómo la emisión radial 'La guerra de los mundos' generó pánico a nivel nacional"], Historia, 28 de octubre de 2019, www. history.com/news/inside-the-war-of-the-worlds-broadcast.

10. A. Brad Schwartz, "Broadcast Hysteria: Orson Welles's War of the Worlds and the Art of Fake News" ["Histeria transmitida: La guerra de los mundos de Orson Welles y el arte de las noticias falsas"] (New York: Hill y Wang, 2015), 7.

11. "New York Daily News Front Page October 31, 1938 Headline". Getty Images, www.gettyimages. com/detail/news-photo/daily-news-front-page-october-31-1938-headline-fake-radio-news-photo/97298590.

12. Richard J. Hand, Terror on the Air!: Horror Radio in America, 1931-1952 (Jefferson, NC: McFarland, 2006), 7.

Un manifiesto del exilio

1. Encontramos esta terminología ya en Suma Teológica, obra sobresaliente de Tomás de Aquino de 1265, que los eruditos todavía señalan como uno de los trabajos teológicos más importantes de todos los tiempos. Vuelve a aparecer en el Concilio de Trento de 1543, momento clave de la Reforma protestante. A partir de allí ingresa en el mundo anglohablante a través de El libro de oración común en 1549: "De todos los engaños del mundo, de la carne y del demonio: Líbranos buen Señor".

2. Por ejemplo, Efesios 2:1-3.

3. Efesios 6:10; 2 Timoteo 2:4; etc.

4. 1 Timoteo 6:12.

5. Efesios 6:11.

6. 1 Timoteo 1:18.

7. Efesios 6:12.

8. 2 Corintios 10:4.

9. Pacifista en realidad no es una palabra adecuada, ya que conlleva una carga emocional y tiene múltiples connotaciones. Pero muchos seguidores de Jesús antes de Constantino y Agustín comprendieron que asesinar era incompatible con seguir las enseñanzas de Jesús. Como ejemplo excelente de no violencia, lee el estimulante libro Fight de mi amigo Preston Sprinkle.

10. John Mark Comer, John Mark Comer, "Fighting the World, the Flesh, and the Devil: The Truth About Lies: Part 2" ["Cómo combatir contra el mundo, la carne y el diablo: La verdad sobre la mentira: Parte 2"] Iglesia Bridgetown, 7 de octubre de 2018, https://bridgetown.church/teaching/fighting-the-world-the-flesh-the-devil/the-truth-about-lies-part-2.

11. Bueno, esa es la cita común. Lo que en realidad dijo fue: "si conoces a tu enemigo y te conoces a ti mismo, no deberías temer el resultado de mil batallas. Si te conoces a ti mismo, pero no a tu enemigo, por cada batalla que ganes sufrirás una derrota". Sun Tzu, "3. Ataque por estratagema", El arte de la guerra, https://suntzusaid.com/book/3/18.

12. Esta es mi adaptación de las enseñanzas de Jon Tyson de la serie de sermones sobre la Minoría creativa. ¡Es excelente! Puedes leerlo o mirarlo: Jon Tyson y Heather Grizzle, Una minoría creativa: Cómo influir en la cultura a través de la participación redentora (auto publicación, 2016); Jon Tyson, "Guías de debate sobre una minoría creativa", serie de sermones, enero-febrero de 2021, www.church.nyc/a-creative-minority?rq=a%20creative%20minority.

13. "In U.S., Decline of Christianity Continues at Rapid Pace", ["En Estados Unidos, la decadencia del cristianismo continúa a un ritmo acelerado"], Pew Research Center, 17 de octubre de 2019, www.pewforum.org/2019/ 10/17/in-u-s-decline-of-christianity-continues-atrapid-pace.

14. What Do Young Adults Really Mean When They Say They Are Christians?", ["¿Qué quieren decir realmente los jóvenes adultos cuando dicen que son cristianos?"], grupo Barna, 11 de diciembre de 2019, www.barna.com/research/resilient-discipleship.

15. Hebreos 12:4.

16. Lee Beach, The Church in Exile: Living in Hope After Christendom (Downers Grove, IL: InterVarsity, 2015), 21. También puedes consultar Walter Brueggemann, Cadences of Home: Preaching Among Exiles (Louisville: Westminster John Knox, 1997), 115.

17. Wendy Everett y Peter Wagstaff, "Introducción", en Cultures of Exile: Images of Displacement (Oxford: Berghahn, 2004), x.

18. Paul Tabori, "The Anatomy of Exile: A Semantic and Historical Study", ["Anatomía del exilio: Un estudio histórico y semántico"] (Londres; Harrap, 1972), 32.

19. "Digital Babylon: Our Accelerated, Complex Culture", ["Babilonia digital: Nuestra cultura compleja acelerada"], grupo Barna, 23 de octubre de 2019, www.barna.com/research/digital-babylon.

20. Judy Siegel-Itzkovich, "Stars of Hollywood's Golden Era Were Paid to Promote Smoking", ["Estrellas de la era dorada de Hollywood fueron pagadas para fomentar el tabaquismo"], Jerusalem Post, 24 de septiembre de 2008, www.jpost.com/health-and-sci-tech/health/stars-of-hollywoods-golden-era-were-paid-to-promote-smoking.

21. C. S. Lewis, "Surprised by Joy: The Shape of My Early Life", ["Cautivado por la alegría: Historia de mi conversión"], (Nueva York: Harcourt Brace, 1955), 200-201.

22. Evan Andrews, "8 Reasons It Wasn't Easy Being Spartan", ["8 razones por las que no fue fácil ser espartano"], Historia, 1 de septiembre de 2018, www.history.com/news/8-reasons-it-wasnt-easy-being-spartan. El resto del trabajo fue hecho por no ciudadanos.

23. M. E. Bradford, "Faulkner, James Baldwin, and the South", The Georgia Review 20, no. 4 (Winter 1966): 435, www.jstor.org/stable/41396308?seq=1. Le dijo esto a una multitud de estudiantes de Nagano, Japón, en un evento literario en 1955, al comentar sobre la ola de producción creativa de la literatura y poesía japonesa después de los desastres de Nagasaki e Hiroshima.

La verdad sobre la mentira

1. Por ejemplo, pudo articular el pensamiento prelingüístico, la formación de las emociones, la mentalidad y mucho más.

2. Si deseas un resumen excelente y fácil de leer del mundo de pensamiento de los padres y las madres del desierto, te recomiendo Beginner's Introduction to the Philokalia, de Anthony M. Coniaris.

3. Encyclopedia Britannica Online, s.v. "seven deadly sins", ["siete pecados capitales"] www.britannica.com/topic/seven-deadly-sins. Los teólogos vincularon el orgullo y la vanagloria debido a su similitud.

4. Evagrio Póntico, "Talking Back: A Monastic Handbook for Combating Demons", ["Tratado de las réplicas: Un manual monástico para combatir demonios"], trad. David Brakke (Collegeville, MN: Liturgical Press, 2009), www.amazon.com/Talking-Back-Monastic-Combating-Cistercian/dp/0879073292.

5. Una pequeña felicitación a mi amigo Tim Chaddick por el libro "The Truth About Lies: The Unlikely

Role of Temptation in Who You Will Become" (Colorado Springs: David C Cook, 2015).

6. El relato de la historia que voy a resumir se encuentra en Juan 8:31-47.

7. Juan 8:44.

8. Blue Letter Bible, s.v. "diabolos", www.blueletterbible. org/lang/lexicon/lexicon. cfm?Strongs=G1228&t=KJV.

9. Muchos pensamos que Satanás es un nombre propio, pero en hebreo, tiene el artículo antepuesto, ha satan, o sea, "el satanás". Tiene el mismo significado que diabolos en griego; "el acusador". "Job 1",The Pulpit Commentary, Bible Hub, 2010, https:// biblehub.com/ commentaries/ pulpit/job/1.htm. "El gran dragón… que engaña al mundo entero" se encuentra en NVI.

10. Juan 12:31; 14:30; 16:11.

11. Mateo 4:8-10.

12. Ezequiel 28:15.

13. Job 1:6-12; 2:1-7; Mateo 4:1; véase también "Job 1", Cambridge Bible for Schools and Colleges, Bible Hub, https://biblehub.com/ commentaries/ cambridge/job/1. htm.

14. Génesis 3; Isaías 14:12-13; Ezequiel 28:12-15. Véase también "El divino consejo de Dios".

¿Verdad o tradición?, July 2, 2018, www.truthortradition.com/articles/ gods-divine-council.

15. Ezequiel 28:15-17; Apocalipsis 12:1-9; 14:9-12; Lucas 10:18; Isaías 14:12-17.

16. Esta postura es minoritaria, pero va aumentando en popularidad. Mi profesor de seminario, el doctor Gerry Breshears me presentó esta idea, pero puedes leer más en Satanás y el problema de la maldad, de Gregory A. Boyd.

17. Ezequiel 14:12-15; Ezequiel 28:16-19; Lucas 4:5-8; 10:18; Apocalipsis 12:1-9.

18. Juan 14:30; 2 Corintios 4:4; 1 Juan 5:19.

19. Greg Boyd expone en cuanto a esto de manera más convincente en Satan and the Problem of Evil [Satanás y el problema de la maldad], pero obviamente esto abre una caja de Pandora, no solo sobre la evolución, sino también sobre el debate del libre albedrío versus la soberanía. Aunque suene extraño, realmente tenemos una especie de categoría en la evolución asistida de los perros, ya que los humanos de alguna manera interactuaron con el proceso natural para anexar a los lobos y convertirlos en el mejor amigo del hombre. ¿Quién puede

decir que las inteligencias no humanas no podrían interactuar entre sí en el proceso de manera similar, pero para fines más nefastos? Bien, esto es solo una conjetura; solo digo que se trata de un concepto fascinante que podría ayudar nuestra búsqueda de una teodicea viable (teología del mal). Si todo esto suena ridículo, aquí hay una enseñanza breve y accesible, que mi amigo Josh Porter presentó en nuestra iglesia sobre el tema, llamada "God of Evil" ["Dios del mal"] (4 de noviembre de 2018): https://bridgetown.church/teaching/fighting-the-world-the-flesh-the-devil/god-of-evil.

20. 1 Juan 3:8.

21. Marcos 3:27.

22. Juan 8:32, 36.

23. Colosenses 2:15.

24. Mateo 16:18, RVA-2015.

25. 1 Pedro 5:8.

26. Lisa H. Trahan et al., "The Flynn Effect: A Meta-analysis", Psychological Bulletin 140, no. 5 (2014): 1332-60, www.ncbi.nlm.nih.gov/pmc/articles/PMC4152423.

27. Bernt Bratsberg y Ole Rogaberg, "Flynn Effect and Its Reversal Are Both Environmentally Caused", Proceedings of the National Academy of Sciences 115, no. 26 (junio de 2018): 6674-78, www.pnas.org/content/115/26/6674.

28. Lea Winerman, "Smarter Than Ever?", Monitor on Psychology 44, no. 3 (2014), www.apa.org/monitor/2013/03/smarter; véase también Daniel Engber, "The Great Endumbening", Slate, 19 de septiembre de 2018, https://slate.com/technology/2018/09/iq-scores-going-down-research-flynn-effect.html.

29. Bratsberg and Rogaberg, "Flynn Effect and Its Reversal Are Both Environmentally Caused". El artículo de Slate al que se hizo referencia antes también ofrece un resumen divertido.

30. Yuval Noah Harari, "Sapiens: A Brief History of Humankind", ["Sapiens: Una breve historia de la humanidad"] (Nueva York, HarperCollins, 2015), 21.

31. "Quotes", The Usual Suspects ["Citas" Los sospechosos de siempre, Sospechosos comunes, o Sospechosos habituales], de Bryan Singer, PolyGram Filmed Entertainment, 1995, www.imdb.com/title/tt0114814/quotes/?tab=qt&ref_=tt_trv_qu.

32. Juan 10:10.

33. Una frase genial de James K. A. Smith, How (Not) to Be Secular: Reading Charles Taylor (Grand Rapids, MI: Eerdmans, 2014), 4.

34. C. S. Lewis, Christian Reflections, ed. Walter Hooper (Grand Rapids, MI: Eerdmans, 1967), 41.

35. C. S. Lewis, "The Screwtape Letters", ["Cartas del diablo a su sobrino"], (Nueva York: Macmillan, 1982), 3.

36. Juan 8:44-45.

37. Te recomendaría que leas uno de estos tres: "Supernatural", ["Sobrenatural"], de Michael S. Heiser (Bellingham, WA: Lexham, 2015), con una introducción fantástica y fácil de leer; "Deliverance", de Jon Thompson (que será publicado en el verano de 2021) para tener el mejor panorama general de la demonización que conozco; y "God at War", ["Dios en pie de guerra"], de Gregory A. Boyd (Downers Grove, IL: Inter- Varsity Academic, 1997), por todo lo relacionado a la teología de peso pesado. Por mucho, mi favorito es "Deliverance", de Jon Thompson.

Las ideas como armas

1. Un trabajo muy conocido sobre esto es el libro de Jordan B. Peterson, "Maps of Meaning: The Architecture of Belief", ["Mapas de sentidos: La arquitectura de la creencia"], (Nueva York: Routledge, 1999).

2. Véase Lisa Cron, Wired for Story: The Writer's Guide to Using Brain Science to Hook Readers from the Very First Sentence (Nueva York: Ten Speed, 2012), cap. 1.

3. Dallas Willar, "Renovation of the Heart: Putting on the Character of Christ" ["Renueva tu corazón: Sé cómo Cristo"] (Colorado Springs: NavPress, 2002), 96-97.

4. Diane Kwon, "Neanderthal Ancestry in Europeans Unchanged for Last 45,000 Years", The Scientist, 23 de enero de 2019, www.the-scientist.com/news-opinion/neanderthal-ancestry-in-europeans-unchanged-for-last-45-000-years-65364.

5. Yuval Noah Harari, "Sapiens: A Brief History of Humankind" ["Sapiens: Una breve historia de la humanidad" (Nueva York, HarperCollins, 2015), cap. 2.

6. Dallas Willard, "Hearing God: Developing a Conversational Relationship with God" ["Escuchar a Dios: Cómo desarrollar una relación con Dios basada en la Comunión"], ampliado y ed. (Downers Grove, IL: InterVarsity, 2012), 12.

7. Esta frase fue inspirada en la frase mejor de Dallas Willard:

"La realidad no se adapta para acomodar nuestras creencias falsas, nuestros errores o nuestras dudas para actuar". "Knowing Christ Today: Why We Can Trust Spiritual Knowledge" ["Conocer a Cristo hoy: por qué podemos confiar en el conocimiento espiritual"] (Nueva York: HarperCollins, 2009), 39.

8. 1 Corintios 5:12. Sigo volviendo a este pasaje como modelo para analizar la sexualidad en la Iglesia. Comienza con un matrimonio en contra del diseño de Dios, luego les advierte que "un poco de levadura hace fermentar toda la masa" (1 Corintios 5:6), y más tarde aclara que nuestra postura en torno a la inmoralidad sexual fuera de la Iglesia es totalmente diferente de lo que es adentro.

9. Brittany Almony, "Attachment Theory and Children of Divorce", Bartleby Research, 10 de mayo de 2015, www.bartleby.com/essay/ Attachment-Theory-And-Children-Of-Divorce-F3UTUVQ3FV8X.

10. Corie Lynn Rosen, "Men v. Women: Who Does Better in a Divorce?", LegalZoom, 16 de septiembre de 2020, www. legalzoom.com/articles/men-v-women-who-does-better-in-a-divorce.

11. Alicia Vanorman, "Cohabiting Couples in the United States Are Staying Together Longer but Fewer Are Marrying", Population Reference Bureau, 5 de noviembre de 2020, www.prb.org/cohabiting-couple-staying-together-longer.

12. Scott Stanley, "Premarital Cohabitation Is Still Associated with Greater Odds of Divorce", ["La convivencia antes del matrimonio aumenta las posibilidades de divorcio"], Instituto de estudios familiares, 17 de octubre de 2018, https://ifstudies. org/blog/premarital-cohabitation-is-still-associated-with-greater-odds-of-divorce.

13. Juliana Menasce Horowitz, Nikki Graf, y Gretchen Livingston, "Marriage and Cohabitation in the U.S.", Pew Research Center, 6 de noviembre de 2019, www. pewsocialtrends.org/2019/11/06/ marriage-and-cohabitation-in-the-u-s.

14. Abigail Tucker, "What Can Rodents Tell Us About Why Humans Love?", Smithsonian Magazine, febrero de 2014, www.smithsonianmag.com/ science-nature/what-can-rodents-tell-us-about-why-humans-love-180949441.

15. "The Long-Term Effects of Abortion", Epigee Women's Health,

www.epigee.org/the-long-term-
effects-of-abortion.html.

16. "The Proof Is In: Father
Absence Harms Children", ["Está
la prueba: La ausencia de los
padres daña a los niños"], Inciativa
Nacional para la Paternidad, www.
fatherhood.org/father-absence-
statistic.

17. "The Consequences of
Fatherlessness", fathers.com,
https://fathers.com/statistics-and-
research/the-consequences-of-
fatherlessness/.

18. Véase este resumen general
excelente del mayor estudio
hasta la fecha: Ryan T. Anderson,
"'Transitioning' Procedures Don't
Help Mental Health, Largest
Dataset Shows", Fundación
Heritage, 3 de agosto de 2020,
www.heritage.org/gender/
commentary/transitioning-
procedures-dont-help-mental-
health-largest-dataset-shows.

19. Audrey Conklin, "Hawley,
Sasse Lead Charge Against
Pornhub, Human Trafficking",
FoxNews, 9 de diciembre de
2020, www.foxnews.com/
politics/hawley-sasse-lead-
charge-against-pornhub-human-
trafficking; see also Exec. Order
No. 13903, Fed Reg. Doc. 2020-
02438 (31 de enero de 2020),

https://www.federalregister.gov/
documents/2020/02/05/2020
-02438/combating-human-
trafficking-and-online-child-
exploitation-in-the-united-states.

20. Matthew McNulty, "'Fifty
Shades of Grey' Lista de mejores
vendidos de la década", Fox
Business, 19 de diciembre de
2019, www.foxbusiness.com/
markets/penguin-random-house-
dominates-top-selling-books-
of-the-decade-one-day-after-
news-of-675-bertelsmann-sale;
Scott Mendelson, "Box Office:
Hugh Jackman's 'Greatest
Showman' Is Still Leggier Than
'Titanic'"Forbes, 25 de febrero
de 2018, www.forbes.com/sites/
scottmendelson/2018/02/25/ box-
office-hugh-jackmans-greatest-
showman-is-still-leggier-than-
titanic/?sh=72c6869b2c13.

21. Mary Eberstadt, introducción
de "Adam and Eve After the
Pill: Paradoxes of the Sexual
Revolution", ["Adán y Eva después
de la píldora: Paradojas de la
revolución sexual"] (San Francisco:
Ignatius, 2012).

22. Robert D. McFadden, "Philip
Rieff, Sociologist and Author
on Freud, Dies at 83", New
York Times, 4 de julio de 2006,
www.nytimes.com/2006/07/04/
us/04rieff.html.

23. Jeffrey Schwartz, A Return to Innocence (Nueva York: Harper, 1998).

24. Willar, Renueva tu corazón, 100.

25. Génesis 3:4.

26. M. Scott Peck, "People of the Lie: The Hope for Healing Human Evil", ["Gente de la mentira: la esperanza para la curación de la maldad humana"], 2 ed. (Nueva York: Touchstone, 1998), 207.

27. David G. Benner, "Soulful Spirituality: Becoming Fully Alive and Deeply Human", ["Espiritualidad conmovedora: volverse completamente vivo y profundamente humano"], (Grand Rapids, MI: Brazos, 2011), 135.

28. Willar, "Renovation of the Heart" ["Renueva tu corazón"], 100-101.

29. Willar, "Renovation of the Heart" ["Renueva tu corazón"], 99.

30. Hannah Arendt, "The Origins of Totalitarianism", ["Los orígenes del totalitarismo"], nueva ed. (Orlando: Harcourt, 1968), 474.

31. Winston S. Churchill, "The Gift of a Common Tongue" ["El regalo de una lengua común"] (discurso, Harvard, Cambridge, MA, 6 de septiembre de 1943), https://winstonchurchill.org/resources/speeches/1941-1945-war-leader/the-price-of-greatness-is-responsibility.

32. Inés San Martín, "Pope Francis: Ideological Colonization a ¨Blasphemy Against God¨'", ["Papa Francisco: La colonización ideológica es una 'blasfemia contra Dios'"] Crux, 21 de noviembre de 2017, https://cruxnow.com/vatican/2017/11/pope-francis-ideological-colonization-blasphemy-god.

33. Véase, de Timothy Keller, "The Reason for God: Belief in an Age of Skepticism", ["La razón de Dios: Creer en una época de escepticismo"], (Nueva York: Dutton, 2008) y "Making Sense of God: An Invitation to the Skeptical", ["Dando sentido a Dios: Una invitación para los escépticos"], (Nueva York: Viking, 2016), y las novelas de Zadie Smith, especialmente "White Teeth", ["Dientes blancos"] (Nueva York: Vintage International, 2000) and "Swing Time" ["Tiempos de swing"] (Nueva York: Penguin, 2016).

34. David Foster Wallace, "Infinite Jest" ["La broma infinita"] (Nueva York: Back Bay Books, 1997), 389.

35. 2 Timoteo 2:26.

36. Juan 18:37.

37. Juan 18:38.

38. Si deseas una versión popular de estas ideas, lee

"Knowing Christ Today" ["Conocer a Cristo hoy"], de Willard. ¡Uno de mis favoritos! O sigue adelante, y lee el tomo que es su "The Disappearance of Moral Knowledge" ["Desaparición del conocimiento moral"].

39. Willard, "Knowing Christ Today" ["Conocer a Cristo hoy"], 30-31.

40. La frase separación de la iglesia y el estado en realidad no está en la Constitución, como muchos suponen, sino en una carta de Thomas Jefferson a los bautistas de Danbury en 1802. Solo lleva unos minutos leer su correspondencia, y podrás darte cuenta con facilidad que la idea central era mantener el estado fuera de la iglesia y garantizar la "libertad religiosa". Véase "Intercambio de cartas entre Thomas Jefferson y los bautistas de Danbury (1802)", Bill of Rights Institute, https://billofrightsinstitute.org/primary-sources/danburybaptists.

41. Willard, "Knowing Christ Today" ["Conocer a Cristo hoy"], 32-33.

42. Hechos 20:35.

43. Willard, "Knowing Christ Today" ["Conocer a Cristo hoy"], 19-22.

44. Juan 17:3.

45. 2 Timoteo 1:12.

46. Colosenses 2:2-3.

47. Willard, "Knowing Christ Today" ["Conocer a Cristo hoy"], 21.

48. En realidad, es más interesante: en la parábola tradicional, el rey es el que mira a los ciegos en la corte. Cuando se usa en Occidente, quiere decir: "nosotros los occidentales iluminados vemos lo que estas personas, por debajo de nosotros, no pueden"; es decir, más colonización ideológica.

49. Juan 8:12.

50. Lucas 4:18.

51. Willard, "Knowing Christ Today" ["Conocer a Cristo hoy"], 20-21.

52. D. Elton Trueblood, "Chapter 3: The Impotence of Ethics", in The Predicament of Modern Man (New York: Harper and Row, 1944), www.religion-online.org/book-chapter/chapter-3-the-impotence-of-ethics.

53. Marcos 1:15.

Dezinformatsiya

1. Sarah E. Needleman, "As FaceApp Goes Viral, So Do Concerns About Privacy, Russia Ties", Wall Street Journal, 18 de julio de 2019, www.wsj.com/

articles/as-faceapp-goes-viral-so-do-concerns-about-privacy-russia-ties-11563485572.

2. Colin E. Babb, "Dezinformatsiya and the Cold War", Naval Science and Technology Future Force, 17 de marzo de 2020, https://futureforce.navylive.dodlive.mil/2020/03/dezinformatsiya-and-the-cold-war.

3. Garry Kasparov (@Kasparov63), Twitter, 13 de diciembre de 2016, 11:08 a.m., https://twitter.com/Kasparov63/status/808750564284702720, énfasis añadido. Esta cita es muy buena.

4. Colosenses 2:15.

5. En teología, se llama teoría de la expiación. Los teólogos separan el hecho de la expiación (Jesús murió en manos de Roma y los líderes judíos; fue enterrado en una tumba, tres días después Dios lo levantó de los muertos) de las teorías de la expiación (el significado de este hecho). Existen seis posiciones importantes de parte de la historia de la iglesia; adhiero a todas ellas en lo que el doctor Gerry Breshears, mi mentor teológico y profesor de seminario, llamó "una visión preciosa, multifacética de la expiación".

6. Un término que del título del excelente libro de Shoshana Zuboff sobre el tema: "The Age of Surveillance Capitalism: The Fight for a Human Future at the New Frontier of Power" ["La era del capitalismo de vigilancia: La lucha por un futuro humano frente a las nuevas fronteras de poder"] (Nueva York: Hachette, 2019).

7. Mark Sayers, "The Devil's Disinformation Campaign," Bridgetown Church, 21 de octubre de 2018, 28:46, https://bridgetown.church/teaching/fighting-the-world-the-flesh-the-devil/the-devils-disinformation-campaign.

8. "Syria's War Explained from the Beginning", Al Jazeera, 14 de abril de 2018, www.aljazeera.com/news/2018/4/14/syrias-war-explained-from-the-beginning.

9. Esta historia es fascinante: Raphael Satter, "Deepfake Used to Attack Activist Couple Shows New Disinformation Frontier", Reuters, 15 de julio de 2020, www.reuters.com/article/us-cyber-deepfake-activist/deepfake-used-to-attack-activist-couple-shows-new-disinformation-frontier-idUSKCN24G15E.

10. Una historia real. Cientos se reunieron en protesta y contraprotesta, pero todo el asunto fue organizado por Rusia. Claire Allbright, "A Russian Facebook Page Organized a Protest in

Texas. A Different Russian Page Launched the Counterprotest", Texas Tribune, 1 de noviembre de 2017, www.texastribune.org/2017/11/01/russian-facebook-page-organized-protest-texas-different-russian-page-l.

11. Alana Abramson, "'We Don't Share a Common Baseline of Facts'. Barack Obama Reflects on Divisiveness in Politics", Time,12 de enero de 2018, https://time.com/5099521/barack-obama-david-letterman-interview.

12. Glenn Kessler and Meg Kelly, "President Trump Made 2,140 False or Misleading Claims in His First Year", Washington Post, 20 de enero de 2018, www.washingtonpost.com/news/fact-checker/wp/2018/01/20/president-trump-made-2140-false-or-misleading-claims-in-his-first-year.

13. "Texto completo: Jeff Flake on Trump Speech Transcript", Politíco, 17 de enero de 2018, www.politico.com/story/2018/01/17/full-text-jeff-flake-on-trump-speech-transcript-343246.

14. "Countering Truth Decay", RAND Corporation, www.rand.org/research/projects/truth-decay.html.

15. Michiko Kakutani, "The Death of Truth: Notes on Falsehood in the Age of Trump" ["La muerte de la verdad: Notas sobre la falsedad en la era de Trump"] (Nueva York, Tim Duggan Books, 2018),47, 54.

16. Stephen J. Burn, ed., Conversations with David Foster Wallace [Conversaciones con David Foster Wallace] (Jackson, MS: University Press of Mississippi, 2012), 49. Por ser alguien que no seguía a Jesús, Wallace hizo una lectura sorprendente de la trágica falla del secularismo. Considero que sus escritos más periodísticos son increíblemente esclarecedores.

17. Mateo 24:4-12.

18. 1 Corintios 6:9.

19. Colosenses 2:4.

20. 2 Timoteo 3:13.

21. Tito 3:3.

22. 2 Corintios 11:3.

23. 1 Juan 3:7.

24. Romanos 1:25; 1:18.

25. Judas 4.

26. Véase Apocalipsis 18:23; 19:20; 20:3; 8, 10.

27. Apocalipsis 12:9.

28. Gran parte del Nuevo Testamento se escribió para combatir a los falsos maestros y las falsas enseñanzas. Vale la pena tenerlo en cuenta.

29. Dios puede, aunque generalmente elige no hacerlo, aunque es un debate de larga data en teología. Utilizaré el autocontrol y no te dejaré caer en esa trampa; ¡de nada!

30. Truth- Default Theory and the Social Science of Lying and Deception (Tuscaloosa, AL: University of Alabama, 2020).

31. Malcolm Gladwell, "Hablar con extraños: Por qué es crucial (y tan difícil) leer las intenciones de los desconocidos" (Nueva York: Little, Brown, 2019), 74.

32. Véase, por ejemplo, el trabajo del doctor John Gottman en el Instituto Gottman, www.gottman.com/about/research/couples.

33. Dicho eso, estoy bien consciente de que hay mucho en juego con la narrativa de Génesis, y no estoy interesado, en absoluto, en quitarle importancia a la lectura histórica. Hay implicancias de amplio alcance: la historicidad de Adán y Eva, cómo eso se vincula con la terminología de Pablo en Hechos, cómo el pecado original entró en la humanidad, cómo todo esto se ensambla con la biología evolutiva (si las teorías actuales de los orígenes del ser humano son correctas), etcétera. Y cuando digo mitología, no lo digo en el sentido de la jerga popular de una mentira, sino en un sentido académico o técnico de una gran narrativa que les otorga sentido a las grandes preguntas de la existencia humana. No es que mi opinión cuente mucho, pues no soy un experto en exégesis de Hebreos ni de historia de Cercano Oriente, pero mi hipótesis actual es que Génesis 1-11 es una parábola, de la misma manera que el pasaje sobre las diez minas es una parábola sobre el rey que se fue a un país lejano y dejó a sus siervos (Lucas 19:11-26). Existe un trasfondo histórico detrás de esa historia: En 4 a. C., Arquelao, hijo de Herodes el Grande, viajó a Roma para que César lo coronara rey de Israel, en una disputa sobre quién era el heredero legítimo del trono de Herodes. Pero por la manera en que Jesús cuenta la historia, evidentemente no se trata de periodismo, sino claramente de una parábola diseñada, no para enseñar historia, sino más bien para brindar a los oyentes una perspectiva del reino de Dios. Mi deducción es que algo similar sucede con los primeros capítulos de Génesis.

34. Génesis 3:1.

35. Bible Hub, s.v. "crafty", https://biblehub.com/topical/c/ crafty.htm.

36. Génesis 3:1.

37. Génesis 3:4-5.

38. ¿Qué les parece una cita del calvinisa escocés del siglo XVI John Knox? "Por qué medios

Satanás primero apartó la humanidad de la obediencia de Dios que la Escritura atestigua. Específicamente, vertiendo en sus corazones ese veneno: que Dios no los amaba; y afirmando que mediante la transgresión de los mandamientos de Dios lograrían la felicidad y la paz; entonces hizo que buscaran la vida donde Dios había declarado que habría muerte". John Knox, Writings of the Rev. John Knox (Londres: The Religious Tract Society, 1830), 308, énfasis añadido.

39. Génesis 3:6.

40. Léxico hebreo de Strong (nvi), s. v. "H120, 'adam", Blue Letter Bible, www.blueletterbible.org/lang/lexicon/lexicon.cfm?Strongs=H120&t=NIV.

41. Léxico hebreo de Strong (nvi), s.v. "H2332, Chavvah", Blue Letter Bible, www.blueletterbible.org/lang/lexicon/lexicon.cfm?Strongs=H2332&t=NIV.

42. "Jeff Goldblum: Malcolm Jurassic Park", dirigida por Steven Spielberg, Universal Pictures, 1993, www.imdb.com/title/tt0107290/characters/nm0000156.

43. Obviamente, en ningún sentido podemos culpar a los "malvados secularistas". Muchos secularistas que conozco son personas extremadamente buenas. La misma iglesia tiene un alto grado de responsabilidad por el secularismo occidental. La hipocresía cristiana, el abuso de poder de los líderes de la iglesia en el mundo antes de la separación de la iglesia y el estado, y la lenta aceptación de los hallazgos científicos sobre la evolución, sin mencionar la resistencia de (algunos) cristianos a defender los derechos humanos, todo se nos cae encima y hace que a nuestros amigos seculares les resulte difícil confiar en Jesús.

44. Scotty Hendricks, "'God Is Dead': What Nietzsche Really Meant", Big Think, 12 de agosto de 2016, https://bigthink.com/scotty-hendricks/what-nietzsche-really-meant-by-god-is-dead.

Y habiendo hecho todo, permanecer

1. "G.I. Joe —'Don't Jump Your Bike Over Downed Power Lines' PSA", YouTube, 8 de mayo de 2014, www.youtube.com/watch?v=1NwvJlbnD5E.

2. Laurie R. Santos y Tamar Gendler, "Knowing Is Half the Battle", 2014: What Scientific Idea Is Ready for Retirement? series, Edge, 2014, www.edge.org/response-detail/25436. Hice el curso de Coursera de Laurie Santos "What Is the G.I. Joe Fallacy?" y me encantó.

3. Juan 4:23-24.

4. Véase el libro con el mismo nombre: Gordon D. Fee, "God's Empowering Presence: The Holy Spirit in the Letters of Paul" ["La presencia empoderadora de Dios en nosotros: El Espíritu Santo en las cartas de Pablo"] (Peabody, MA: Hendrickson, 1994; Grand Rapids, MI: Baker, 2009).

5. Hebreos 4:15.

6. M. Scott Peck, "The Road Less Traveled: A New Psychology of Love, Traditional Values, and Spiritual Growth" ["El camino menos transitado: Hacia una nueva psicología del amor, los valores tradicionales y el crecimiento espiritual"], ed. de 25 aniversario (New York: Simon & Schuster, 2002), 50. Este es uno de mis diez libros favoritos de toda mi vida.

7. Corrie ten Boom, Not Good If Detached (Fort Washington, PA: CLC Publications, 1957), cap. 21 epígrafe.

8. La primera vez que escuché esta idea fue de Patrick Deneen, en Why Liberalism Failed [¿Por qué ha fracasado el liberalismo?] (New Haven, CT: Yale University Press, 2018), una obra que respaldaré para cuando esté terminando

este libro. Escribió sobre cómo la Izquierda y la Derecha son mucho más parecidas de lo que a la mayoría de las personas le gusta admitir y se enfocó en el 80 por ciento que tienen en común; es decir, el hiperindividualismo y el cambio de creación a "naturaleza", que se muestra en todo, desde el transgenerismo hasta el daño ambiental. Estén atentos para conocer más.

9. Louis Brandeis, "Other People's Money: And How the Bankers Use It" ["El dinero de otras personas y cómo lo usan los banqueros"] (New York: Frederick A. Stokes, 1914), 92.

10. 2 Corintios 2:11.

11. Lucas 4:1-2.

12. Lucas 4:3.

13. Lucas 3:22.

14. Lucas 4:13.

15. Edwin H. Friedman, A Failure of Nerve: Leadership in the Age of the Quick Fix (Nueva York: Seabury Books, 2007), 230.

16. Por ejemplo, véase Steven Porter, "Living in a Material World with an Immaterial God", Dallas Willard Center, 28 de junio de 2018, https://vimeo.com/277532616.

17. Esta definición es de una conferencia que dio en Westmont College en 2018 para el cuadragésimo aniversario del libro Celebración de la Disciplina, de Richard J. Foster. La tomé de mis notas de la charla.

18. De mi libro favorito de todos los tiempos, de Henri J. M. Nouwen, "The Way of the Heart" ["El camino del corazón"] (New York: Ballantine Books, 1981), 13-14.

19. Romanos 8:6.

20. Evagrio Póntico, "Talking Back: A Monastic Handbook for Combating Demons" ["Tratado de las réplicas: Un manual monástico para combatir demonios"], trad. David Brakke (Collegeville, MN: Liturgical Press, 2009), 49-50.

21. Jeffrey M. Schwartz y Rebecca Gladding, You Are Not Your Brain: The 4-Step Solution for Changing Bad Habits, Ending Unhealthy Thinking, and Taking Control of Your Life (Nueva York: Avery, 2011), 21.

22. Véase 1 Corintios 2:16.

23. Salmos 23:1.

24. Mateo 19:6; Efesios 5:25; 1 Pedro 3:7.

25. Hebreos 13:5.

26. Dallas Willar, "Renovation of the Heart: Putting on the Character of Christ" ["Renueva tu corazón: Sé como Cristo"] (Colorado Springs: NavPress, 2002), 95.

27. ¿Nuevo hashtag? #curate yourinputs.

28. Habacuc 1:13.

29. Hwee Tan, "In Search of the Lotus Land", Quarterly Literary Review Singapore 1, no. 1 (octubre de 2001), www.qlrs.com/essay.asp?id=140.

30. "The State of Traditional TV: Updated with Q1 2020 Data", Marketing Charts, 14 de septiembre de 2020, www.marketingcharts.com/featured-105414.

31. Chris Holmes, "5 Ways to Limit Screentime at Bedtime", WhistleOut USA, 5 de noviembre de 2020, www.whistleout.com/CellPhones/Guides/5-ways-to-limit-screentime-at-bedtime #screentime.

32. David Kinnaman y Mark Matlock, "Faith for Exiles: 5 Ways for a New Generation to Follow Jesus in Digital Babylon" ["Fe para los exiliados: 5 maneras de una nueva generación para seguir a Jesús en Babilonia digital"] (Grand Rapids, MI: Baker, 2019), 26.

33. Mary Oliver, Upstream: Selected Essays (New York: Penguin, 2016), 8.

34. Romanos 12:1-2.

35. Efesios 6:10-14.

36. 1 Pedro 5:8-9.

La esclavitud de la libertad

1. Se desconoce la fecha de cumpleaños exacta; aproximadamente tenía siete.

2. Véase la entrevista aquí: Walter Isaacson, "The Heart Wants What It Wants", Time, 24 de junio de 2001 (publicada por primera vez el 31 de agosto de 1992), http://content.time.com/ time/magazine/article/0,9171,160439,00.html.

3. En realidad, la frase se originó en una carta de Emily Dickinson. Pero Allen fue quien la introdujo en la corriente popular.

4. Efesios 2:1-3.

5. Efesios 6:12.

6. Léxico griego de Thayer, s.v. "Strong's NT 4561: σάρξ", Bible Hub, https://biblehub.com/greek/4561.htm.

7. Filipenses 3:3.

8. 2 Pedro 2:10.

9. 2 Pedro 1:4.

10. Eugene H. Peterson, "A Long Obedience in the Same Direction: Discipleship in an Instant Society" ["Una obediencia larga en la misma dirección: El discipulado en una sociedad instantánea"], ed. conmemorativa (Downers Grove, IL: InterVarsity, 2000), 113.

11. Buda Gautama, verso 326 en Dhammapada, citado en Jonathan Haidt, "The Happiness Hypothesis: Finding Modern Truth in Ancient Wisdom" ["La hipótesis de la felicidad: La búsqueda de verdades modernas en la sabiduría antigua"] (Nueva York, Basic Books, 2006), 2.

12. Platón, Fedro, citado en Haidt, "The Happiness Hypothesis" ["La hipótesis de la felicidad"], 2-3.

13. Rabino Schneur Zalman,Tania, pt. 1, cap. 28, Chabad.org, www.chabad.org/library/tanya/tanya_cdo/aid/1028992/jewish/Chapter-28.htm.

14. Henry David Thoreau, Walden (Nueva York: Thomas Y. Crowell, 1910), 290.

15. Haidt, "The Happiness Hypothesis" ["La hipótesis de la felicidad"], 22.

16. Jeffrey M. Schwartz, "Neuroplasticity and Spiritual Formation", The Table, Centro de Pensamiento Cristiano de la Universidad de Biola, 18 de abril de 2019, https://cct.biola.edu/neuroplasticity-and-spiritual-formation.

17. "Transcripción completa: #1169—Elon Musk", Joe Rogan Experience, 26 de septiembre de 2018, 11:03, 34:27, https://sonix.ai/resources/full-transcript-joe-rogan-experience-elon-musk.

18. Jordan Peterson, "12 Rules for Life: An Antidote to Chaos" ["12 reglas para la vida: Un antídoto al caos"] (Toronto, Random House Canada, 2018), 9-10.

19. Charles Taylor, "A Secular Age" ["Una era secular"] (Cambridge, MA: Harvard University Press, 2007).

20. Génesis 1:28.

21. William Shakespeare, "Hamlet: Prince of Denmark" ["Hamlet: Príncipe de Dinamarca"], Serie de Shakespeare de The Picture (Londres: Blackie and Son, 1902), 32.

22. Obviamente, este es un campo ético minado. ¿En qué consiste la moralidad si no es un lugar para levantarse en contra de nuestros deseos? Cualquier moralidad efectiva debe establecer límites que el deseo no pueda cruzar.

23. Jonathan Grant, Divine Sex: A Compelling Vision for Christian Relationships in a Hypersexualized Age (Grand Rapids, MI: Brazos, 2015), 30.

24. Robert C. Roberts, "Psychobabble", Christianity Today, 16 de mayo de 1994, www.christianitytoday.com/ct/1994/may-16/ psychobabble.html.

25. David Wells, "No Place for Truth: Or, Whatever Happened to Evangelical Theology?" ["¿No hay lugar para la verdad, o qué pasó con la teología evangélica?"] (Grand Rapids, MI: Eerdmans, 1993), 183.

26. Cornelius Plantinga Jr., "Not the Way It's Supposed to Be: A Breviary of Sin" [El pecado: Las cosas no son como deberían ser"] (Grand Rapids, MI: Eerdmans, 1995), 83.

27. David G. Benner, "The Gift of Being Yourself: The Sacred Call to Self-Discovery" ["El Don de ser tú mismo: Autoconocimiento como vocación y tarea"], ed. extendida (Downers Grove, IL: InterVarsity, 2015), 50.

28. Aquí me refiero al excelente libro de David Bennett con el mismo nombre, "A War of Loves" ["Una guerra de amores"], que, para ser claros, no se relaciona con los alimentos, sino con la sexualidad. Proporcioné un ejemplo mucho menos serio.

"Sus pasiones forjan sus cadenas"

1. Seymour Drescher, "The Atlantic Slave Trade and the Holocaust: A Comparative Analysis", en Is the Holocaust Unique?: Perspectives on Comparative Genocide, ed. Alan

S. Rosenbaum (Nueva York: Routledge, 2018), 105.

2. Robert Bellah et al., "Habits of the Heart: Individualism and Commitment in American Life" ["Hábitos del corazón: Individualismo y compromiso en la vida estadounidense"] (Berkeley, CA: Universidad de California, 1985), vii-viii.

3. Obama dijo: "En un momento de creciente desigualdad, cambios acelerados y progresiva desilusión con el orden democrático liberal que hemos conocido durante los últimos siglos, este libro me parece estimulante. No estoy de acuerdo con la mayoría de las conclusiones del autor, pero el libro ofrece ideas convincentes sobre la pérdida del sentido y la comunidad que muchos en Occidente sienten, cuestiones que las democracias liberales ignoran por su propio peligro". "These Are the Six Books Barack Obama Thinks You Need to Read", Harper's Bazaar, 20 de junio de 2018, www.harpersbazaar.com/uk/culture/culture-news/a21696261/barack-obama-book-recommendations.

4. Gálatas 5:13-15.

5. Jeffrey Schwartz y Patrick Buckley, Dear Patrick: Life Is Tough —Here's Some Good Advice (Nueva York: HarperCollins, 1998), 245.

6. Para encontrarse con un análisis profundo, véase Matt Jenson, The Gravity of Sin: Augustine, Luther, and Barthe on homo incurvatus in se (Nueva York: T&T Clark, 2006).

7. Gálatas 5:16-17.

8. Laura Snapes, "'It's All About What Makes You Feel Good': Billie Eilish on New Music, Power Dynamics, and Her Internet-Breaking Transformation", Vogue, 2 de mayo de 2021, www.vogue.co.uk/news/article/billie-eilish-vogue-interview.

9. Kaitlyn Engen, "Former EWU Professor Rachel Dolezal Charged with Welfare Fraud",The Easterner, 31 de mayo de 2018, https://theeasterner.org/42882/news/former-ewu-professor-rachel-dolezal-charged-with-welfare-fraud.

10. Gálatas 5:19-21.

11. Gálatas 5:22-23.

12. Gálatas 5:24-25.

13. Planned Parenthood of Southeastern Pa. v. Casey, 505 U.S. 833 (1992), 851, https://tile.loc.gov/storage-services/service/ll/usrep/usrep505/usrep505833/usrep505833.pdf.

14. En ausencia de trascendencia, algún tipo de significado último de la vida, la mayoría de las personas involuciona hasta los instintos básicos de supervivencia y sentimientos de bienestar. Entonces todo se enfoca en el poder y el placer; y ya que el poder se define mejor como la habilidad de moldear la vida como a uno le parezca, para la mayoría de las personas, la felicidad personal se convierte en el telos de la existencia. No sucede con todas las personas seculares, pero se aplica a la mayoría de los occidentales, entre ellos muchos cristianos de Occidente.

15. 2 Pedro 2:19.

16. Proverbios 11:6 (RVR-1995).

17. Tito 3:3.

18. Andrew Sullivan, "The World Is Better Than Ever. Why Are We Miserable?", Nueva York, 9 de marzo de 2018, https://nymag.com/intelligencer/2018/03/sullivan-things-are-better-than-ever-why-are-we-miserable.html.

19. Diccionario de la Real Academia Española, "compulsión", https://dle.rae.es/compulsión

20. Del maravilloso libro de Gerald G. May, "The Dark Night of the Soul: A Psychiatrist Explores the Connection Between Darkness and Spiritual Growth" ["Noche oscura del alma: un psiquiatra explora la conexión entre la oscuridad y el crecimiento espiritual"] (San Francisco: HarperSanFrancisco, 2004), 60-61.

21. Edmund Burke, en "A Letter from Mr. Burke, to a Member of the National Assembly, in Answer to Some Objections to His Book on French Affairs" ["Una carta de Mr. Burke a un miembro de la Asamblea Nacional, en respuestas a ciertas objeciones sobre su libro sobre asuntos de Francia"], 2da ed. (Londres: J. Dodsley, 1791), 68-69, énfasis añadido.

22. Agustín, "On Reprimand and Grace" ["La corrección y la gracia"], citado por James K. A. Smith en, "Freedom: How to Escape", en On the Road with Saint Augustine: A Real-World Spirituality for Restless Hearts (Grand Rapids, MI: Brazos, 2019).

23. Timothy Keller, "Making Sense of God: An Invitation to the Skeptical" ["Una fe lógica: Una invitación para los escépticos"] (Nueva York: Viking, 2016), 102.

24. Jim McNeish, gracias por todo.

25. Gustave Thibon, citado en Gabriel Marcel, "Homo Viator: Introduction to a Metaphysic of Hope" ["Homo Viator: Prolegómenos para una metafísica de la esperanza"], trad. Emma Craufurd (Nueva York: Harper Torchbooks, 1962), 28.

26. Juan 8:34; 8:32.
27. Michael Green, "Who Is This Jesus?" ["¿Quién es este Jesús?"] (Vancouver, BC: Regent College, 1992), 26.
28. En el contexto, en realidad estaba hablando de la masturbación. Este es un gran ensayo sobre el tema: Wesley Hill, "Escaping the Prison of the Self: C. S. Lewis on Masturbation", 10 de febrero de 2014, www.firstthings.com/blogs/firstthoughts/2014/02/escaping-the-prison-of-the-self.

La ley de causa y efecto

1. Leslie Jamison, "The Recovering: Intoxication and Its Aftermath" ["La huella de los días: La adicción y sus repercusiones"] (Nueva York: Back Bay Books, 2018), 9.
2. Gálatas 6:7-9.
3. Gálatas 6:8.
4. Lucas 6:38.
5. Mateo 7:2.
6. Aquí hay un gráfico con más información: "Reflections", Windgate Wealth Management, https://windgatewealth.com/the-power-of-compound-interest-and-why-it-pays-to-start-saving-now.
7. Cornelius Plantinga Jr., "Not the Way It's Supposed to Be: A Breviary of Sin" ["El pecado: Las cosas no son como deberían ser"] (Grand Rapids, MI: Eerdmans, 1995), 68.
8. Sara Chodosh, "Muscle Memory Is Real, but It's Probably Not What You Think", Popular Science, 25 de enero de 2019, www.popsci.com/what-is-muscle-memory.
9. San Agustín, "Confessions" ["Confesiones"], trad. Sarah Ruden (Nueva York: The Modern Library, 2018), 52.
10. San Agustín, "Confessions" ["Confesiones"], trad. Henry Chadwick (Oxford: Oxford University, 1992), 140.
11. Plantinga, "Not the Way It's Supposed to Be" ["El pecado: Las cosas no son como deberían ser"], 70.
12. Nota: esto no se opone a la doctrina cristiana del pecado original en absoluto. Al decir "malo" se refiere a dominado por el mal hasta el punto en que el mal no es algo que la persona hace, sino algo que la persona es.
13. M. Scott Peck, "People of the Lie: The Hope for Healing Human Evil" ["Gente de la mentira: la esperanza para la curación de la maldad humana"], 2 ed. (Nueva York: Touchstone, 1998), 82.
14. Erich Fromm, "The Heart of Man: Its Genius for Good or

Evil" ["El corazón del hombre: Su potencia para el bien y para el mal"] (Nueva York: Perennial Library, 1964), 173-75, 178, énfasis añadido.

15. C. S. Lewis, "The Great Divorce" ["El gran divorcio"] (Nueva York: Macmillan, 1946), 72.

16. Gregory A. Boyd, "Satan and the Problem of Evil: Constructing a Trinitarian Warfare Theodicy" ["Satanás y el problema de la maldad: Construyendo una teodicea trinitaria y de guerra espiritual"], (Downers Grove, IL: IVP Academic, 2001), 190.

17. C. S. Lewis, "Mere Christianity" ["Mero cristianismo"] (Nueva York: Macmillan, 1952), 86-87. Fácilmente es uno de los mejores libros cristianos del último siglo.

18. C. S. Lewis, "The Weight of Glory; And Other Addresses" ["El peso de la gloria; y otros discursos"] (Nueva York: Macmillan, 1949), 15.

19. Lewis, "The Great Divorce" ["El gran divorcio"], 127.

20. Dallas Willard, citado en Joah Ortberg, "Soul Keeping: Caring for the Most Important Part of You" ["Guarda tu alma: Cuidando la parte más importante de ti"] (Grand Rapids, MI: Zondervan, 2014), 22.

21. Personalmente no creo que Dios envíe a nadie al infierno; creo que Él respeta y honra nuestra dignidad humana y nuestra libertad de elección. Y no me compro la idea del infierno como una cámara de tortura eterna. Comprendo que muchas personas creen eso y lo respeto, pero yo no. No creo que provenga de las enseñanzas de Jesús o del Nuevo Testamento, sino de la fantasía medieval o el enojo fundamentalista. Lo opuesto de la vida no es la tortura; es la muerte. La mayoría de mis amigos seculares suponen que cuando mueran, dejarán de existir. Aunque no afirmo conocer los detalles, imagino que no están lejos de la realidad. Sin duda Jesús fue muy claro en que va a venir un juicio post mortem, y hay un enigma que no puedo explicar por completo. Pero mi lectura favorita sobre el tema es Edward William Fudge, "The Fire That Consumes" ["El fuego que consume"], 3ra. ed. (Eugene, OR: Cascade, 2011). Piénsalo.

22. Timothy Keller, "The Reason for God: Belief in an Age of Skepticism" ["La razón de Dios: Creer en una época de escepticismo"] (Nueva York: Dutton, 2008), 78.

23. C. S. Lewis, "God in the Dock" ["Dios en el muelle"], en The Collected Works of C. S. Lewis (New York: Inspirational Press, 1996), 404.

24. Ronald Rolheiser, "Purgatory as Seeing Fully for the First Time", ronrolheiser.com, 4 de noviembre de 2012, https://ronrolheiser.com/purgatory-as-seeing-fully-for-the-first-time/#.X_i_INhKjIU.

25. Apocalipsis 22:5.

Entonces digo: vive por el Espíritu

1. Ruth Burrows, Before the Living God (Mahwah, NJ: HiddenSpring, 2008), 5.

2. Nueva Enciclopedia Católica, s.v. "culpa (en la biblia)", Encyclopedia.com, 21 de diciembre de 2020, www.encyclopedia.com/religion/encyclopedias-almanacs-transcripts-and-maps/guilt-bible.

3. 1 Timoteo 4:2.

4. Colosenses 2:19.

5. El doctor Jim Wilder marca la diferencia entre la culpa saludable y la culpa tóxica. Distintas palabras para la misma idea. Véase Jim Wilder y Michel Hendricks, The Other Half of Church: Christian Community, Brain Science, and Overcoming Spiritual Stagnation (Chicago: Moody, 2020), chap. 6.

6. Santa Teresa de Lisieux, Collected Letters of St. Thérèse of Lisieux, trad. F. J. Sheed (New York: Sheed and Ward, 1949), 3030, citadas en M. Scott Peck, "People of the Lie: The Hope for Healing Human Evil" ["Gente de la mentira: la esperanza para la curación de la maldad humana"], 2 ed. (New York: Touchstone, 1998), 11.

7. Gálatas 5:24-25.

8. "¿De dónde proviene mortificación?", Dictionary.com, www.dictionary.com/browse/mortification.

9. "Comentarios: Génesis 4:7", Bible Hub, https://biblehub.com/commentaries/genesis/4-7.htm.

10. Jeffrey Schwartz y Patrick Buckley, Dear Patrick: Life Is Tough—Here's Some Good Advice (Nueva York: HarperCollins, 1998), 185.

11. 2 Pedro 2:10, 12.

12. Leslie Jamison, "The Recovering: Intoxication and Its Aftermath" ["La huella de los días: La adicción y sus repercusiones"] (Nueva York: Back Bay Books, 2018), 304.

13. Nuevamente, véase el libro con el mismo nombre, "God's Empowering Presence" ["La

presencia empoderadora de Dios"], o su magistral comentario sobre 1 Corintios.

14. Romanos 8:3.
15. Romanos 8:3-4.
16. Romanos 8:5-6.
17. Esta es la terminología que usó René Descartes y otros, como Thomas Edison, a quien se le atribuye la frase: "La función principal del cuerpo es transportar el cerebro". Aunque la teología bíblica nos proporciona una perspectiva muy alta de la mente, res cogitans no es un punto de vista bíblico sobre el ser humano.
18. Richard Foster, "Celebration of Discipline: The Path to Spiritual Growth" ["Celebración de la disciplina: Hacia una vida espiritual más profunda"], ed. del 20mo. aniversario. (San Francisco: HarperSanFrancisco, 1998), 55.
19. Dietrich Bonhoeffer, "Life Together" ["Vida juntos"] (Nueva York: Harper & Row, 1954), 112.
20. Santiago 5:16.
21. Jamison, "The Recovering" ["La huella de los días"], 328.
22. Santiago 1:13-15.
23. Henri J. M. Nouwen, "The Way of the Heart" ["El camino del corazón"] (Nueva York: Ballantine Books, 1981), 60.
24. 1 Pedro 2:11. La Nueva Versión Internacional habla de "deseos pecaminosos", pero la Biblia Berean Study Bible y otras versiones dicen "deseos de la carne" o "deseos carnales", que es más exacto.
25. 1 Timoteo 6:9.
26. Gálatas 6:9.

La brutal honestidad sobre lo normal

1. Puedes verlo aquí: Carson Daly y Shawn Fanning, "Lars Ulrich", 2000 MTV Video Music Awards, YouTube, 7 de septiembre de 2000, www.youtube.com/watch?v=_q0Z3gBActg.
2. Puedes leer sobre este caso aquí: Jonathan Bailey, "20 Years Later: Metallica v. Napster, Inc.", Plagiarism Today, 13 de abril de 2020, www.plagiarismtoday.com/2020/04/13/20-years-later-metallica-v-napster-inc.
3. "Piracy. It's a Crime", YouTube, 4 de diciembre 2007, www.youtube.com/watch?v=HmZm8vNHBSU.
4. Lucas 9:25.
5. Juan 15:18-20.
6. Juan 12:31.
7. Juan 17:14-18.
8. 1 Juan 2:15-17.
9. Bible Hub, s.v. "2889. Kosmos", https://biblehub.com/greek/2889.htm.

10. Johannes P. Louwe y Eugene Nida, Greek-English Lexicon of the New Testament Based on Semantic Domains, 2nd ed., Logos research ed. (n.p.: United Bible Societies, 1996), 41.38, Logos.

11. Abraham J. Heschel, Los profetas, vol. 1 (Nueva York: Harper & Row, 1969), 190.

12. Dallas Willard, Life Without Lack: Living in the Fullness of Psalm 23 (Nashville: Nelson Books, 2018), 75.

13. Esto es de un correo electrónico cuando hacía la lectura previa de mi libro para corregir toda mi mala teología.

14. Patrick Deneen, Por qué ha fracasado el liberalismo (New Haven, CT: Yale University Press, 2018), 39. Es un libro con el que es fácil disentir y que es muy difícil de descartar.

15. Para obtener más información sobre el racismo en la Constitución y la Declaración de la independencia, puedes consultar la obra del activista navajo Mark Charles, o escuchar la excelente conferencia que dio en nuestra iglesia sobre el tema: "Saving Justice", Bridgetown Church, 23 de enero de 2017, https://bridgetown.church/teaching/race-justice/racial-justice-lecture.

16. Eugene H. Peterson, "A Long Obedience in the Same Direction: Discipleship in an Instant Society" ["Una Obediencia Larga en la Misma Dirección: El Discipulado en una Sociedad Instantánea"], ed. conmemorativa (Downers Grove, IL: InterVarsity, 2000), 9.

17. Peterson, "A Long Obedience in the Same Direction" ["Una Obediencia Larga en la Misma Dirección"], 113.

18. Patrick Devitt, "13 Reasons Why and Suicide Contagion", Scientific American, 8 de mayo de 2017, www.scientificamerican.com/article/13-reasons-why-and-suicide-contagion1.

19. Paul Marsden, "Memetics and Social Contagion: Two Sides of the Same Coin?", Journal of Memetics—Evolutionary Models of Information Transmission 2, no. 2 (diciembre de 1998): 171-85, http://cfpm.org/jom-emit/1998/vol2/marsden_p.html.

20. Marsden, "Memetics and Social Contagion".

21. Renée DiResta, "Computational Propaganda", Yale Review, https://yalereview.yale.edu/computational-propaganda.

22. Eugene H. Peterson, "Run with the Horses: The Quest for Life at Its Best" ["Correr con los caballos: La búsqueda por una

vida mejor"] (Downers Grove, IL: InterVarsity, 1983), 135.

23. Jeffrey Schwartz y Patrick Buckley, Dear Patrick: Life Is Tough—Here's Some Good Advice (Nueva York: HarperCollins, 1998), 33.

24. Clive Thompson, "Are Your Friends Making You Fat?", New York Times Magazine, 10 de septiembre de 2009, www.nytimes.com/2009/09/13/magazine/13contagion-t.html.

25. 1 Corintios 15:33.

26. Minerva Lee, "Mangala Sutta: 38 Blessings", Lotus Happiness, www.lotus-happiness.com/mangala-sutta-essential-blessings-part-1-2.

27. A. W. Tozer, "The Pursuit of God" ["La búsqueda de Dios: un clásico libro devocional"], Tozer Legacy ed. (Camp Hill, PA: Christian Publications, 1982), 99.

28. A principios de la Iluminación, las élites seculares intentaron mantener viva una versión de la visión ética judeo cristiana, pero simplemente fracasaron en desarrollar algún tipo de fuente de autoridad intelectualmente coherente alternativa a la Biblia.

29. Es el resumen de Gideon Rosenblatt sobre las ideas de Harari. Gideon Rosenblatt, "Homo Deus: A Brief History of Tomorrow" ["Homo Deus: Breve historia del mañana] (mis notas)," Vital Edge (blog), 15 de junio de 2017, www.the-vital-edge.com/homo-deus; see also Yuval Noah Harari, Homo Deus: Una breve historia del mañana (New York: HarperCollins, 2017).

30. Stephen J. Burn, ed., "Conversations with David Foster Wallace" ["Conversaciones con David Foster Wallace"] (Jackson, MS: University Press of Mississippi, 2012), 18.

31. 1 Juan 2:16.

32. Es una frase tomada de Ronald Rolheiser, de "Forgotten Among the Lilies: Learning to Love Beyond Our Fears" ["Vivir y amar más allá de nuestros miedos. Entre las azucenas olvidado"], (Nueva York: Doubleday, 2004), 16.

33. Mateo 4:8.

34. Génesis 3:6.

35. Theo Hobson, Reinventing Liberal Christianity, citado en Tim Challies, Final Call (blog), 17 de enero de 2017, www.challies.com/final-call/final-call-january-17.

36. 1 Corintios 3:19.

37. Lucas 16:15.

38. David Brooks, "America Is Facing 5 Epic Crises All at Once", New York Times, 25 de junio de 2020, www.nytimes.

com/2020/06/25/opinion/us-coronavirus-protests.html.

39. "America's New Religious War: Religious Fervour Is Migrating into Politics", The Economist, 27 de marzo de 2021, www.economist. com/united-states/2021/03/27/ religious-fervour-is-migrating-into-politics.

40. Felicitaciones para Lee C. Camp, Scandalous Witness: A Little Political Manifesto for Christians (Grand Rapids, MI: Eerdmans, 2020), proposition 11.

41. John Milton, El paraíso perdido (Chicago: Thompson and Thomas, 1901), 86.

42. Isaías 5:20.

43. "Reproductive Justice", Sister Song, www.sistersong.net/ reproductive-justice.

44. Julian Quinones y Arijeta Lajka, "'What Kind of Society Do You Want to Live in?': Inside the Country Where Down Syndrome Is Disappearing", CBS News, 14 de agosto de 2017, www.cbsnews. com/news/down-syndrome-iceland.

45. Scott Klusendorf, "Peter Singer's Bold Defense of Infanticide", Christian Research Institute, 16 de abril de 2009, www.equip.org/article/peter-singers-bold-defense-of-infanticide.

46. Alberto Guibilini y Francesca Minerva, "After-Birth Abortion: Why Should the Baby Live?", Journal of Medical Ethics 39, no. 5 (febrero de 2012), https://jme. bmj.com/content/39/5/261.full; véase también Eugene C. Tarne, "The Dark Ladder of Logic: After-Birth Abortion", Charlotte Lozier Institute, 27 de abril de 2012, https://lozierinstitute.org/899.

47. Antonia Senior, "Yes, Abortion Is Killing. But It's the Lesser Evil", The Times, 1 de julio de 2010, www.thetimes.co.uk/article/ yes-abortion-is-killing-but-its-the-lesser-evil-f7v2k2ngvf8.

48. Alexandra Del Rosario, "'The Peanut Butter Falcon' Star Zack Gottsagen Takes Stage as First Oscar Presenter with Down Syndrome", Hollywood Reporter, 9 de febrero de 2020, www. hollywoodreporter.com/news/ peanut-butter-falcon-star-zack-gottsagen-makes-history-at-oscars-1277720.

49. Efesios 6:12.

50. Juan 3:16.

Un remanente

1. C. S. Lewis, "The Screwtape Letters" ["Cartas del diablo a su sobrino"], (Nueva York: Macmillan, 1982), 46-47, énfasis añadido.

2. John Sutherland, "The Ideas Interview: Philip Rieff", The Guardian, 4 de diciembre de 2005, www.theguardian.com/education/2005/dec/05/highereducation.uk1.

3. Mark Sayers, "Disappearing Church: From Cultural Relevance to Gospel Resilience" (Chicago: Moody, 2016), 15-16. Es mi libro de Mark favorito. Vale la pena leerlos a todos, pero este es especial.

4. La cita es de Sayers, "Disappearing Church", 80. Queremos "el reino, pero no queremos reconocer la autoridad del rey".

5. Timothy Keller, "A Biblical Critique of Secular Justice and Critical Theory", Life in the Gospel, publicación trimestral Gospel in Life quarterly newsletter, https://quarterly.gospelinlife.com/a-biblical-critique-of-secular-justice-and-critical-theory.

6. Michel Foucault, "The History of Sexuality" ["Historia de la sexualidad"], vol. 1, trad. Robert Hurley (New York: Vintage, 1990), 95.

7. Joseph S. Nye Jr., Soft Power: The Means to Success in World Politics (New York: PublicAffairs, 2004), 5-7.

8. Rod Dreher, Vivir sin mentiras: "A Manual for Christian Dissidents" ["Manual para la disidencia cristiana"] (Nueva York: Sentinel, 2020), 7. Rod, ¡lamento tanto el parecido entre nuestros títulos! Gracias por ser tan comprensivo al respecto.

9. Véase el libro con el mismo nombre: "Beautiful Resistance: The Joy of Conviction in a Culture of Compromise" (Colorado Springs: Multnomah, 2020).

10. John D. Roth, "Be Not Conformed", Christian History, no. 84 (2004), www.christianitytoday.com/history/issues/issue-84/be-not-conformed.html.

11. Mateo 5:14-16.

12. 1 Pedro 2:11-12.

13. Blue Letter Bible, s.v. "G1577—ekklēsia", www.blueletterbible.org/lang/lexicon/lexicon.cfm?Strongs=G1577&t=KJV.

14. Aquí se describe algo como "familias forjadas": David Brooks, "The Nuclear Family Was a Mistake", Atlantic, marzo de 2020, www.theatlantic.com/magazine/archive/2020/03/the-nuclear-family-was-a-mistake/605536.

15. Santiago 1:19.

16. Romanos 12:1-2.

17. Papa Juan Pablo II, "The Theology of the Body: Human Love in the Divine Plan" ["Teología del cuerpo: El amor humano en el plan divino"] (Boston: Pauline Books and Media, 1997).

18. Melinda Selmys, Sexual Authenticity: An Intimate Reflection on Homosexuality and Catholicism (Huntington, IN: Our Sunday Visitor, 2009), 85.

19. 1 Corintios 6:19.

20. Romanos 12:2.

21. J.D., "Rallying to Restore God", The Economist, 10 de diciembre de 2010, www.economist.com/prospero/2010/12/10/rallying-to-restore-god.

22. Nancy Pearcey, "Love Thy Body: Answering Hard Questions about Life and Sexuality" ["Ama tu cuerpo: Respuesta a preguntas difíciles sobre la vida y la sexualidad"], (Grand Rapids, MI: Baker, 2018), 74.

23. El subtítulo del libro de mi amigo Jon Tyson sobre la iglesia, "Beautiful Resistance". ¡Léelo!

24. Online Etymology Dictionary, s.v. "regular", www.etymonline.com/word/regular.

25. Jane Tomaine, St. Benedict's Toolbox: The Nuts and Bolts of Everyday Benedictine Living (Nueva York: Morehouse, 2005), 5.

26. Contamos con una serie completa de enseñanzas, práctica y manual de trabajo, disponibles sin costo en http://practicingtheway.org/practices/unhurry.

27. Arnold J. Toynbee, "A Study of History: Abridgement of Volumes I-VI" [Estudio de la historia: Compendio I-IV], ed. D. C. Somervell (Oxford: Oxford University, 1946); véase también Michael Metzger, "The Church as a Creative Minority", Religion Unplugged, 28 de enero de 2020, https://religionunplugged.com/news/2020/1/28/the-church-as-a-creative-minority.

28. Jon Tyson y Heather Grizzle, "A Creative Minority: Influencing Culture Through Redemptive Participation" ["Una minoría creativa: Cómo influir en la cultura a través de la participación redentora"] (auto publicación, 2016), 12.

29. Tómate unos diez minutos para invertirlos de la mejor manera y léelo aquí: Jonathan Sacks, "On Creative Minorities", 2013 Erasmus Lecture, First Things, enero de 2014, www.firstthings.com/article/2014/01/on-creative-minorities.

30. Romanos 11:5.

31. "Our Mission and Model", Praxis, https://praxislabs.org/mission-and-model.

Epílogo: Auto negación en una era de autorrealización

1. Mateo 5:44.
2. Lucas 6:28.
3. Véase Mateo 26:52. Esa es la frase popular; la cita real en la versión RVR1995 es "todos los que tomen espada, a espada perecerán".
4. Marcos 8:34.
5. Dietrich Bonhoeffer, "The Cost of Discipleship" ["El costo del discipulado"] (Nueva York: Touchstone, 1995), 89.
6. Gálatas 2:20.
7. Gálatas 5:24.
8. Juan Calvino, "A Summary of the Christian Life. Of Self-Denial", en "On the Christian Life", trad. Henry Beveridge (n.p.: Calvin Translation Society, 1845), Christian Classics Ethereal Library, https://ccel.org/ccel/calvin/chr_life/chr_life.iv.html.
9. Ronald Rolheiser, "The Holy Longing: The Search for Christian Spirituality" ["En busca de espiritualidad: Lineamientos para una espiritualidad cristiana del siglo XXI"] (Nueva York: Doubleday, 1999), 9.
10. Marcos 8:35.
11. Blue Letter Bible, s.v."psychē",www.blueletterbible.org/lang/lexicon/lexicon.cfm?Strongs=G5590&t=ESV.
12. Marcos 1:15.
13. Eugene H. Peterson, "A Long Obedience in the Same Direction: Discipleship in an Instant Society" ["Una Obediencia Larga en la Misma Dirección: El Discipulado en una Sociedad Instantánea"], ed. conmemorativa (Downers Grove, IL: InterVarsity, 2000), 178.
14. Eugene H. Peterson, "Run with the Horses: The Quest for Life at Its Best" ["Correr con los caballos: La búsqueda por una vida mejor"] (Downers Grove, IL: InterVarsity, 1983), 128.
15. Colosenses 1:28, un texto por y para el que todo pastor debería vivir.

JOHN MARK COMER es pastor fundador de Bridgetown Church en Portland, Oregon; director y maestro de Practicar el Camino, y autor mejor vendido de The Ruthless Elimination of Hurry y cuatro libros anteriores. Gran parte de sus escritos se centran en el trabajo de formación espiritual en una cultura poscristiana. Las preguntas persistentes que lo levantan de la cama por la mañana son: ¿cómo experimentamos la vida con Dios en la era digital? Y ¿cómo cambiamos para ser más como Jesús en una cultura donde la salud emocional y la madurez espiritual son raras? Para ello, normalmente se lo encuentra leyendo a los padres y las madres del desierto, los santos antiguos y los contemplativos oscuros, psicólogos modernos y científicos sociales, filósofos como Dallas Willard y la página de editorial opuesto semanal. Cuando no está leyendo, está abocado a intentar aprender a cocinar para su esposa y sus hijos, a beber café de Heart y a pasear el perro de la familia en el bosque.

John Mark se graduó del Western Seminary y tiene una licenciatura en estudios teológicos.

johnmarkcomer.com
Facebook, Instagram, y Twitter:
@johnmarkcomer

**Otros libros de
John Mark Comer**

John
Mark
Comer

Elimina
la ~~prisa~~
de tu vida

Prólogo
de
John
Ortberg

*Elimina la prisa
de tu vida*